Juntos

Italian for Speakers of English and Spanish

Third Edition

Juntos

Italian for Speakers of English and Spanish

Third Edition

Clorinda Donato
Cedric Joseph Oliva
Manuel Romero
Daniela Zappador Guerra

an imprint of
Hackett Publishing Company, Inc.
Indianapolis/Cambridge

A Focus book

Focus an imprint of
Hackett Publishing Company

23 22 21 20   1 2 3 4 5 6 7

For further information, please address
        Hackett Publishing Company, Inc.
        P.O. Box 44937
        Indianapolis, Indiana 46244-0937

        www.hackettpublishing.com

Interior design by Laura Clark
Composition by Integrated Composition Systems

Library of Congress Control Number: 2020902323

ISBN-13: 978-1-58510-954-8 (pbk.)

The paper used in this publication meets the minimum requirements of American National Standard for Information Sciences—Permanence of Paper for Printed Library Materials, ANSI Z39.48–1984.

∞

CONTENTS

INTRODUCTION

It is our pleasure to present to you *Juntos: Italian for Speakers of English and Spanish*, the first comprehensive textbook for the teaching of Italian to students who already possess knowledge of Spanish, whether as L1 Spanish speakers, heritage speakers, or L2 Spanish learners. This volume, with its full array of Italian language coverage and web-based activities, is the only tool you will need to activate Italian language acquisition through the new learning model of Inter-comprehension, which uses the languages you know—i.e., English and Spanish—as interactive linguistic knowledge in the building of your language competency in Italian. *Juntos* never loses sight of who you are as a multilingual language learner. Instead of viewing language acquisition as an isolated exercise in uncontextualized grammar and vocabulary learning, *Juntos* shows you, the multilingual student, how to use the languages you know as a springboard for learning others—in this case, Italian.

This book fills a significant gap in the array of Italian language-learning materials that are currently on the market. The traditional materials have changed little over the past 40 years, still embracing the communicative approach that ignores multilingual students' linguistic repertoires. In fact, new audiences of Italian language learners in U.S. universities are increasingly multilingual. They use multiple languages in their daily lives and have become natural practitioners of translanguaging and transculturing, moving seamlessly between English and Spanish as well as between their respective cultural contexts. *Juntos* fully engages these multiple linguistic and cultural identities as well as their mobilities.

Why *Juntos*? Why Now?

Juntos reflects the new thinking about language acquisition that is supported by research on a person's linguistic repertoire. For multilingual learners, that repertoire is composed of more than one language. But even monolinguals possess knowledge about other languages, which networked language teaching methods—such as Intercomprehension, which we use here—seek to point out. Think about how often you are exposed to languages other than English through travel, reading, media, and sports events. Did you know that increasing numbers of Spanish-speaking players are joining the ranks of professional baseball teams and that managers are offering English-speaking players opportunities to study and learn Spanish just as their Spanish-speaking teammates are learning English? These baseball professionals understand that language knowledge improves communication, socialization, and team spirit—not to mention the cognitive processes of their players overall. This example from the world of sports is indicative of the sea change that is occurring in people's perceptions about learning languages and their growing awareness of language study as an important asset in every aspect of one's life. Just as lifelong learning has been embraced as necessary for advancing one's skill set, language acquisition has become one of the skills that features prominently in the set to be advanced and honed. To be a successful language learner over the long haul, students need transferable skill sets that they can apply to any other language they might study in the future. Thus, methods that teach students who they are linguistically (i.e., meta-linguistic awareness) become critical tools in one's personal kit of language-acquisition skills. *Juntos* seeks to impart both Italian and the meta-linguistic competence that allows multilingual language learners to see and build a linguistic and cultural map that situates them vis-à-vis the languages they already know and are studying.

Methods and Strategies: Intercomprehension and Intercommunication

Intercomprehension is a model for studying language families that replicates the communication strategies of receptive multilingualism, that is, the dependence on a high percentage of shared lexical and grammatical content that makes one Romance language (e.g., Spanish) comprehensible—or "intercomprehensible"—to the speaker of another Romance language (e.g., Portuguese), even without formal training. In *Juntos*, we harness the intercomprehensibility of the Romance languages to enable students to learn Italian in a language-rich learning environment that offers them the opportunity to *reflect on the acquisition of Italian through their knowledge of English and Spanish*, as well as through exposure to other Romance languages. The modules making up *Juntos*, then, include English and Spanish as reference languages, and Italian as target language, within a set of references to other Romance languages: Catalan, Corsican, French, Galician, Portuguese, Romanian, Sardinian, and Sicilian. Students are immediately motivated by what they know as they make guided comparisons and contrasts in this language-rich learning environment, and they experience on-the-spot enhancement of their multilingual repertoire.

We now know that language acquisition takes place through transfer of knowledge from the languages in one's linguistic repertoire to the languages being acquired, both at the level of reception and production. Thus, Intercommunication is activated, as well as Intercomprehension. Students produce language as they are primed by their own multilingualism to do so. They are invited to think about linguistic similarities and differences, thus articulating the comparisons that they are already making as they are exposed to the target language—Italian—within the context of the languages in their linguistic repertoire—English and Spanish—and within the context of the other Romance languages to which they are being exposed in *Juntos*. Our multilingual approach reflects this language-rich context, inviting students to notice the Romance language content present in their daily lives: Hip Hop, Reggaeton, and Latin Trap music is replicated in all Romance languages and often mixed with Spanish; there is a distinctly porous linguistic world of international industries like fashion, sports, and tourism; we often detect the use of multiple languages in interviews, broadcasts, and blogs. This anecdotal evidence is increasingly corroborated by applied linguists such as Ana Carvalho and Michael Child, who have recognized the abilities of Spanish-speaking students in acquiring other Romance languages; we cite here the list that they have drawn up, which describes this group of Spanish-speaking learners who study other Romance languages as benefitting from:

- A faster acquisition process;
- High competence in receptive skills from the beginning;
- Ease of communication from the beginning;
- High motivation due to lessening of the affective filter and decreased anxiety level; and

- Cross-linguistic transfer at all levels of grammar, sometimes inducing early fossilization of an interlanguage.[1]

Juntos is the first language acquisition textbook to create learning modules with methods and strategies that work in synergy with the language learner profile outlined above.

Our book also underscores the advantages that Spanish speakers have in comprehending spoken Italian and speaking it. These advantages have to do with the compatibility of their sound systems—that is, the seven vowels of the Italian sound system are not too difficult for a Spanish speaker who is used to the five vowel sounds in Spanish. This is much easier than adapting to the Portuguese system of twelve unstable vowels (i.e., vowels that change in quality). Portuguese has an extremely rich vowel phonology, including oral and nasal vowels; diphthongs and triphthongs. None of these hurdles trouble the Spanish speaker who is learning Italian.[2]

Juntos—A Textbook That Reflects the Transnationalizing of Modern Languages and Cultures

The expansion of students' metalinguistic awareness through language learning methods that emphasize cross-linguistic similarities and differences has become part of the transnationalizing of modern languages movement emerging out of the United Kingdom. This perspective considers language in contexts of mobility and evolution in which language and culture are no longer seen as nation-specific entities but rather as fluid and evolving modes of communication and expression.[3] Indeed, language and translation—as movement among languages—demonstrate the creation of meaning as a form of mediation and negotiation that the multilingual, multicultural individual performs through their multiplicity of linguistic and cultural systems. The transnational lens looks at the mobility and migrations of people to chart how new cultural and linguistic practices are formed on the basis of the strands of movement, settlement, and reconnection that shape the transitory history of migrations. Instead of focusing on 'native speakers' or notions of linguistic and cultural purity, the transnationalizing of modern languages and cultures underscores connections and the ongoing creation of new knowledge streams through tools like Intercomprehension and Intercommunication, which are dynamic in both the access and application they provide. *Juntos* reflects the transnationalizing paradigm in both its linguistic and cultural formulations. Readings and translation paragraphs reflect the global Romance languages. We want to think about phenomena transnationally, translinguistically, transhistorically, and transculturally. Students will find many cultures reflected in these readings and exercises. They will be invited to think both metaculturally and metalinguistically as they work through them. We hope that they will see Italian as part of their interconnected world— one that links Italy and its linguistic and cultural migrations with students' own linguistic and intercultural realities, creating new opportunities for transfer and innovation. The lifelong learning tools acquired in this course will serve learners throughout their careers.

1. Ana Carvalho and Michael Child, "Expanding the Multilingual Repertoire: Teaching Cognate Languages to Heritage Spanish Speakers," in *The Routledge Handbook of Spanish as a Heritage Language*, ed. Kim Potowski (London: Taylor & Francis, 2018), 420–32.

2. Alexander Lamazares, "Linguistic and Pedagogical Considerations for Teaching Portuguese to Spanish Speakers," *Journal of Latinos and Education* 18, no. 1 (2018): 19–27, https://doi.org/10.1080/15348431.2017.1418351.

3. Loredana Polezzi, "Translation and Transnational Creative Practices in Italian Culture," in *Italian Transnational Studies*, ed. Charles Burdett, Loredana Polezzi, and Marco Santello (Liverpool: Liverpool University Press, 2020).

Juntos: Sequence and Content

Textbook Sequence

Each lesson is divided into six (or in some instances seven) sections:

1. Intercomprehension
2. Intergrammar
3. In italiano…
4. Interculture
5. Languages in Transit: Exercises in Translation, Translanguaging, and Transfer
6. Exploring the Web
7. Further Focus

The ***Intercomprehension*** sections consist of sentences in several Romance languages that draw attention to the points of concordance among vocabulary, grammar, or verb tenses in the target language (Italian) and the reference languages (Spanish and English) as well as at least one auxiliary language. Seeing, identifying, and understanding similarities in Catalan, Corsican, Latin, Portuguese, etc., reinforces the metalinguistic foundations upon which this method was built. Students learn to create and integrate lexical and grammatical knowledge by discovering and deducing multilingual patterns.

As a learning strategy, Intercomprehension emphasizes the relationships that bind all Romance languages. Throughout this textbook, key languages have been color coded according to the table below. The languages you will encounter most frequently are Portuguese, Spanish, French, Italian, and English. Though English is not a Romance language, it shares many Romance language characteristics and is a useful comparative tool, as discussed below.

Nota bene: The entire spectrum of languages presented in the Intercomprehension sections may include any selection of the following languages: [LT] Latin, [PT] Portuguese, [GA] Galician, [SP] Spanish, [CA] Catalan, [FR] French, [IT] Italian, [CO] Corsican, [SA] Sardinian, [SC] Sicilian, [RO] Romanian, and [EN] English.

Strategies

In order to extract meaning, students read in several languages and are asked to identify them. This networked, multilingual approach gives students the opportunity to ponder the place of their new target language in the pan-Romance system. Through exposure to this multilingual setting they experience **language noticing**—that is, conscious awareness of similarities and differences among languages.

[PT] Bem-vindo!

[GA] Benvida!

[SP] ¡Bienvenido!

[CA] Benvingut!

[FR] Bienvenue !

[IT] Benvenuti!

[CO] Bè Venutu!

[SA] Ennidos!

[SC] Binvinutu!

[RO] Bine ai venit!

[EN] Welcome!

These intercomprehension pieces serve to raise students' language awareness by exploring the Romance linguistic system and contrasting the languages within it before learning a specific point in the target language.

Students also learn to seek intercomprehension bridges between opaque words and related semitransparent words in languages they know. For example, the Spanish word *cama* does not offer a direct transparency with the Italian word *letto*. However, the geological term *lecho* (*lecho del río*) serves as a semitransparent word that leads students to understand that *letto* means *bed*. As students think further, they realize that they are dealing with a conceptual transparency as well, for the word *bed* is also a geological term in English (i.e., *riverbed*).

The **_Intergrammar_** sections are often peppered with charts that show students the proximities of these Romance languages (as well as English) to the structures they are learning.

These sections will usually include [SP] Spanish, [FR] French, [IT] Italian, and [EN] English with this color coding:

The ability to understand a language is enhanced by one's ability to recognize and productively notice points of convergence and divergence with both reference languages.

English can often be very useful for understanding grammar in Intercomprehension. Its Latin- and Romance-influenced structures provide useful guidance when one learns to see the patterns. For instance, students of Italian might see the concordance in number agreement in structures such as *C'è*/*Ci sono* (*There is*/*There are*) as learning support, whereas the invariable Spanish form *Hay* does not offer the intercomprehensive or comparative point.

In the following example, one might focus on the lexical transparency between *your cousins* (feminine) and *le vostre cugine*, since *cousin* and *cugino* are semitransparent words whereas *primo* in Spanish remains opaque.

The correlation between *vuestras primas* in Spanish and *le vostre cugine* in Italian might not be immediately evident. How is Spanish helpful?

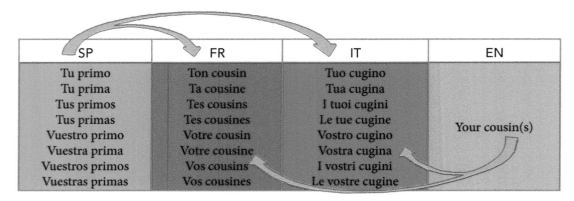

SP	FR	IT	EN
Tu primo	Ton cousin	Tuo cugino	
Tu prima	Ta cousine	Tua cugina	
Tus primos	Tes cousins	I tuoi cugini	
Tus primas	Tes cousines	Le tue cugine	Your cousin(s)
Vuestro primo	Votre cousin	Vostro cugino	
Vuestra prima	Votre cousine	Vostra cugina	
Vuestros primos	Vos cousins	I vostri cugini	
Vuestras primas	Vos cousines	Le vostre cugine	

Take a close look at the structures above. Notice the similarities in structure among the Romance languages: agreement in gender and number between the possessive adjective and the noun, lexical proximity of the possessive forms, etc. What is different about English? As explained above, even though English speakers can use the transparency between *cousin* and *cugino*, there is only one English form for the possessive adjective, and only one singular and one plural form for the noun. Spanish speakers clearly have an advantage, but bilingual speakers of English and Spanish have more information at their disposal and will learn to use all of their resources.

Juntos offers the information you need to recognize the patterns that can help you understand the larger context of Romance language relationships and commonalities. This is achieved through training and practice in Intercomprehension, consisting of visual presentations, readings, explanations, and engaging communicative exercises.

The **In italiano...** sections allow students to apply what they have learned in sections 1 and 2 of each lesson to complete grammar, listening, and vocabulary exercises in the target language.

The **Interculture** sections facilitate language learning by engaging students in discussions about a wide range of intercultural topics. These activities not only help students acquire and improve their language skills but also invite learners to reflect on the interconnectedness of cultures around the world. These sections are comprised of short intercultural readings related to the grammar point of the lesson and consisting of anthropological, artistic, historical, literary, political, and/or sociological intercultural content, followed by reading comprehension questions in the target language. Since learners of cognate languages excel at reading—the driving competency in Intercomprehension according to Escudé and Janin, as illustrated in the chart below from their book *Le point sur l'intercompréhension, clé du plurilinguisme* (2010)[4]—the recognition of cognate structures through reading constitutes a principal element and pedagogical resource of our textbook.

---

4. Pierre Escudé and Pierre Janin, *Le point sur l'intercompréhension, clé du plurilinguisme* (Paris: CLE International, 2010).

The Dynamics of Language Acquisition through Intercomprehension

Skills	A1	A2	B1	B2	C1	C2
Reading						
Listening						
Speaking						
Writing						

The ***Languages in Transit: Exercises in Translation, Translanguaging, and Transfer*** sections are a salient feature of *Juntos* learning. Students working with cognate languages have a natural propensity to translate as they seek equivalencies, using what they know in English and Spanish to learn Italian. *Juntos* features translation exercises from the very beginning, and students are taught how to use their multilingual repertoires in translation through the application of a think aloud protocol, in which they are invited to think aloud as they perform the task of translating, explaining why they have arrived at a particular translation on the basis of their knowledge of English and Spanish. These think aloud sessions can be recorded and reviewed later for insight into students' metalinguistic and translanguaging processes. By sharing these processes, students may learn from the thinking of their classmates as well as from the strategies of Intercomprehension that they have been practicing in other sections of the book as they work with cognate languages. Students are encouraged to use both English and Spanish as they formulate their translations. They can translate from Italian into English or Spanish—or, through translanguaging, into English and Spanish. These translation exercises can be performed by each individual student or in pairs; they can be tackled individually at home or in class groups.

Spanish, English, and Italian are thus constantly present as significant languages in the students' evolving language repertoire, which is consistently activated through the translanguaging and translation activities that reside at the heart of each chapter of this book.

The ***Exploring the Web*** sections are comprised of activities hosted on the book's companion website: www.hackettpublishing.com/juntos-companion-webpage. These activities invite students to explore various websites and online media, including videos, songs, interviews, and more. These authentic materials are intended to encourage group discussions and intercultural reflections as well as require students to practice their listening, reading, and speaking skills.

The ***Further Focus*** sections allow students to delve into some finer grammar points in select chapters.

Color Coding and Language Order

In *Juntos*, color coding is very important. Visual recognition, via color coding, of the language being taught allows students to focus on their target language—Italian—and to recognize English, Spanish, and French very easily. The Romance languages are always presented in their original geographical order from west to east, with English at the end.

L'alfabeto italiano per ispanofoni

1. Intercomprehension

 1.1 Listen to the audio file for this activity and try to identify the languages in which the following groups of letters are being read. Your choices are French, English, Italian, Spanish, and Portuguese.

A, B, C, D, E...

K, L, M, N, O...

U, V, W, X, Y, Z.

F, G, H, I, J...

P, Q, R, S, T...

2. Intergrammar

As you progress through *Juntos: Italian for Speakers of English and Spanish*, you will notice that English and Spanish are often your allies when learning Italian. However, sometimes they become false friends. Let's start by applying this language noticing process to learning the alphabet.

Let's look at the letters that are pronounced differently. Note that the way in which the letter H is read in Italian is unique, similar to neither English nor Spanish.

H	acca /ækkæ/*

*Throughout this lesson, the phonetic symbols within each pair of forward slashes are from the International Phonetic Alphabet (IPA).

In Italian, the letter V can be pronounced *vu* or *vi*. While in Italian, *vi* is pronounced like *vee* in English but with a shorter vowel sound, *vu* rhymes with the Spanish pronunciation of *cu* for the letter Q.

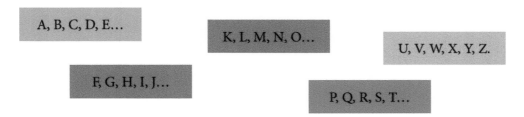

V	vu/vi	ve	vee
Q	cu	cu	

Of the following five letters, four are pronounced as they are in English, with the exception of the letter C, which is pronounced like *CHEE* in *CHEEse*.

B	bi	be	bee
C	ci /tʃi/	ce	cee
D	di	de	dee
P	pi	pe	pee
T	ti	te	tee

In the Italian alphabet, when voicing the letter F, the consonant sound is doubled *e-FF-e* in contrast with the single *e-F-e* in Spanish. This applies to all of the following consonants.

F	effe	efe
L	elle	ele
M	emme	eme
N	enne	ene
R	erre	ere / erre
S	esse	ese

The letter Z is spelled the same way but pronounced slightly differently.

Z	zeta /dzɛta/	zeta /Θeta/ or /seta/

Finally, the letter G is pronounced like it is in English.

G	gi /dʒi/	gee /dʒiː/

Vowels are very similar in Italian and Spanish in the sense that they are always pronounced in a short, concise way.

A	a /a/	a: estar
E*	e /e/	e: estar
E	e /ɛ/	e: bed
I	i /i/	i: libro
O**	o /o/	o: libro
O	o /ɔ/	o: not
U	u /u/	u: uno

* This is how you pronounce the letter E when reciting the alphabet.
** This is how you pronounce the letter O when reciting the alphabet.

Unlike Spanish or English, the Italian alphabet only has twenty-one letters. The following five letters are used exclusively in foreign words. Given the number of foreign words used in Italian today, it is important to know how Italians voice these letters.

J	i lunga	
K	kappa	
W	doppia vu	
X	iks	
Y	ipsilon or i greca	i griega

3. In italiano...

3.1 I nomi

Ascolta il file audio per questa attività e scrivi il nome di ogni persona.

C_____   V_____

G _____   J _____

X_____

W _____   F_____

B_____

H_____

3.2 Messaggi sul telefonino

Ginevra manda SMS (**S**hort **M**essage **S**ervice) a Vittorio. Leggi le abbreviazioni.

- SMS = _____
- C6? = _____ sei? (Are you there?)
- TVB = _____ ti voglio bene
- TAT = _____ ti amo tanto
- CMQ = _____ comunque (anyway)

3.3   Acronimi e sigle

Leggi gli acronimi e le sigle qui sotto.

- .it (the country domain extension for Italy)
- la TV (**T**ele**v**isione)
- la FIGC (**F**ederazione **I**taliana **G**iuoco **C**alcio)
- la CGL (**C**onfederazione **G**enerale del **L**avoro)
- la TAC (**T**omografia **A**ssiale **C**omputerizzata)
- l'INPS (**I**stituto **N**azionale della **P**revidenza **S**ociale)
- gli OGM (**O**rganismi **G**eneticamente **M**odificati)

3.4   Le vitamine

Quali vitamine dovremmo prendere? A voce alta, leggi la tabella qui sotto utilizzando la seguente struttura della frase: "I bambini prendono le vitamine D e K; gli anziani…"

Prendono le vitamine	A	B	B1	B6	B9	B12	C	D	E	H	K
I bambini								✓			✓
Gli anziani						✓		✓			
Gli sportivi	✓	✓					✓	✓	✓		
I vegetariani		✓						✓		✓	
I celiaci (con allergia al glutine)	✓							✓	✓		✓
Gli anemici						✓					
Le donne incinte (in gravidanza)		✓						✓			
Le donne in menopausa				✓				✓			
Gli alcolizzati			✓		✓						
Le persone depresse								✓			
Le persone affette da scorbuto							✓				
Le persone con carenza di calcio								✓			
Le persone raffreddate							✓				

4. Interculture

 4.1   Read and listen to the text below and answer the reading comprehension questions that follow.

La vitamina del sole e del buonumore

La vitamina D, sintetizzata a livello epidermico a contatto con il sole, aiuta a fissare il calcio nelle ossa, cosa importante per crescere bene durante l'infanzia o per prevenire le fratture durante la vecchiaia o le attività sportive.

Ma la vitamina D facilita anche la sintesi di serotonina, l'ormone della felicità, e riduce quella del cortisolo, l'ormone dello stress.

Il sole è quindi una fonte di buonumore, infatti molte persone sono affette da *depressione stagionale*: quando cambia il tempo, cambia l'umore.

Ma ci sono nel mondo popolazioni più felici di altre? E queste popolazioni sono più o meno esposte al sole? Le statistiche Eurostat del 2018 indicano l'Islanda (dove il sole non si vede per tre mesi all'anno) come lo stato europeo con la percentuale più alta di depressione (14,8%), mentre solo il 5,5% degli italiani soffre di depressione.

Le Journal de Québec riferisce che nella provincia canadese, fino al 25% delle persone soffre di disturbi stagionali. Secondo i dati dell'OMS (Organizzazione Mondiale della Sanità), i paesi latinoamericani presentano percentuali simili o inferiori all'Italia (il valore più alto è in Brasile: 5,8%). La Encuesta Nacional de Evaluación del Desempeño 2002–2003 indicava per il Messico una percentuale del 4,5%.

4.2   **Reading comprehension**
1. A quali persone fa bene la vitamina D?
2. Cos'è la serotonina?
3. Quando viene la *depressione stagionale*?
4. Sono più felici gli islandesi o i messicani?

5. Languages in Transit: Exercises in Translation, Translanguaging, and Transfer

5.1   Translate the passage below into English or Spanish or a combination of the two. Be prepared to discuss your translation and the topic of the passage in class.

Le opinioni mediche sono divise per quanto riguarda il bisogno di prendere le vitamine. Migliorano la nostra salute? Alcuni esperti pensano che riceviamo sufficienti sostanze nutritive dal cibo che consumiamo. Altri dicono che le vitamine sono necessarie per integrare la scarsa qualità del cibo e per compensare le calorie vuote del cibo spazzatura. Forse i prodotti biologici sono più adatti perché il contenuto vitaminico è più elevato. Cosa ne pensi?

6. Exploring the Web

6.1   Go to the *Juntos* companion website at www.hackettpublishing.com/juntos -companion-webpage to complete activity 6.1.

Lettere in azione

1. Intercomprehension

 1.1   Listen to the pronunciation of the words below and identify the languages that you hear. What consonant sound do you hear in the last syllable of each word?

1. Venecia
2. Venise
3. Venezia
4. Venice

2. Intergrammar

Vowels

In lesson 1 you learned that, when reciting the alphabet, the pronunciation of the five vowels in Italian and Spanish is identical. However, the vowels E and O can be voiced in two different ways when they are used in words.

E	perché /e/	porque
E	caffè /ɛ/	bed
O	nome /o/	gato
O	notte /ɔ/	not

Double consonants

2.1   In Spanish, what difference is there in the pronunciation of the words *pero* and *perro*?

1. The E sound is different
2. The R sound is different
3. The O sound is different

In Italian, the sound of double consonants is prolonged. This is comparable to the Spanish sound *rr* found in *perra* as opposed to the single *r* in *pera*. This applies to all double consonants in Italian. Practice the pronunciation of single and double consonants by reading the following words:

- *papa* vs. *pappa*
- *nono* vs. *nonno*
- *sete* vs. *sette*
- *casa* vs. *cassa*

Major differences

CE	/tʃe/	/se/
CI	/tʃi/	/si/
CHE	/ke/	/tʃe/
CHI	/ki/	/tʃi/
GE	/dʒe/	/xe/
GI	/dʒi/	/xi/
GHE	/ge/	—
GHI	/gi/	—
GUE	/gwe/	/ge/
GUI	/gwi/	/gi/
QUA	/kwa/	—
QUO	/kwo/	—
QUE	/kwe/	/ke/
QUI	/kwi/	/ki/
CUA	/kua/ /kwa/	/kwa/
CUO	/kuo/ /kwɔ/ /kwo/	/kwo/
CUE	/kwe/	/kwe/
CUI	/kuj/ /kwi/	/kwi/

2.2 **Ascoltiamo**

Listen to the Italian words in the table below, paying special attention to the way in which the letters in bold are being pronounced. To the right of each Italian word, identify the Spanish word whose bolded letters are pronounced in the same way.

signora	**agn**óstica	se**ñ**ora	**n**oche
ri**c**erca	**c**erca	**ch**eque	que**s**o
chiamare	a**qu**í	**ch**ile	a**c**iaga
ghiaccio	**g**imnasio	**j**irafa	**g**uitarra
guerra	**gu**erra	**g**oma	**gu**ardar
fi**gli**a	**ll**amar	hi**j**a	**gl**acial
que**s**to	**c**uerpo	que**s**o	**K**enia

2.3 International spelling alphabets

Below you'll find the first three letters of different international spelling alphabets. What is an international spelling alphabet?

What kind of words are being used below?

- names
- cities
- Greek letters
- other

Letters	Spanish	French	Italian	US	NATO
A	Antonio	Anatole	Ancona	Adam	Alfa
B	Burgos	Berthe	Bologna	Bob	Bravo
C	Carmen	Célestin	Como	Carol	Charlie

Does anyone know what NATO is?

2.4 Traveling through the Italian spelling alphabet

Using the locations on the map below, select the correct city names from the chart below by looking them up on Google Maps. Write the city name on the map where it belongs.

A	Ancona	J	Jolly	S	☐ Savona ☐ Salerno
B	Bologna	K	Kappa	T	☐ Torino ☐ Trapani
C	Como	L	☐ Livorno ☐ Lecce	U	☐ Urbino ☐ Udine
D	☐ Domodossola ☐ Dorgali	M	☐ Monopoli ☐ Milano	V	☐ Venezia ☐ Verona
E	☐ Empoli ☐ Enna	N	☐ Napoli ☐ Novara	W	Washington
F	☐ Frosinone ☐ Firenze	O	☐ Otranto ☐ Olbia	X	Xilofono
G	☐ Gela ☐ Genova	P	☐ Palermo ☐ Padova	Y	York
H	Hotel	Q	Quarto	Z	Zara
I	☐ Imola ☐ Imperia	R	☐ Rimini ☐ Roma		

Note that in Italy, there are no cities that begin with H, J, K, W, X, or Y. Considering what you learned in lesson 1, why are there no cities that begin with these letters?

3. In Italiano...

3.1 **Parliamo**

Esercitati a pronunciare le frasi seguenti e concentrati sulla pronuncia dei nomi delle città.

Quando pronunci i nomi di queste città, a quali suoni in particolare devi prestare attenzione?

Tutte queste città si trovano in varie parti dell'Italia. Usando Google Maps, cerca dove si trova ogni città.

3.2 **Scriviamo ciò che sentiamo**

Ascolta il file audio per questa attività. Nella tabella qui sotto scrivi esattamente quello che senti.

1.	2.	3.	4.
5.	6.	7.	8.
9.	10.	11.	12.
13.	14.	15.	16.

3.3 **Ascoltiamo**

Ascolta il file audio per questa attività e scrivi quello che hai imparato sullo scudetto.

Lo scudetto è il simbolo della vittoria del campionato. I giocatori della squadra che lo ha vinto lo portano sulla maglietta durante il campionato successivo. La squadra italiana che ha vinto il maggior numero di scudetti è la Juventus.

Prima giornata Girone di andata, 19 agosto Girone di ritorno, 20 gennaio	
Atalanta	Frosinone
	Spal
	Juventus
Empoli	
	Napoli
Milan	Genoa
Parma	
Sampdoria	
	Inter
Torino	Roma

Le partite della prima giornata del girone di andata e di ritorno del campionato italiano di calcio dell'anno 2018-2019.

Ascolta il programma per la prima giornata del girone di andata e di ritorno del campionato italiano di calcio e completa la tabella qui sopra con le squadre che mancano. Usa quello che hai imparato sulla pronuncia italiana per scrivere correttamente i nomi delle squadre.

3.4 **In tutte le lingue si dice così**

Il vocabolario tecnico dello sport è internazionale e deriva soprattutto dall'inglese. Nella colonna centrale ci sono parole del calcio usate in italiano, in quella di sinistra ci sono quelle spagnole. Completa la tabella scrivendo le parole corrispondenti in inglese. In gruppi, discutete le somiglianze e le differenze fra le parole spagnole e italiane. Ci sono delle parole che derivano dall'inglese?

Spagnolo	Italiano	Inglese
el futbol/futbol	il calcio	
la portería/el arco	la porta/la rete	
la pelota/el balón	il pallone	
el partido	la partita	
la copa	la coppa	
el portero/el arquero	il portiere	
el árbitro	l'arbitro	
driblar	dribblare	
marcar/anotar	segnare	
atacar, el delantero	attaccare, l'attaccante	
defender, el defensor	difendere, il difensore	
el entrenador	l'allenatore	
el hincha/el seguidor/el fan	il tifoso	
el estadio	lo stadio	
el campo/la cancha	il campo	
el equipo	la squadra	
el campeón	il campione	

4. Interculture

 4.1   Read and listen to the text below and answer the reading comprehension questions that follow.

Il campionato nazionale di calcio italiano è organizzato in due stagioni (una di andata e una di ritorno) secondo il sistema del girone/torneo all'italiana (o *round robin*), che non prevede l'eliminazione diretta, ma un sistema di punti: 3 punti alla squadra vincente, 1 punto a ciascuna alle squadre che pareggiano, 0 punti alla squadra perdente. La squadra con il maggior numero di punti alla fine del campionato vince lo scudetto.

Il girone all'italiana è usato anche in altri paesi, per esempio in Messico, Argentina, e Francia. Il campionato di calcio messicano, la *Primera División de México*, include in ciascuna delle sue due fasi, del *Torneo de Apertura* e del *Torneo de Clausura,* un primo girone all'italiana e un secondo girone a eliminazione diretta, detto *Liguilla.*

Nella classifica del Campionato Italiano di Serie A della stagione 2019-2020 ci sono venti squadre: Atalanta, Bologna, Cagliari, Chievo, Empoli, Fiorentina, Frosinone, Genoa, Inter, Juventus, Lazio, Milan, Napoli, Parma, Roma, Sampdoria, Sassuolo, SPAL, Torino, Udinese. Queste venti squadre corrispondono a sedici città italiane, perché quattro città, Genova, Milano, Roma e Torino, hanno due squadre ciascuna. Quasi tutte le squadre portano il nome della loro città, ad eccezione di Atalanta, Inter, Juventus, Sampdoria e SPAL.

4.2   Reading comprehension

1. Una squadra del campionato italiano che vince la partita per tre volte di seguito, pareggia una volta, e perde due volte quanti punti totalizza?

2. Nel torneo all'italiana com'è il numero di squadre in gioco alla fine del campionato rispetto all'inizio?
   - Uguale
   - Inferiore
   - Superiore

3. Che cosa vince la squadra vincitrice del campionato di calcio nazionale italiano?

4. Riconosci in questa lettura alcuni nomi di città usati per scandire le lettere delle parole italiane?

Due di questi nomi contengono parole latine. Juventus significa gioventù ed è una parola della lingua latina, forse perché i suoi giocatori originari erano studenti di latino, nel 1897, del liceo torinese Massimo D'Azeglio. La Juventus è la squadra italiana che ha vinto il maggior numero di scudetti.

SPAL significa Società Polisportiva Ars et Labor (= latino per "arte e lavoro"), nome dato da un sacerdote salesiano alla squadra dell'oratorio di Ferrara agli inizi del Novecento.

L'Inter si chiama così perché voleva essere "Internazionale", cioè ammettere a giocare anche calciatori stranieri, al contrario del Milan, da cui si separò nel 1908 proprio per questa divergenza di opinioni. Può costituire un interessante argomento di discussione notare che l'unica squadra del Sud nei più recenti campionati di calcio di serie A è il Napoli.

Nelle squadre italiane hanno giocato e giocano tuttora molti calciatori stranieri. Amatissimo nella memoria degli italiani il giocatore argentino del Napoli Diego Armando Maradona, chiamato *El pibe de ro*, che ha ispirato generazioni di bambini napoletani. Il giocatore brasiliano della Roma Paulo Roberto Falcao, detto "Il Divino", era famoso per il suo talento a motivare psicologicamente i suoi compagni di squadra. Oggi il più pagato di tutti è il giocatore portoghese della Juventus Cristiano Ronaldo, soprannominato "CR7" per le iniziali del suo nome e il suo numero di maglia.

4.3   **Reading comprehension**

1. Quali sono le due squadre di calcio della città di Milano?
2. Quale squadra rappresenta la città di Torino oltre al Torino?
3. I giocatori stranieri sono ammessi a giocare nel campionato italiano?
4. Qual è l'unica squadra italiana del Sud nei più recenti campionati di Serie A?
5. Qual è il soprannome di Cristiano Ronaldo?
6. Quale lingua è usata in alcuni nomi di squadre italiane oltre all'italiano?
7. Qual è la squadra italiana che ha vinto il maggior numero di scudetti?

5. Languages in Transit: Exercises in Translation, Translanguaging, and Transfer

5.1   Translate the passage below into English or Spanish or a combination of the two. Be prepared to discuss your translation and the topic of the passage in class.

Una volta si diceva, "Il calcio non è uno sport per signorine" però, dopo l'entusiasmante vittoria della squadra femminile italiana l'8 giugno 2019 in una partita contro l'Australia, tutto il paese tifa rosa! La prima squadra femminile italiana ha giocato per la prima volta a Trieste nel 1946. Oggi, quasi 75 anni dopo, il calcio femminile è uno sport coperto anche nella Gazzetta dello Sport, un giornale sportivo tradizionalmente molto maschile. Il colore del giornale però promette bene per il futuro del calcio femminile: rosa!

6. Exploring the Web

6.1 Go to the *Juntos* companion website at www.hackettpublishing.com/juntos -companion-webpage to complete activity 6.1.

Mi chiamo, me llamo

1. Intercomprehension

1.1 Identify the languages below.

- O meu nome é Manuel.
- (Yo) Me llamo Rosa.
- El meu nom és Felip.
- Je m'appelle Julie.
- (Io) Mi chiamo Ilaria.
- (Eiu) Mi chjamu Ghjiseppu.
- My name is Peter.

1.2 What do the statements above express?

- age
- name
- nationality

There are different ways of expressing one's name in different languages. In English one might say *my name is*, or even simply *I'm*. In the examples above, some languages use *my name is* and other languages use *I call myself*. Identify what structure is used by each language.

2. Intergrammar

2.1 Is the Italian structure *Mi chiamo Ilaria* closer to English or Spanish?

In Italian and Spanish, you could also express your name by saying *(Io) Sono Ilaria/(Yo) Soy Rosa*. The structure used in activity 1.1 in both Italian (*Mi chiamo Ilaria*) and in Spanish (*Me llamo Rosa*) is called **reflexive**. A reflexive structure implies that the subject and the object in the sentence are the same. In other words, the subject does the action to himself/herself/itself or multiple subjects do the actions to themselves.

2.2   Look at the following two sets of sentences and indicate whether or not they are reflexive.

(Yo) Llamo a Mario	(Yo) Me llamo Mario
(Io) Chiamo Mario	(Io) Mi chiamo Mario
☐ reflexive ☐ not reflexive	☐ reflexive ☐ not reflexive

2.3   Look at the following sentences in Italian and indicate whether or not they are reflexive.

Chiamo il medico!	☐ reflexive ☐ not reflexive
Mi chiamo Marie.	☐ reflexive ☐ not reflexive
La cantante si chiama Laura Pausini.	☐ reflexive ☐ not reflexive
Francesca chiama suo fratello.	☐ reflexive ☐ not reflexive
I miei genitori chiamano la mia insegnante.	☐ reflexive ☐ not reflexive
Si chiamano José e Maria.	☐ reflexive ☐ not reflexive
Ti chiami Obama? No! Non ci credo!	☐ reflexive ☐ not reflexive
Chiami Obama? No! Davvero?	☐ reflexive ☐ not reflexive

3. In italiano

3.1   **Mi chiamo**: Aiuta ogni persona a presentarsi in italiano.

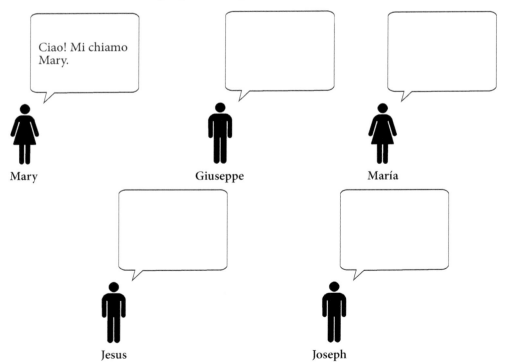

3.2 Cognomi famosi: Benigni, Boccaccio, Bocelli, Colombo, da Vinci, Ferrari, Garibaldi, Levi-Montalcini, Loren, Marconi, de' Medici, Montessori, sono nati nel...

1958   1952   1934

1909   1870   1874

1898   1313   1807

1452   1451   1449

Ma qual è il loro cognome? Scrivi nella colonna centrale come si chiamano di cognome le persone famose. Per quelli che non conosci devi cercare le informazioni sull'Internet.

Roberto		Attore (Premio Oscar)
Andrea		Cantante
Enzo		Pilota e imprenditore
Rita		Biologa (Premio Nobel)
Giuseppe		Generale
Maria		Psichiatra, educatrice (Premio Nobel)
Leonardo		Pittore
Guglielmo		Inventore, fisico (Premio Nobel)
Cristoforo		Esploratore
Lorenzo		Uomo politico
Giovanni		Scrittore
Sofia		Attrice (Premio Oscar)

3.3 **Nella tua famiglia**: Rispondi alle domande.

1. Tu come ti chiami? _____

2. Come si chiama tua madre? _____

3. Come si chiama tuo padre? _____

4. Come si chiama il tuo migliore amico o la tua migliore amica?

_____

4. Interculture

4.1 Read and listen to the text below and answer the reading comprehension questions that follow.

Gesù, Giuseppe e Maria

Giuseppe è stato per secoli un nome molto comune in Italia, per la forte simbologia cattolica legata alla *sacra famiglia*, ma anche a causa del tradizionale criterio di dare al figlio il nome del nonno. Oggi il nome più popolare per un bebè in Italia è Francesco, ma in Sicilia Giuseppe è ancora il nome preferito. L'onomastico di Giuseppe è il 19 marzo. San Giuseppe è il padre di Gesù, quindi in Italia il 19 marzo è anche la festa del papà.

Giuseppe è il nome di grandi personaggi della storia d'Italia, come Mazzini, Garibaldi e Verdi.

Anche Maria è un nome comune come Giuseppe. Quante generazioni di italiani con questi due nomi! Maria, con il significato religioso
di protezione della Vergine, è perfino usato come secondo nome maschile: Carlo Maria Giulini, per esempio, era il nome di un importante
direttore d'orchestra italiano.

Al primo posto nella lista dei nomi delle bambine italiane oggi c'è
Sofia, ma Maria rimane un nome classico, il più diffuso nel mondo. Una
famosa Maria nata in Italia è anche diventata regina di Francia nel di-
ciassettesimo secolo, dove si chiamava *Marie de Médicis*. In Francia, il
nome è molto famoso anche per *Marie Curie*, premio Nobel per la fisica
e la chimica.

La donna più famosa con questo nome nell'Italia contemporanea è
Maria Montessori.

E Gesù? Mentre il nome *Jesús* è molto comune nei paesi ispanofoni,
in Italia e in Francia non esiste: è considerato sacro, quindi nessuno si
chiama così.

4.2   Reading comprehension

1. A quale simbologia è connessa la scelta dei più tradizionali nomi
   propri di persona?

2. Quale criterio si seguiva in passato per la scelta dei nomi dei figli?

3. Qual è il nome più popolare per un figlio maschio in Italia?

4. Quale nome per un figlio maschio piace di più ai siciliani?

5. Perché la festa del papà in Italia si celebra il 19 marzo?

6. Quali personaggi storici italiani si chiamavano Giuseppe?

7. Quale nome in Italia si usa per le femmine, ma anche qualche volta
   come secondo nome per i maschi?

8. Qual è il nome più popolare per una figlia femmina in Italia?

9. Qual è il nome da femmina più usato nel mondo?

10. Perché in Italia non si dà il nome "Gesù" a un bambino?

 ### 4.3   Ascoltiamo

Listen to the four questions for this exercise and provide your answers below.

1. _____

2. _____

3. _____

4. _____

4.4 Scriviamo e Parliamo

1. Tu come ti chiami? _____

2. Pensi che il tuo nome sia un nome comune nel tuo paese? _____

3. C'è un onomastico per il tuo nome? _____

4. Come si chiamano i tuoi genitori? _____

5. Ci sono onomastici per i loro nomi? _____

6. Conosci delle persone famose nel tuo paese che si chiamano Giuseppe, Joseph, José, Maria, Mary o María? _____

7. Conosci personalmente qualcuno che si chiama Giuseppe, Joseph, José, Maria, Mary, o María? _____

Be prepared to discuss your answers both with a partner and with the class.

5. Languages in Transit: Exercises in Translation, Translanguaging, and Transfer

5.1 Translate the passage below into English or Spanish or a combination of the two. Be prepared to discuss your translation and the topic of the passage in class.

Anche se tutti hanno un nome formale, la maggior parte delle persone ha almeno uno, se non diversi soprannomi. Quello che fai, dove abiti, la tua età, ecc., può influenzare la scelta di molti soprannomi nel corso della tua vita. Hai un soprannome? Da dove viene questo soprannome?

6. Exploring the Web

6.1 Go to the *Juntos* companion website at www.hackettpublishing.com/juntos -companion-webpage to complete activity 6.1.

Verbi riflessivi

1. Intercomprehension

1.1 Identify the following languages.

- Eu me lavo.
- (Yo) Me lavo.
- (Jo) Em rento.
- Je me lave.
- (Io) Mi lavo.
- (Eiu) Mi lavu.
- (Iu) Mi lavu.
- (Eu) Mă spăl.

1.2 Circle the reflexive pronouns in the sentences above. Do they share a common letter?

2. Intergrammar

2.1 Look at the following sets of sentences and indicate whether or not they are reflexive.

I wash the dog	I wash myself
(Yo) Lavo al perro	(Yo) Me lavo
(Io) Lavo il cane	(Io) Mi lavo
□ reflexive □ not reflexive	□ reflexive □ not reflexive

When she plays hide-and-seek, my niece always hides (herself) underneath the kitchen table	My niece hides her brother's toys
Cuando juega a las escondidas, mi sobrina siempre se esconde debajo de la mesa de la cocina	Mi sobrina esconde los juguetes de su hermano
Quando gioca a nascondino, mia nipote si nasconde sempre sotto il tavolo della cucina	Mia nipote nasconde i giocattoli di suo fratello
☐ reflexive ☐ not reflexive	☐ reflexive ☐ not reflexive

My little brothers dress themselves every morning before school	Every year, my parents dress up our dog as a lion for Halloween
Mis hermanos menores se visten cada mañana antes de ir a la escuela	Cada año, mis padres visten a nuestro perro como un león para Halloween
I miei fratelli minori si vestono ogni mattina prima di andare a scuola	Ogni anno, i miei genitori vestono il nostro cane da leone per Halloween
☐ reflexive ☐ not reflexive	☐ reflexive ☐ not reflexive

Notice how English can only express a reflexive action by adding words like *myself*, *himself*, or *themselves* after the verb. Spanish and Italian express reflexive actions by adding a reflexive pronoun in front of the verb. For example, *me/mi* + verb.

2.2   Can you think of any reflexive forms in Spanish that describe your morning routine?

2.3   Look at the Spanish and Italian forms in the following chart. What do you notice as far as the initials are concerned?

Spanish	French	Italian	English
me	me	mi	myself
te	te	ti	yourself
se	se	si	himself/herself/itself
nos	nous	ci	ourselves
os	vous	vi	yourselves
se	se	si	themselves

2.4   How to form present tense reflexive verbs:

- reflexive verbs that end in *-arsi* in Italian and *-arse* in Spanish

lavarsi	
mi lavo	ci laviamo
ti lavi	vi lavate
si lava	si lavano

lavarse	
me lavo	nos lavamos
te lavas	os laváis
se lava	se lavan

- reflexive verbs that end in *-ersi* in Italian and *-erse* in Spanish

nascondersi	
mi nascondo	ci nascondiamo
ti nascondi	vi nascondete
si nasconde	si nascondono

esconderse	
me escondo	nos escondemos
te escondes	os escondéis
se esconde	se esconden

- reflexive verbs that end in *-irsi* in Italian and *-irse* in Spanish

divertirsi	
mi diverto	ci divertiamo
ti diverti	vi divertite
si diverte	si divertono

divertirse	
me divierto	nos divertimos
te diviertes	os divertís
se divierte	se divierten

Because they express actions done to oneself, reflexive verbs are often found in the vocabulary of the morning routine.

2.5   Ana is describing her son Marco's morning routine but has written it down out of order. Help her reorder his routine.

- (Lui) Si alza.
- Il se lave.
- (Él) Se peina.
- Il s'habille.
- (Lui) Si prepara per uscire.
- (Lui) Si guarda allo specchio.
- (Él) Se lava los dientes.
- (Él) Se despierta.

2.6   Can you help Ana express Marco's entire routine in Italian?

3. In italiano...

 3.1   Preparandosi a casa: Ascolta la registrazione sul companion website. Cosa fai tutte le domeniche? Riordina le immagini in base all'ora di ogni azione.

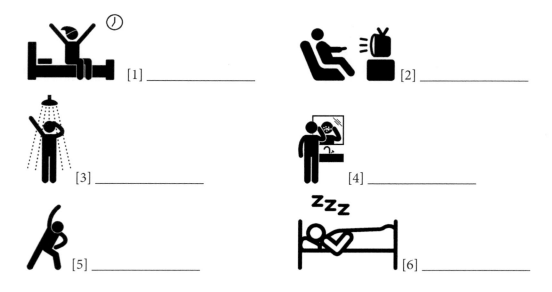

[1] _____   [2] _____

[3] _____   [4] _____

[5] _____   [6] _____

3.2 **Allenarsi**

A Valentina piace allenarsi. Quando si allena, lei utilizza il vocabolario tecnico delle attività fisiche. Questo vocabolario è internazionale e deriva da diverse lingue.

Nella colonna centrale ci sono parole dello sport usate in italiano, in quella di sinistra ci sono quelle spagnole. In gruppi di due o tre, discutete le differenze e le somiglianze fra le parole italiane e spagnole. Ci sono parole che sono state prese da un'altra lingua? Nella colonna di destra, inserisci le parole corrispondenti in inglese.

Spagnolo	Italiano	Inglese
el deporte	lo sport	
el estiramiento	lo stretching	
la bicicleta estática/fija	la cyclette	
el baloncesto	il basket/la pallacanestro	
el yoga	lo yoga	
el tenis	il tennis	
la cinta de correr/la caminadora	il tapis-roulant	
el voleibol	la pallavolo	
las bochas	le bocce	
el boxeo	il pugilato	
el culturismo	il body-building/il culturismo	
el hockey	l'hockey	
el fútbol/futbol	il calcio	
la buena forma	il fitness/la buona forma fisica	
el entrenador	l'allenatore/il coach	
el entrenador personal	il personal trainer/l'allenatore	
el pilates	il pilates	

3.3 La routine di un'atleta

Valentina pratica l'atletica leggera e deve allenarsi ogni giorno per un'ora in palestra. La sua routine si divide in tre parti.

A. Si prepara con un riscaldamento di 25 minuti di attività cardio-vascolari.

B. Si esercita per 25 minuti per rinforzare i muscoli.

C. Si concentra sulla flessibilità per 10 minuti.

Puoi aiutare Valentina ad allenarsi?

Collega ogni frase a una delle tre parti della sua routine, scrivendo A, B o C a sinistra di ogni frase.

	Usa le macchine.
	Fa stretching con la palla da palestra.
	Pedala sulla cyclette.
	Fa alcuni esercizi di yoga.
	Cammina o corre sul tapis-roulant.
	Solleva pesi.
	Fa esercizi di aerobica.
	Sale e scende le scale.
	Fa esercizi sul tappetino o sul materasso.
	Fa esercizi con le funi o i cerchi.
	Fa esercizi con la palla medica.

Appena finito di allenarsi, Valentina _____ (guardarsi) nello specchio e _____ (farsi) un selfie!

3.4 Lo Specchio

Guarda il dipinto *Armida e Rinaldo* di Annibale Carracci nella pagina seguente. Usando quello che abbiamo imparato in questa lezione, leggi il seguente testo in italiano e inserisci la forma corretta dei verbi riflessivi tra parentesi.

Rinaldo e Armida (1601) di Annibale Carracci.

1. In questo dipinto il cavaliere cristiano Rinaldo _____ (sdraiarsi) sul grembo della sua amata Armida, la bella maga che lo tiene prigioniero nel suo giardino incantato.

2. Con il braccio sinistro, Rinaldo _____ (appoggiarsi) alla gamba destra di Armida.

3. La testa di Rinaldo _____ (piegarsi) all'indietro per guardarla.

4. Infatti i due amanti non _____ (mettersi) uno di fronte all'altra, ma entrambi _____ (rivolgersi) con il corpo a noi che guardiamo il quadro.

5. Rinaldo e Armida _____ (guardarsi) negli occhi? Veramente no.

6. Gli occhi di Rinaldo _____ (rivolgersi) a lei, che però _____ (specchiarsi) nello specchio che lui tiene nella mano destra.

7. È evidente che Armida _____ (compiacersi) molto della sua posizione dominante di donna adorata.

8. Sulla sinistra della scena, due cavalieri compagni di Rinaldo _____ (nascondersi) dietro a un cespuglio.

9. I due _____ (stupirsi) del loro compagno Rinaldo, che _____ (lasciarsi) dominare così.

10. Loro _____ (concentrarsi) su come liberare Rinaldo dall'incantesimo di Armida e riportarlo a combattere per la conquista di Gerusalemme.

11. Rinaldo deve _____ (specchiarsi) nel loro scudo, per capire come _____ (ridursi) un uomo che _____ (innamorarsi) così.

Note that there is one reciprocal verb in the sentences above. Reciprocal verbs have the same form as reflexive verbs but express an action that bounces back and forth between two people or two groups of people. Can you identify the reciprocal verb?

4. Interculture

 4.1   Read and listen to the passages below and answer the reading comprehension questions that follow.

> In letteratura ci sono molti esempi di specchi magici. I *Brüder Grimm* (i fratelli Grimm) erano due linguisti tedeschi. Effettivamente, la famosa fiaba tedesca, *Biancaneve*, è attribuita a Jacob e Wilhelm Grimm. Nella prima versione pubblicata nel 1812, la regina si guarda allo specchio chiedendo:
>
> "Spieglein, Spieglein an der Wand, wer ist die Schönste im ganzen Land?"

Rileggi la frase in tedesco. Ti aiuta a ricordare cosa dice la regina nella versione inglese (Snow White) o spagnola (Blancanieves)?

> Nella cultura italiana incontriamo un famoso poema del Cinquecento in cui una maga che si chiama Armida si specchia in uno specchio tenuto in mano dall'eroe, che si chiama Rinaldo, mentre Rinaldo si specchia nei suoi occhi e si confonde.
>
> Nelle letterature italiana e francese esistono inoltre molte versioni di una fiaba molto famosa chiamata *La bella e la bestia*. Se la versione italiana risale al 1550, esistono diverse versioni francesi orali dello stesso periodo che portano alla prima pubblicazione scritta da Gabrielle-Suzanne de Villeneuve e pubblicata nel 1740, e a una versione più lunga, pubblicata da Jeanne-Marie Leprince de Beaumont nel 1756.
>
> In questa storia, lo specchio rivela alle persone delle visioni della loro vita. Si legge:
>
> « Quelle fut [la] surprise [de Belle], en jetant les yeux sur un grand miroir, d'y voir sa maison où son père arrivait avec un visage extrêmement triste... »

4.2 **Reading comprehension**

1. Chi si specchia nello specchio inventato dai fratelli Grimm?

2. Come si chiama l'uomo che si specchia negli occhi della maga Armida?

3. Bella (in *La bella e la bestia*) non si riflette nel suo specchio magico. Invece, quali cose si riflettono nel suo specchio?

4. Nella letteratura inglese contemporanea, un famoso mago che si chiama Harry, incontra anche lui uno specchio magico. Hai letto questi libri?

5. Anche Harry Potter si riflette in uno specchio magico. Chi si riflette con lui nello specchio in cui si guarda Harry?

5. Languages in Transit: Exercises in Translation, Translanguaging, and Transfer

5.1 Translate the passage below into English or Spanish or a combination of the two. Be prepared to discuss your translation and the topic of the passage in class.

I bambini non sono molto puliti. Non si lavano, non si pettinano, e non si lavano i denti. Sono troppo piccoli. Non si vestono neanche. I genitori li lavano, li pettinano, gli lavano i denti e li vestono. I bambini sono anche molto pigri. Non si svegliano da soli e non si alzano. I genitori li svegliano e li fanno alzare. Quando saranno adulti, si laveranno, si pettineranno, e si laveranno i denti. Sarà necessario, per vivere in società. Si faranno la barba e si truccheranno. Si sveglieranno e si alzeranno da soli se vorranno lavorare o andare all'università. Si faranno da mangiare e si occuperanno della casa. Se saranno ancora pigri, per loro sarà molto difficile vivere efficientemente.

6. Exploring the Web

6.1 Go to the *Juntos* companion website at www.hackettpublishing.com/juntos -companion-webpage to complete activity 6.1.

Avere

1. Intercomprehension

1.1 Identify the languages below.

- (Eu)_____ 25 anos.
- (Eu) _____ certeza.
- (Yo) _____ ganas de hablar.
- (Jo) _____ set.
- J' _____ froid.
- (Io) _____ fame.
- (Eiu) _____ a vergogna.
- I _____ right.

1.2 Complete each sentence above by selecting the correct verb from the following word bank: *ai*; *aghju*; *tengo*; *ho*; *am*; *tinc*; *tenho*; *teño*.

1.3 Based on the sentences in Spanish and English, can you guess what the other sentences mean?

2. Intergrammar

2.1 Look at the verbs used in the sentences in exercise 1.1. In terms of verb choice, is Italian closer to English or to Spanish and French?

The following three languages use the verb *to have* to express one's age:

tener	avoir	avere
(yo) tengo	j'ai	(io) ho
(tu) tienes	tu as	(tu) hai
(él/ella) tiene	il/elle a	(lui/lei) ha
(nosotros) tenemos	nous avons	(noi) abbiamo
(vosotros) tenéis	vous avez	(voi) avete
(ellos/ellas/ustedes) tienen	ils/elles ont	(loro) hanno

2.2   Does the conjugation of the Italian verb *avere* remind you of a verb in Spanish? If so, which one?

2.3   Look at the following chart and identify the similarities between the conjugation of *haber* and *avere*.

haber	avere
he	ho
has	hai
ha	ha
hemos	abbiamo
habéis	avete
han	hanno

2.4   Each of the following phrases uses the Italian verb *avere*. Complete the chart below by placing each phrase in the correct row and conjugating the verb *avere*: *avere paura*; *avere sete*; *avere sonno*; *avere freddo*; *avere caldo*; *avere male*; *avere fame*; *avere fiducia*; *avere ragione*; *avere 21 anni*; *avere vergogna*.

Spanish	French	Italian
(yo) tengo 21 años	j'ai 21 ans	
(yo) tengo frio	j'ai froid	
(tu) tienes calor	tu as chaud	
(él) tiene miedo	il a peur	
(ella) tiene sueño	elle a sommeil	
(nosotros) tenemos dolor	nous avons mal	
(vosotros) tenéis vergüenza	vous avez honte	
(ellos) tienen hambre	ils ont faim	
(ellos) tienen sed	ils ont soif	
(ellas) tienen confianza	elles ont confiance	
(ellas) tienen razón	elles ont raison	

3. In italiano...

3.1 Aiuta ogni persona ad esprimere la propria età in italiano.

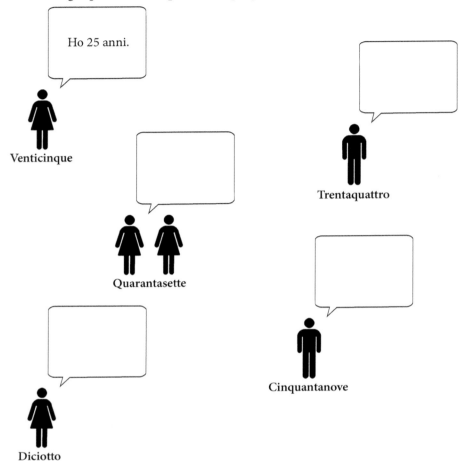

3.2 **Espressioni idiomatiche**

Completa le frasi qui sotto con il verbo avere.

1. Lunedì, (io) _____ lezione d'italiano.
2. (Voi) _____ caldo? Ma da voi non c'è l'aria condizionata?
3. (Noi) _____ molto freddo in questo periodo dell'anno, perché a Lugano, durante l'inverno, la temperatura scende sotto lo zero.
4. Molti italoamericani (loro) _____ voglia di viaggiare in Italia.
5. È ovvio che (tu) non _____ paura di parlare italiano. Quando sei in Italia, provi sempre a parlare con i tuoi parenti.
6. Mio fratello (lui) _____ più di trent'anni.
7. Il mio amico va spesso in Toscana. (Lui) _____ voglia di trasferirsi lì.

3.3 **Vocabolario**

Come puoi immaginare, non tutte le espressioni idiomatiche sono espresse nello stesso modo in tutte le lingue. Qui sotto, troverai cinque espressioni idiomatiche italiane che usano il verbo *avere*. Come tradurresti queste espressioni in spagnolo? Useresti il verbo *tener*?

Inglese	Spagnolo	Italiano
to **have** to do with		**avere** a che fare con
to **have** nothing to do with		non **avere** niente a che vedere con
to **have** a head full of crazy ideas		**avere** grilli per la testa
to **need**/to **be** in need of		**avere** bisogno di
to **be** in a hurry		**avere** fretta

4. Interculture

 4.1   Read and listen to the text below and answer the reading comprehension questions that follow.

Nelle "Zone Blu" si vive di più

Gli hunza sono una popolazione del Pakistan che vive sull'Himalaya. Molti anziani hunza hanno più di cento anni, c'è chi ha perfino centoventi o centotrent'anni. Alcuni gerontologi e il giornalista Dan Buettner, nel suo progetto per la rivista *National Geographic*, hanno individuato le *Blue Zones* della longevità: piccole comunità in Giappone, Grecia, Danimarca, e anche negli USA (Loma Linda, in California), la Sardegna in Italia e la penisola di Nicoya in Costa Rica.

Spesso, le persone che vivono in queste comunità hanno una dieta con poco zucchero e poca carne, ma molta verdura e legumi. Bevono caffè, tè, molta acqua e anche un po' di vino rosso. Non vanno necessariamente in palestra, ma frequentano dei club o fanno un lavoro a contatto con il pubblico, amano ballare, percorrono lunghe distanze a piedi o in bicicletta o si arrampicano in montagna. Queste persone non hanno bisogno di molto per essere felici, non hanno fame o sete, freddo o caldo: hanno il necessario per vivere, e non hanno paura della solitudine.

Per un costaricano di Nicoya che vende avocado al mercato di Cartago, un portatore pakistano che accompagna le spedizioni sull'Himalaya, un membro della chiesa avventista di Loma Linda in California, un pastore italiano che vive nelle zone di montagna dell'Ogliastra in provincia di Nuoro, in Sardegna, ci sono alte probabilità di arrivare felicemente ad avere più di novant'anni. Sono soprattutto la vita di comunità e il senso di appartenenza a portare il buonumore e a difendere dall'invecchiamento.

La gente è longeva quando è felice. Ed è felice quando è in buona salute. Ed è in buona salute quando mangia in modo sano, fa esercizio fisico, ma soprattutto ha dei buoni rapporti con la sua comunità.

4.2   Reading comprehension

1. Quanti anni hanno gli anziani hunza?
2. Come si chiamano i medici degli anziani, gli studiosi della longevità?
3. Quali sono le comunità delle Zone Blu dove si parla italiano, spagnolo o inglese?
4. Che cosa bevono e che cosa mangiano le persone che vivono a lungo?
5. Quali attività fisiche fanno?
6. In questa lettura quali sono le espressioni che indicano i bisogni elementari e che usano il verbo *avere*?
7. Una persona felice e connessa con la sua comunità di cosa non ha paura?

4.3   Discuss your answers with a partner and be prepared to share them with the class.

5. Languages in Transit: Exercises in Translation, Translanguaging, and Transfer

5.1   Translate the passage below into English or Spanish or a combination of the two. Be prepared to discuss your translation and the topic of the passage in class.

Quello che non hanno

In tempo di guerra, i popoli oppressi hanno poche risorse. Non hanno acqua pulita. Non hanno abbastanza da mangiare. Non hanno soldi, non hanno libertà, e non hanno sicurezza. Spesso sono soli e non hanno famiglia. Hanno altre cose in abbondanza, però. Hanno paura. Hanno fame. Hanno sete. E hanno fretta di tornare ad una vita normale. Per certi popoli in guerra, la vita normale non tornerà mai. Continueranno a vivere in tendopoli, senza lavoro e senza speranza per il futuro. I paesi più colpiti sono nel Medio Oriente, dove guerre motivate da differenze etniche, religiose, culturali e linguistiche non si risolvono facilmente. Per uscire da queste situazioni impossibili, i popoli di questi paesi cercano asilo in Europa. Lasciano i loro paesi in barche molto piccole per poi raggiungere le coste italiane, dove sperano di essere salvati e riconosciuti come rifugiati politici e di guerra. Non vogliono tornare alle condizioni d'instabilità politica e umana da dove sono venuti. Cercano una vita migliore in Europa. La migrazione è diventata un problema mondiale. Contesti paralleli di migrazione esistono tra gli Stati Uniti e la frontiera con il Messico. La situazione è molto complicata e ha creato tensioni a molti livelli tra i due paesi.

6. Exploring the Web

6.1–6.2 Go to the *Juntos* companion website at www.hackettpublishing.com /juntos-companion-webpage to complete activities 6.1–6.2.

Numeri ordinali

1. Intercomprehension

1.1   Identify the languages below.

- (Eu) Tenho vinte e quatro anos.
- (Yo) Tengo veinticinco años.
- (Jo) Tinc vint-i-un anys.
- J'ai vingt-neuf ans.
- (Io) Ho ventidue anni.
- (Eiu) Aghju vintiséi anni.
- (Iu) Aiu vintisett anni.
- (Deu) Apo bintiotto annus.
- (Eu) Am douăzeci și trei de ani.
- I am twenty (years old).

1.2   What are all of the sentences above expressing?

- age
- name
- home address

1.3   As you may have noticed, you are able to understand the numbers above expressed in different Romance languages. One could say that they are transparent—that is to say, they are similar in form. Reorganize the numbers from smallest to biggest.

2. Intergrammar

2.1   Take a look at the Italian column in the table on the following page. Looking specifically at numbers 31 to 39, can you identify the part of each word that expresses a number from 1 to 9?

Spanish	French	Italian	English
treinta	trente	trenta	thirty
treinta y uno	trente et un	trentuno	thirty-one
treinta y dos	trente-deux	trentadue	thirty-two
treinta y tres	trente-trois	trentatré	thirty-three
treinta y cuatro	trente-quatre	trentaquattro	thirty-four
treinta y cinco	trente-cinq	trentacinque	thirty-five
treinta y seis	trente-six	trentasei	thirty-six
treinta y siete	trente-sept	trentasette	thirty-seven
treinta y ocho	trente-huit	trentotto	thirty-eight
treinta y nueve	trente-neuf	trentanove	thirty-nine

2.2 Write the Italian words for the numbers 1 through 9 in the chart below.

0	1	2	3	4
zero				
5	6	7	8	9

Compound numbers

Romance languages vary in the way that they express or form compound numbers. Some use *and*; others use a hyphen, or both, or other solutions.

2.3 How are compound numbers formed in the following languages?
- Spanish
- French
- English

What is different about Italian?

2.4   What is special about the way in which the compound numbers 31 and 38 are formed in Italian?

As you can see, compound numbers in Italian are written as a single word. For the numbers 31 and 38, the final -a in *trenta* is omitted so as to avoid the proximity of two vowels (i.e., *trenta**u**no* and *trenta**o**tto*), giving us *trentuno* and *trentotto*. This rule applies to the formation of all compound numbers in Italian up to *novantotto*. Note that while *tre* is not accented when it stands alone, it is accented when used in compound numbers.

2.5   Use what you have learned so far to write out the numbers 41 to 49.

	Italian
40	quaranta
41	
42	
43	
44	
45	
46	
47	
48	
49	

3. In italiano…

 3.1   **Ascoltiamo e scriviamo**

Ascolta la registrazione per questa attività e aiuta ogni personaggio a completare in lettere la cifra della propria età. Scrivi nel riquadro la cifra corrispondente all'età.

Abbiamo cinquanta_____ e quarantotto anni.

Io ho settanta _____ anni.

Noi abbiamo novanta_____ e ottanta_____ anni.

3.2 Usando ciò che hai imparato nelle attività 1.1, 2.1, 2.5 e 3.1, completa la tabella qui sotto.

Italian	
20	
30	
40	
50	
60	
70	
80	
90	

3.3 Approfittando della loro trasparenza lessicale, abbina le parole in italiano con quelle in spagnolo.

Vocaboli in italiano: *sedici*; *dieci*; *quattordici*; *dodici*; *diciassette*; *quindici*; *dician-nove*; *undici*; *diciotto*; *tredici*.

Spagnolo	Italiano
diez	
once	
doce	
trece	
catorce	
quince	
dieciséis	
diecisiete	
dieciocho	
diecinueve	

3.4   Guarda i numeri da 11 a 19. Puoi identificare la parte di ogni parola che rappresenta il numero dieci? Si trova all'inizio o alla fine di ogni parola? Tenendo questo in mente, qual è la differenza fra dieciséis in spagnolo e sedici in italiano?

3.4   Completa la colonna in italiano con i numeri giusti. Confronta i modi in cui queste cifre vengono scritte in tutte le lingue.

Spagnolo	Italiano	Inglese
15,000 or 15.000 Quince mil (written with a comma [e.g., in Mexico] or with a dot [e.g., Spain])	**15.000** _____mila (written with a ___: il punto)	**15,000** Fifteen thousand (written with a comma)
14.17% or 14,17% Catorce punto diecisiete por ciento or catorce coma diecisiete por ciento (written with a dot [e.g., in Mexico] or with a comma [e.g., in Spain])	**14,17%** _____virgola _____per cento (written with a ___: la virgola)	**14.17%** Fourteen point seventeen percent (written with a dot)
$12.19 or 12,19€ Doce dólares/euros y diecinueve centavos/céntimos (written with the currency symbol in front of the number [e.g., in Mexico] or after the number [e.g., in Spain])	**12,19$ or 12,19€** _____dollari/Euro e _____ (written with the currency symbol ___the number)	**$12.19 or €12.19** Twelve dollars/euros and nineteen cents (written with the currency symbol in front of the number)
A las 11:30 A las once treinta A las once y media	**Alle 11.30** Alle _____e trenta Alle _____e mezzo/-a	**At 11:30** At eleven thirty At half past eleven
A las 13:50 A las trece cincuenta A las dos menos diez de la tarde	**Alle 13.50** Alle _____e cinquanta Alle due meno dieci del pomeriggio	**At 1:50 pm** At one fifty At ten to two
En 1918 En mil novecientos dieciocho	**Nel 1918** Nel millenovecento _____ (Not "diciannove_____")	**In 1918** In nineteen eighteen
En 2016 En dos mil dieciséis	**Nel 2016** Nel duemila_____ (Not "venti_____")	**In 2016** In two thousand sixteen

4. Interculture

 4.1   Read and listen to the text below and answer the reading comprehension questions that follow.

Quanto sei alto…in metri e centimetri?

Nel 1943 il fotografo ungherese Robert Capa ha scattato una famosa fotografia di un contadino siciliano che punta il suo bastone per indicare la strada a un soldato americano. Il soldato americano è piegato sulle gambe, accovacciato, mentre il contadino è in piedi. I due in quella posizione sono alti uguali.

In cento anni l'altezza media degli italiani è però aumentata almeno di 10 centimetri, secondo uno studio condotto da un'università londinese sulla crescita dell'altezza umana dal 1914 al 2014, e gli americani non sono più tra le popolazioni più alte del mondo.

L'altezza media degli uomini in Italia è un metro e settantotto centimetri, mentre per le donne è un metro e sessantacinque.

Esiste una correlazione tra altezza e dieta. L'alimentazione degli italiani è diventata più bilanciata, più ricca di vitamine e proteine, mentre in America l'obesità anticipa l'età della pubertà e ferma la crescita ad un'altezza inferiore.

Tra le popolazioni latine, le donne guatemalteche sono le più basse (un metro e quarantanove centimetri), gli uomini argentini i più alti (un metro e settantaquattro), ma hanno registrato un aumento maggiore nella crescita le costaricane e i messicani.

È interessante ricordare che l'Italia ha contribuito alla creazione del sistema metrico decimale, come uno dei sedici paesi firmatari della Convenzione del Metro del 1875, mentre gli Stati Uniti hanno ripetutamente fallito nei vari tentativi di adottare questo metodo, ormai ufficialmente in uso in cinquantacinque paesi del mondo. Nel 1999 un errore di conversione dal sistema metrico decimale a quello americano ha provocato un'errata correzione dell'orbita della sonda *Climate Orbiter*, perduta per sempre nello spazio o sul pianeta Marte, un errore costato centoventicinque milioni di dollari.

4.2   Reading comprehension

1. Quanto sono cresciuti mediamente in altezza gli italiani in cento anni?
2. Nel 1943 erano più alti gli americani o gli italiani?
3. Qual è l'altezza media delle donne italiane oggi?
4. Qual è l'altezza media delle donne guatemalteche oggi?
5. In America Latina, di quale nazionalità sono gli uomini più alti?
6. Quali uomini sono cresciuti di più in America Latina?

7. Perché gli americani hanno perso il primato dell'altezza?

8. Quale fattore, oltre alla genetica, contribuisce alla crescita?

9. In quanti paesi è in uso oggi il Sistema Metrico Decimale?

10. In quale campo la mancanza di uniformità nei sistemi di misura ha causato enormi perdite economiche?
   - medico
   - spaziale
   - turistico

5. Languages in Transit: Exercises in Translation, Translanguaging, and Transfer

5.1   Translate the passage below into English or Spanish or a combination of the two. Be prepared to discuss your translation and the topic of the passage in class.

Qual è il tuo punteggio? ¿Obtuviste el puntaje máximo en el examen?

Quanto pesi? Quanto sei alta, Silvia? Quanti cugini avete, Lucrezia e Massimo? Quanto è distante la Città del Messico da Venezia? Quanti gradi ci sono oggi? Gradi Fahrenheit o centigradi? Quant'acqua hai bevuto oggi? Quante calorie hai mangiato? Quante calorie avete bruciato? Quanti passi hai fatto oggi?

Queste domande riguardano la misurazione, un aspetto della nostra vita che è sempre più importante. Oggi vogliamo misurare tutto, dalla percentuale di grasso nel latte al numero di passi che facciamo in una giornata. Vogliamo sapere quante ore abbiamo dormito, e quanti minuti di quelle ore abbiamo passato nel sonno più profondo, o il REM. Gli scienziati dicono che la misurazione ci serve per conoscere il nostro mondo tanto a livello macro quanto a livello micro. Io so quanto è grande il mio giardino, ma non so quanto sia piccolo rispetto ai giardini di Versailles. La misurazione ci dà gli elementi basilari per paragonarci agli altri. Guadagno più o meno di Luigi? Se guadagno meno, ma faccio lo stesso lavoro, perché guadagno di meno? Ho la pressione alta? Bassa? Quali sono i valori di pressione migliori? Che cosa devo fare se la pressione si alza troppo? È la misurazione che ci permette di analizzare il nostro rapporto con il mondo, con gli altri, e con noi stessi.

6. Exploring the Web

6.1–6.3 Go to the *Juntos* companion website at www.hackettpublishing.com /juntos-companion-webpage to complete activities 6.1, 6.2, and 6.3.

Genere

1. Intercomprehension

1.1 Identify the languages below and the pairs of words that belong to the same language.

O menino	La niña
The boy	O neon
L'étudiante	La bambina
A zitella	A menina
El niño	The girl
A nena	U zitellu
Il bambino	L'étudiant

1.2 How can you distinguish between masculine and feminine words in the languages above? How is English different from the other languages?

2. Intergrammar

2.1 How does Italian, specifically, differentiate between masculine and feminine words in activity 1.1?

Words in Italian can have two genders: masculine or feminine. Singular masculine nouns are typically preceded by the article *il* and end in *-o*, whereas singular feminine nouns are typically preceded by the article *la* and end in *-a*. This general rule will help you to determine the gender of most singular nouns in Italian, but there are some exceptions.

Endings do not always reflect the actual gender of a word. See the chart below.

2.2   Fill in the corresponding words in Spanish.

Spanish	Italian	English
	la mano (f.)	the hand
	il tema (m.)	the theme
	il problema (m.)	the problem

2.3   Look at the words in Spanish and Italian. What do you notice about the gender of these words in relation to their endings?

2.4   Look at the Spanish words in the chart below and fill in the corresponding words in Italian. Choose from the following words: *il ragazzo*; *il padre*; *il signore*; *la madre*; *la ragazza*; *la signora*.

Spanish	Italian
el señor	
la señora	
la madre	
el padre	
el chico	
la chica	

Compared to the different endings that we have seen prior to activity 2.4, what is different about some of the endings in the chart above?

3. In italiano…

 ### 3.1   **Ascoltiamo**

Ascolta il file audio per questa attività. Questi animali sono maschi (M) o femmine (F)? Per indicare il genere della parola, scrivi M o F vicino a ogni immagine.

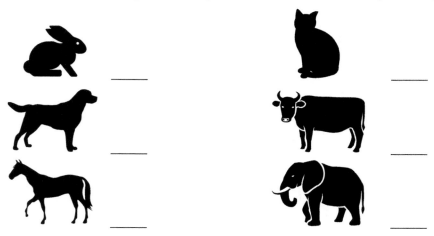

3.2 In tutte le lingue si dice così

In diverse lingue il genere dei nomi di animali qualche volta corrisponde al sesso maschile e femminile dell'animale, ma qualche volta un nome di genere unico è usato per entrambi i sessi, oppure per indicare la femmina e il maschio di un animale si usano due nomi completamente diversi.

Ecco gli esempi in italiano e spagnolo. Cosa succede in inglese?

Spagnolo		Italiano		Inglese	
Maschile	Femminile	Maschile	Femminile	Maschile	Femminile
el perro	la perra	il cane	la cagna		
el gato	la gata	il gatto	la gatta		
el hámster		il criceto			
	la tortuga		la tartaruga		
el conejo	la coneja	il coniglio	la coniglia		
el pájaro	el ave*	l'uccello			
el caballo	la yegua	il cavallo	la cavalla		
el potro	la potra	il puledro	la puledra		
el burro/el asno/ el borrico	la burra/la borrica	l'asino	l'asina		
el toro/el buey	la vaca	il toro/il bue	la mucca/la vacca		
el cerdo/el puerco/ el chancho	la cerda/la puerca/ la chancha	il maiale	la scrofa		
el ternero/ el becerro	la ternera/ la becerra	il vitello			
el carnero	la oveja	il montone/ l'ariete	la pecora		
el gallo	la gallina	il gallo	la gallina		
el pollito	la pollita	il pulcino			
el macho cabrío	la cabra	il caprone	la capra		
el cordero/ el borrego	la cordera/ la borrega	l'agnello			
el ganso	la gansa/la oca		l'oca		
el pato	la pata		l'anatra		
el tigre	la tigresa		la tigre		
	la pantera		la pantera		
el león	la leona	il leone	la leonessa		
el elefante	la elefanta	l'elefante	l'elefantessa		
el lobo	la loba	il lupo	la lupa		
	la jirafa		la giraffa		
el rinoceronte		il rinoceronte			
el hipopótamo	la hipopótama	l'ippopotamo			
	el águila*		l'aquila		

Spagnolo		Italiano		Inglese	
Maschile	Femminile	Maschile	Femminile	Maschile	Femminile
	la serpiente/ la culebra	il serpente			
	la mosca		la mosca		
el mosquito/ el zancudo			la zanzara		
el zángano	la abeja	il fuco	l'ape		
	la hormiga		la formica		

4. Interculture

 4.1 Read and listen to the text below and answer the reading comprehension questions that follow.

Statistiche, nomi e storie di cani

Secondo i dati del rapporto Eurispes del 2016 sugli animali domestici in Italia, il 60,8% degli italiani ha un cane, mentre nello stesso anno il rapporto INEGI (Instituto Nacional de Estadística y Geografía) segnala che il Messico è il paese dell'America Latina con il maggior numero di cani: l'80% della popolazione messicana ha un cane (per il CONAPO: Consejo Nacional de Poblacíon). Secondo le statistiche più recenti, gli inglesi hanno il maggior numero di cani in Europa, i francesi preferiscono i gatti e i tedeschi i pesci, mentre gli italiani hanno il primato per gli uccelli.

I nomi più comuni per cani in Italia sono Bella, Bambi, Daisy, Kira, ma anche Furia, Fulmine, Virgola, Rex, Nero, Briciola, Neve, Zeus, Macchia, Jack e Mario, e in Messico sono Max, Jack e Bruno, seguiti da Luke, Zeus, Rock e Coco.

Quali sono i cani più famosi nella storia? Argo era il cane di Ulisse nell'*Odissea*, che ha riconosciuto per primo il suo padrone, tornato a casa dopo vent'anni; Balto e Togo sono gli husky siberiani che nel 1925 hanno salvato la vita alla popolazione di Nome, in Alaska, in quarantena per difterite, trasportando il siero in condizioni di freddo impossibile; Jofi era la cagnetta chow chow di Sigmund Freud che aiutava i pazienti a rilassarsi durante le sedute psicoanalitiche; Blondi era il cane femmina da pastore tedesco di Adolf Hitler, uccisa nel 1945 da una capsula di cianuro, per volere del suo padrone; Laika è la cagnolina astronauta russa meticcia inviata e perduta nello spazio a bordo dello Sputnik 2 nel 1957; il cane da pastore tedesco Rin Tin Tin, il cane da pastore scozzese Lassie e il cane San Bernardo Beethoven sono famosi cani hollywoodiani; Snoopy è l'indimenticabile cane bracchetto dei fumetti di Charles L. Schulz, mentre Pluto è il cane di Topolino nei fumetti e cartoni animati di Walt Disney.

4.2 **Reading comprehension**

1. Quale paese dell'America Latina ha il maggior numero di cani?
2. Quanti italiani hanno un cane?
3. Quali animali domestici sono i più popolari in Francia?
4. Quali nomi di cane sono comuni sia in Messico sia in Italia?
5. Chi era Laika?
6. Chi era Jofi?
7. Quali sono due cani da pastore tedesco famosi?
8. Tra i cani menzionati qual è il cane famoso che preferisci?

5. Languages in Transit: Exercises in Translation, Translanguaging, and Transfer

5.1   Translate the passage below into English or Spanish or a combination of the two. Be prepared to discuss your translation and the topic of the passage in class.

Il genere nelle lingue romanze—italiano, francese, spagnolo, etc.—è una questione molto discussa nel mondo di oggi perché può sembrare che le professioni più prestigiose e importanti siano svolte soltanto da maschi. È vero che le parole per poliziotto, medico, avvocato, sindaco, e ministro sono maschili, il che riflette il fatto che una volta erano unicamente uomini a svolgere quelle funzioni. La lingua detiene la capacità di fornire forme femminili che bisogna adoperare, come spiega Mariangela Galatea Vaglio in un libro sulla lingua italiana di oggi, *L'italiano è bello. Una passeggiata tra storia, regole e bizzarrie*, 2017. Lei osserva che basta sostituire la -*o* con una -*a*, e creare versioni femminili, che per le parole citate sopra sono poliziotta, medica, avvocata, sindaca e ministra. Bisogna anche conoscere la storia della lingua prima di giudicarla come sessista. Per esempio, tante parole maschili finiscono in -*a* come *poeta* e *pilota*. Si dice "il poeta" e "il pilota", e secondo la logica della Galatea Vaglio bisognerebbe dire "la poeta" e "la pilota" nel caso la persona sia femmina. Non è chiaro, però, cosa fare con il suffisso -*essa*, usato per rendere certe parole femminili, come *avvocatessa* e *poetessa*. Ricordiamoci anche dei nomi che finiscono in -*a* che sono maschili, come Andrea, Nicola, e Luca. La lingua è viva, cresce e cambia. È sessista la lingua italiana? È sessista la lingua spagnola? Lo è la lingua inglese?

6. Exploring the Web

6.1–6.3 Go to the *Juntos* companion website at www.hackettpublishing.com /juntos-companion-webpage to complete activities 6.1, 6.2, and 6.3.

Plurale

1. Intercomprehension

1.1 Identify the languages below.

- As meninas são altas e os meninos são baixos.
- Los niños son jóvenes y las niñas son adolescentes.
- Les garçons sont rapides et les filles sont agiles.
- Le ragazze sono forti e i ragazzi sono gentili.
- The boys are talkative and the girls are sporty.

1.2 What do you notice about the articles (e.g., *los*, *las*, etc.) in the examples above? Do they agree with the nouns to which they belong in both gender and number? How does English differ from the other languages?

Although you were only introduced to the articles *i* and *le* in the Italian sentence above, in the next lesson you will learn that Italian has more than one masculine article in the plural.

1.3 Look specifically at the nouns in the sentences above. How do you know that they are in the plural? Do you recognize a pattern? How is Italian different from Portuguese, Spanish, French, and English?

2. Intergrammar

In most cases, the Italian plural is formed by changing the masculine ending *-o* to *-i*, and the feminine ending *-a* to *-e*.

Spanish	French	Italian
el niño → los niños	le garçon → les garçons	il ragazzo → i _____
la niña → las niñas	la fille → les filles	la ragazza → le _____

2.1 Complete the chart above by writing the plural forms of *ragazzo* and *ragazza*.

2.2   As you learned in section 2.1, the plural in Italian is not formed by adding
-s to the end of a noun. This is important to remember because there are many
Italian words used in English and Spanish that we often pluralize by adding -s to
the end of the word. While it is acceptable to say *cappuccinos* or *pizzas* in English,
these plural forms do not exist in Italian.

Can you guess the plural and singular forms of the Italian words below?

Italian (singular)	Italian (plural)	English (plural)
un cappuccino	sei _____	six cappuccinos
una pizza	tre _____	three pizzas
un antipasto	due _____	two antipastos
una diva	cinque _____	five divas
un espresso	quattro _____	four espressos
un _____	nove ravioli	nine ravioli
uno _____	otto spaghetti	eight (strands of) spaghetti

2.3   Leggiamo: Il ristoranto, la ristoranta, no, no, no…il ristorante!

Question:

Il ristorante di Giorgio è aperto tutta la notte?

Answer:

Sì, il suo ristorante è aperto tutta la notte, ma è aperto solo una notte alla settimana. Invece, conosco altri due ristoranti che sono aperti cinque notti alla
settimana.

2.4   Using the brief dialogue above, complete the last row of the chart below.

	Singular ending	Plural ending	Examples of singular and plural words
Masculine	-o	-i	il ragazzo/i ragazzi
Feminine	-a	-e	la ragazza/le ragazze
Masculine or feminine			

3. In italiano...

 3.1 **Ascoltiamo e scriviamo**

Ascolta il file audio per questa attività. Nella colonna di destra, scrivi gli articoli e i sostantivi che senti. In parentesi, scrivi se il sostantivo è maschile (m.) o femminile (f.).

	Singolare	Plurale
1		
2		
3		
4		
5		
6		
7		
8		
9		
10		

3.2 **Scriviamo**

Nella colonna di sinistra, scrivi la forma singolare delle parole nella colonna di destra.

3.3 **Scriviamo**

Nella colonna di destra, scrivi la forma plurale delle parole nella colonna di sinistra.

	Singolare	Plurale
1	il leone	
2	la tigre	
3	il montone	
4	l'ape	
5	il cinghiale	

3.4 **In tutte le lingue si dice così: il concetto di singolarità e pluralità.**

Un nome collettivo ha una forma singolare, ma rappresenta un'entità con più di una persona o cosa. Per esempio, la parola *esercito* (army [EN]/ejército [SP]) in italiano è singolare come forma, ma si riferisce a migliaia o milioni di soldati. Nella tabella qui sotto, troverai dei nomi collettivi in spagnolo con la traduzione in inglese. Scegliendo dalle seguenti parole italiane, scrivi la traduzione italiana di ogni nome collettivo spagnolo e indica se la parola italiana ha una forma singolare o plurale.

Parole italiane: *il fogliame*; *la famiglia*; *la carne*; *la classe*; *la spazzatura*; *la squadra*; *lo sciame*; *l'orchestra*; *la gente*; *la verdura*; *il bagaglio*; *la flotta*; *la folla*; *la frutta*; *il pesce*; *i capelli*.

Spagnolo	Sing.	Plur.	Italiano	Sing.	Plur.	Inglese	Sing.	Plur.
la familia	×					the family	×	
la gente	×					the people		×
la multitud	×					the crowd	×	
el equipo	×					the team	×	
la verdura	×					vegetables		×
la fruta	×					the fruit	×	
la carne	×					the meat	×	
el pescado	×					the fish	×	
la basura	×					the garbage	×	
el follaje	×					the foliage	×	
el equipaje	×					the baggage	×	
el enjambre	×					the swarm	×	
la flota	×					the fleet	×	
la clase	×					the class	×	
la orquestra	×					the orchestra	×	
el cabello/el pelo	×					the hair	×	

3.5   Traduci le seguenti frasi in spagnolo e inglese. Ci sono nomi che cambiano dal singolare al plurale e viceversa quando si traducono?

1. I miei capelli sono lunghi e bruni.

2. La mia famiglia è molto unita.

3. C'è molta gente in piazza oggi.

4. La classe prepara un poster per il progetto finale.

5. Compro la verdura al mercato.

6. Mangiamo frutta fresca tutti i giorni.

4. Interculture

 4.1　Read and listen to the text below and answer the reading comprehension questions that follow.

Andiamo a scuola

In Italia esiste una *scuola per l'infanzia*, per i bambini dai 3 ai 6 anni, ma non è obbligatoria. Si chiama anche "scuola materna" o "asilo infantile". Esiste anche un *asilo nido* per i bambini da 1 a 3 anni. Gli asili nido comunali sono a pagamento, ma sono gratuiti in alcune regioni italiane per le famiglie a reddito basso.

La scuola statale italiana è gratuita, è obbligatoria fino ai 16 anni ed è suddivisa in tre cicli: il ciclo della scuola primaria o scuola elementare (*le elementari*), di cinque anni, frequentata dai bambini dai 6 agli 11 anni; il ciclo della scuola secondaria di primo grado o la scuola media (*le medie*), che dura tre anni, per gli alunni dagli 11 ai 14 anni di età; e il ciclo della scuola secondaria di secondo grado o scuola media superiore (*le superiori*), che può essere un liceo, un istituto tecnico o un istituto professionale e che dura altri cinque anni: gli studenti finiscono quando hanno 19 anni, sostenendo l'esame finale chiamato "esame di maturità" (*la maturità*).

Negli Stati Uniti ci sono alcune differenze rispetto all'Italia. L'ultimo anno di scuola materna si chiama *Kindergarten*, parola inventata da un pedagogo tedesco nell'Ottocento ed è statale e gratuito in quasi tutti gli stati americani, mentre in molti stati lo è anche la *preschool*. Gli studenti americani finiscono le superiori un anno prima degli studenti italiani, perché la durata delle superiori è di 4 anni anziché 5.

In America Latina ci sono variazioni da paese a paese.

In Cile ci sono 3 anni di *jardín infantil* e *kinder*, 7 anni di *primero básico*, e 4 dal *primero* al *cuarto año medio*: gli studenti finiscono a 17 o 18 anni.

In Messico ci sono la *preescuela* dai 3 ai 6 anni, 6 anni di istruzione *primaria*, dai 6 o 7 anni agli 11 o 12 anni, 3 anni di scuola *secundaria*, fino ai 15 anni e poi due o tre anni di *media superior*. Quindi anche gli studenti messicani terminano il ciclo scolastico a 17 o 18 anni.

L'abbandono scolastico nella scuola primaria, secondo i dati dell' UNESCO fino al 2016, è del 4,46% in Nord America e in Europa occidentale, e del 15,50% in America Latina e nei Caraibi.

4.2 **Reading comprehension**

1. Come si chiama la scuola che viene prima delle scuole elementari?

2. Quanti anni durano le scuole elementari, medie e superiori in Italia?

3. Quali sono i tipi di scuole superiori italiane?

4. Quanti anni hanno gli studenti italiani alla fine delle superiori?

5. Quanti anni hanno gli studenti americani, cileni e messicani alla fine delle scuole superiori?

6. In quale paese le scuole elementari durano 7 anni?

7. Qual è la percentuale di abbandono scolastico nelle scuole primarie in America Latina?

5. Languages in Transit: Exercises in Translation, Translanguaging, and Transfer

5.1 Translate the passage below into English or Spanish or a combination of the two. Be prepared to discuss your translation and the topic of the passage in class.

Quanto vale il diploma universitario oggi? Molti mettono in dubbio il valore dello studio universitario, perché i costi salgono e il laureato di oggi finisce l'università con un sacco di debiti. Il costo dell'università negli Stati Uniti è diventato uno degli argomenti più importanti nelle campagne elettorali. Ci sono dei candidati che propongono l'università a basso prezzo come avviene in diversi paesi nel mondo. Alcuni candidati vogliono invece abbassare il tasso d'interesse dei prestiti agli studenti, mentre c'è anche qualche candidato che preferisce offrire l'università gratis. Non c'è dubbio che trovare una soluzione è urgente. Il numero di studenti negli Stati Uniti che vive nella propria macchina o dipende dalla beneficenza dell'università per mangiare cresce ogni anno. Ci sono degli studenti che sono senza tetto e vivono in biblioteca durante le ore di apertura. Vanno da un amico diverso ogni notte per dormire sul divano, per non dover pagare l'affitto. E lo studio? Non è facile studiare quando si ha fame, si ha sete e si ha sonno. Il rendimento è basso e gli studenti che devono vivere così spesso finiscono per abbandonare il sogno del diploma universitario.

6. Exploring the Web

6.1 Go to the *Juntos* companion website at www.hackettpublishing.com/juntos -companion-webpage to complete activity 6.1.

Articoli

1. Intercomprehension

1.1 Identify the languages below.

- Umas meninas estão jogando com o brinquedo.
- Las muchachas durmieron en una tienda de campaña.
- Je cuisine une tomate à l'huile.
- Passo le vacanze con un amico mio.
- Manghju u pane cù una pumata.
- The house is near a church.

1.2 Identify the articles in the sentences above and complete the chart below. Indicate the number and gender of each article as in the Corsican example below.

Number								sing.	plur.		
Gender								m.	f.		
Article								u	una		

1.3 Do all of the articles above agree in gender and number with the nouns to which they belong?

1.4 In each sentence in activity 1.1, there is both a definite article (which refers to a specific noun) and an indefinite article (which refers to a nonspecific noun). Identify which articles in activity 1.1 are definite or indefinite.

Definite	
PT	
SP	
FR	
IT	
CO	
EN	

Indefinite	
PT	
SP	
FR	
IT	
CO	
EN	

1.5 Do you see any similarities between the definite and indefinite articles in Spanish, French, and Italian?

2. Intergrammar

2.1 **Definite articles**

Masculine singular

before a consonant	el *el carro*	le *le chariot*	il/lo* *il carro/lo studente*	the *the cart*
before a vowel	el *el avión*	l' *l'avion*	l' *l'aereo*	the *the airplane*

*before s + cons., z, y, x, ps, pn, and gn

Masculine plural

before a consonant	los *los carros*	les *les chariots*	i/gli* *i carri/gli studenti*	the *the carts*
before a vowel	los *los aviones*	les *les avions*	gli *gli aerei*	the *the airplanes*

*before s + cons., z, y, x, ps, pn, and gn

In Italian and French, the masculine singular article is *l'* when it comes before a noun that starts with a vowel.

Feminine singular

before a consonant	la *la luna*	la *la lune*	la *la luna*	the *the moon*
before a vowel	la/el (a tónica)* *la abeja/el agua*	l' *l'eau*	l' *l'acqua*	the *the water*

*Although the Spanish word *agua* is a feminine noun, it takes the masculine article *el* because the accent falls on the initial *a* in *agua*. This accented *a* is called *a tónica*.

Feminine plural

before a consonant or a vowel	las *las estrellas*	les *les étoiles*	le *le stelle*	the *the stars*

2.2 Indefinite articles

Singular

	M	F	M	F	M	F	N/A
before a consonant	un *un día*	una *una señora*	un *un jour*	une *une dame*	un/uno* *un giorno/* *uno studente*	una *una signora*	a *a day*
before a vowel	un *un amigo*	una *una amiga*	un *un ami*	une *une amie*	un *un amico*	un' *un'amica*	an *an acquaintance*

*before s + cons., z, y, x, ps, pn, and gn

Note that Italian is the only language that apostrophizes one of its indefinite articles (the feminine singular form *un'*).

Plural

	M	F	M	F	M	F	N/A
before a consonant or a vowel	unos *unos días*	unas *unas amigas*	des *des dames*		dei/degli* *dei giorni/* *degli studenti*	delle *delle signore*	some *some days*

*before nouns starting with a vowel or s + cons., z, y, x, ps, pn, and gn

In Italian, the definite articles *i*, *gli*, and *le* combine with the preposition *di* to form plural indefinite articles.

2.3 Articles and abstract nouns

In Italian, Spanish, and French, the article is used with abstract nouns (i.e., intangible concepts such as faith, hope, charity, love, justice, or freedom). This is not the case in English.

Masculine singular

before a consonant	el *el desdén*	le *le dédain*	il/lo* *lo sdegno*	disdain
before a vowel	el *el amor*	l' *l'amour*	l' *l'amore*	love

*before s + cons., z, y, x, ps, pn, and gn

Feminine singular

before a consonant	la *la libertad*	la *la liberté*	la *la libertà*	liberty
before a vowel	la/el *la emoción*	l' *l'émotion*	l' *l'emozione*	emotion

2.4 Articles and the days of the week

In Italian and French, the article is only used with a particular day of the week when discussing something that occurs regularly on that day. In English, the days of the week are capitalized.

Articles with the days of the week

when describing something that occurs regularly on a particular day	los sábados	le samedi	il sabato	on Saturdays
when describing something that does not occur regularly on a particular day	el sábado	samedi	sabato	on Saturday

2.5 Complete the table below by filling in the corresponding articles in Italian.

Spanish	Italian
el cinturón	____cintura
el guante	____guanto
la camiseta	____maglietta
los pantalones	____pantaloni
los calcetines	____calzini
un suéter	____maglione
las camisas	____camicie
una corbata	____cravatta
unos sombreros	____cappelli
unas bufandas	____sciarpe

3. In italiano...

 3.1 **Ascoltiamo**

Leana e Marco vogliono vendere dei vestiti vecchi online. Ascolta il file audio per questa attività e scrivi l'articolo che usano con i seguenti nomi nella loro conversazione.

_____gonne verdi

_____sciarpa

_____guanti

_____vestiti

_____paio di calzini

_____borsa

_____giacca gialla

_____pantaloni arancioni

_____costume da bagno

_____scarpe di cuoio

_____cappello

_____camicia

 3.2 **In tutte le lingue si dice così**

Completa la tabella qui sotto inserendo le parole mancanti in inglese, spagnolo, e italiano. Tutte le parole hanno a che fare con la moda o articoli di abbigliamento. Scoprirai che alcune parole in italiano provengono da una parola o un contesto straniero. Indovina la loro origine! Nel file audio per questa attività, troverai la registrazione delle parole italiane.

Ecco le possibili parole in italiano: *le espadrillas*; *i gilet*; *il paltò*; *il négligé*; *il foulard*; *il poncho*; *il bikini*; *i collant*; *il tailleur*; *il pullover*; *il twin-set*.

In inglese	In spagnolo	In italiano	L'origine della parola
the scarf	el pañuelo		FR: le foulard
the vest	el chaleco		FR: le gilet
		lo smoking	
the bow tie	el corbatín/la corbata de moño/la pajarita	il papillon	
the woman's two-piece suit	el traje de chaqueta		FR: le tailleur
		la dolce vita	
the pantyhose	las medias		
the twinset	el twin-set		
the pullover	el pulóver		
	el suéter	il golf	EN: golfers would often wear sweaters while playing
			SP: borrowed from the Quechua word *punchu*
the espadrilles	las alpargatas		
the tailcoat		il frac	EN: frock
			FR: pikinni (from the Marshallese language)
the coat	el abrigo		FR: paletot (from the EN word *paltock*)
the baby doll	el baby doll	il baby-doll	
			FR: négligé (means careless or unkept)
the pince-nez		il pince-nez	

3.3   La maggior parte delle parole italiane qui sopra che vengono da un'altra lingua è maschile o femminile?

3.4   Due di queste parole che rappresentano capi d'abbigliamento vengono da due film famosi, uno italiano, e l'altro americano. Sai quali sono? Puoi indovinare perché queste parole provengono da questi due film?

4. Interculture

 4.1   Read and listen to the text below and answer the reading comprehension questions that follow.

Ci vediamo venerdì…senza la cravatta!

Casual Friday negli Stati Uniti è iniziato alle isole Hawaii negli anni Sessanta come *Aloha Friday*, il venerdì della informale *camicia hawaiana* indossata sul luogo di lavoro, ed è gradualmente passato alla California, diventando pratica comune negli Stati Uniti negli anni Ottanta e nel resto del mondo verso la fine degli anni Novanta.

In Italia questa abitudine non è diffusa. In generale l'abbigliamento formale o informale in ufficio dipende dalle circostanze di lavoro, non dai giorni della settimana: il venerdì può essere un giorno come un altro, con impegni di lavoro che talvolta richiedono l'uso di giacca e cravatta.

Mentre negli USA si tende oggi ad estendere il *casual* dal lunedì al venerdì, in Messico, come in Italia, sono nate discussioni e limitazioni sul concetto di *informale*, consigliando capi di abbigliamento accettabili come maglie o camicie polo e giacche di pelle invece del classico completo per gli uomini, pantaloni e giacche al posto del tailleur per le donne.

In genere molte aziende fanno eccezioni per quanto riguarda le scarpe, soprattutto in ambienti di lavoro dove si cammina molto o si sta molto in piedi, ma quando si tratta di vestiti, sembra difficile rinunciare all'eleganza. In generale il *dress code* lavorativo è contrario ad un abbigliamento eccessivamente connotato (da spiaggia, da matrimonio, da palestra, ecc.).

4.2   **Reading comprehension**

1. Qual è il luogo di origine del venerdì informale?
2. Gli Stati Uniti sono più o meno formali degli altri paesi nelle regole dell'abbigliamento in ufficio?
3. Da cosa dipende la necessità di indossare giacca e cravatta?
4. In quale paese l'abbigliamento informale è stato esteso dal venerdì a tutta la settimana?

5. Dalla seguente tabella, in base a questa lettura, indichiamo l'abbigliamento accettabile o inaccettabile in ufficio il venerdì per un impiegato messicano o italiano:

Tipo di abbigliamento	Sì	No
Gli infradito		
I mocassini		
Il vestito lungo		
La camicia di jeans		
I pantaloncini corti		
La giacca di pelle		
La canottiera		
Lo smoking		

5. Languages in Transit: Exercises in Translation, Translanguaging, and Transfer

5.1   Translate the passage below into English or Spanish or a combination of the two. Be prepared to discuss your translation and the topic of the passage in class.

Nei film degli anni 50 e 60 attrici come Grace Kelly e Audrey Hepburn hanno conquistato il mondo con il loro stile raffinato ed elegante, uno stile che è stato definito "fuori dal tempo," uno stile che non invecchia mai. Grace Kelly, bionda, Audrey Hepburn, mora, indossavano foulard, occhiali da sole neri, collane di perle, e colori classici, bianco e nero. Portavano borse firmate Chanel e scarpe basse, *le ballerine* di cuoio liscio e flessibile. Pettinature classiche che mettevano in risalto il viso e soprattutto gli occhi espressivi completavano il look di queste icone dello stile e della bellezza. Sono tutte e due da rivedere nei film *cult* che le hanno rese famose: *Colazione da Tiffany* per la Hepburn, *Caccia al ladro* per la Kelly. Il loro stile si è diffuso in tutto il mondo e ancora oggi attrici come Penelope Cruz s'ispirano al loro look.

6. Exploring the Web

6.1   Go to the *Juntos* companion website at www.hackettpublishing.com/juntos -companion-webpage to complete activity 6.1.

Preposizioni articolate

1. Intercomprehension

1.1 Identify the languages below.

- Fuimos al último piso para mirar el apartamento del señor Ibarra.
- La qualité du vin au marché est exceptionnelle.
- Alla fine, abbiamo trovato la sorgente del fiume.
- U costu di u viaghju à a fiera ùn hè micca caru.
- To the spectators, the speed of the plane was incredible.

1.2 The articulated propositions *del* and *al* in the Spanish sentence above are structured like articulated prepositions (*preposizioni articolate*) in Italian—that is, they are formed by combining a preposition with the article that follows it. For example: *de + el = del* and *a + el = al*. Can you identify the prepositions or articulated prepositions in the other sentences in activity 1.1? Do you notice a pattern? Are the prepositions always articulated?

In Italian, the prepositions *di* and *a* are always articulated. In French and Spanish, this happens only in a few cases.

Di/A + Feminine article

de la, a la	de la, à la	della, alla	
de la, a la **del** (a tónica)	de la, à l'	dell', all'	of the, to the
de las, a las	des, aux	delle, alle	

Di/A + Masculine article

del, al	du, au	del, dello, al, allo	
del, al	de l', à l'	dell', all'	of the, to the
de los, a los	des, aux	dei, degli, ai, agli	

2. Intergrammar

2.1   Take a look at the chart below. In the first two rows, you will see that all of the articulated prepositions are in bold. Can you identify all the articulated prepositions in Spanish, French, Italian, and English?

Preposition + Article

di	**del**, de la, de los, de las	**du**, de la, de l', **des**	**del, dello, dell', della, dei, degli, delle**	of the
a	**al**, a la, a los, a las	**au**, à la, à l', **aux**	**al, allo, all', alla, ai, agli, alle**	to the
da	del, de la, de los, de las	du, de la, de l', des	dal, dallo, dall', dalla, dai, dagli, dalle	from the
in	en el, en la, en los, en las	dans le, dans la, dans l', dans les	nel, nello, nell', nella, nei, negli, nelle	in the
con*	con el, con la, con los, con las	avec le, avec la, avec l', avec les	con il, con lo, con l', con la, con i, con gli, con le or col, collo, coll', colla, coi, cogli, colle	with the
su	sobre el, sobre la, sobre los, sobre las	sur le, sur la, sur l', sur les	sul, sullo, sull', sulla, sui, sugli, sulle	on the
per	por/para el, por/para la, por/para los, por/para las	pour le, pour la, pour l', pour les	per il, per lo, per l', per la, per i, per gli, per le	for the
tra/fra	entre el, entre la, entre los, entre las	entre le, entre la, entre l', entre les	tra il, tra lo, tra l', tra la, tra i, tra gli, tra le	between the

*In Italian, the preposition *con* can either be articulated or left separate from the article that follows it. Note that the articulated forms (i.e., *col, collo, coll', colla, coi, cogli,* and *colle*) are less common in written Italian.

2.2   Complete the following sentences in Spanish and Italian by inserting the correct preposition + article combination. Note that some sentences will only require a preposition and no article.

Spanish	Italian
Voy a comer **con la** amiga de mi hermano.	Mangerò _____ amica di mio fratello.
Estudiaste **en la** Universidad de Milán.	Hai studiato _____ Università di Milano.
Su tren llega _____ 7:30.	Il suo treno arriva **alle** 7:30.
¿Ella es _____ Nápoles?	Lei è **di** Napoli?
Caminamos **por el** mundo.	Camminiamo _____ mondo.
Todo lo que hago es **para la** familia.	Tutto quello che faccio è _____ famiglia.
Pusieron la comida **sobre la** mesa.	Hanno messo il cibo _____ tavolo.
El papalote se perdió _____ arboles.	L'aquilone si è perso _____ **fra gli** alberi.

2.3   In Spanish, the prepositions *por* and *para* have slightly different meanings or are used in different contexts but can most often be translated as *per* in Italian. Similarly, the prepositions *di* and *da* have different meanings but are usually translated as *de* in Spanish. Listen to the audio recording for this activity and complete the sentences below by inserting the correct form of either *di* or *da* in the space provided. Put an X below the preposition that was used.

Italian	di	da
Viene ___ Roma sul treno ___ 7:30.		
Lei è ___ Napoli? Ci è nata?		
Vengo ___ Francia. E tu?		
Vengo ___ città di Guadalajara. Sono messicano.		
Il tavolo è fatto ___ legno.		
Sta tornando ___ Spagna.		
L'aereo arriva ___ Città del Messico.		
Questo è il regalo ___ Laura.		
Ho ricevuto un regalo ___ Laura.		

2.4   Based on the sentences in activity 2.3, can you deduce when one should use the prepositions *di* and *da*? Complete the chart below by writing the correct preposition in each of the five columns.

Origin (from): birthplace, place of residence, citizenship, etc.	Possession (of): belonging to someone, etc.	Composition (of): made of something, etc.	Origin (from): place of departure, etc.	Origin (from): the person who gives a gift, a donor, etc.

2.5   Dove andiamo?

In the following sentences, notice the use of prepositions both with and without an article.

The preposition *da*

1. Vado dal dottore ogni mese. (*da* per indicare *a casa, al luogo dove sta...*)
2. Quel traghetto arriva dalla Sardegna. (*da* per indicare *provenienza*)
3. Il fiume Po nasce dalle Alpi. (*da* per indicare *origine*).
4. Abito in America da dieci anni. (*da* per indicare *la durata di tempo*)
5. Faccio da me. (*da* nel senso di *per conto mio/da solo/a*)
6. Mi piace da impazzire. (*da* + infinito, nel senso di *fino al punto di*).
7. Ci mettiamo l'abito da sera? (*da* nel senso di *adatto a/specifico per*)
8. Ci sono molte cose da comprare e pochi soldi da spendere. (*da* + infinito, nel senso passivo di *che si deve/si può...*).

Match each sentence in the chart below with the sentence above that uses the preposition *da* in the same way.

Sentences with the preposition *da*	Sentence number (above)
Ti amo da morire.	
Lo vedi da te che non va bene.	
Vado in vacanza dai miei (genitori).	
Sto aspettando l'autobus da un'ora.	
Non c'è più niente da fare.	
Il treno da Milano è in ritardo.	
L'appartamento ha due camere da letto e doppi servizi.	
Lo zucchero si ricava dalla canna o dalla barbabietola.	

The preposition *a* is not used with an article in the following cases:

- a casa, a scuola, a teatro.
- a piedi, a cavallo.
- a mezzanotte, a mezzogiorno.

We also use *a* with cities, as in: *Io abito a Los Angeles e lui a Roma.*

The preposition *in* is not used with an article in the following cases:

- in biblioteca, in cucina, in bagno, in camera, in cantina, etc. (i.e., for the rooms of a house)
- in banca, in ascensore, in piazza, in città, in campagna, in montagna, in vacanza
- in bicicletta, in treno, in macchina, in nave, in aereo (i.e., for most means of transportation).

We also use *in* with states, regions, and large islands, as in: *In Italia oggi piove in tutte le regioni, ma non in Sicilia né in Puglia.*

The preposition *di* is not used with an article in the following cases:

- Di dove sei? Sono di Roma.
- Andiamo di male in peggio.

3. In italiano...

3.1 Ascoltiamo e scriviamo

Ascolta il file audio per questa attività e completa il dialogo qui sotto.

1. Buonasera. Possiamo già andare ____ imbarco? Quello è il traghetto che arriva ____ Sardegna?

3. Signore, ____ traghetto c'è un posto dove si può mangiare?

5. Ok, allora mentre aspettiamo il traghetto andiamo in città ____ bambini per comprare qualcosa ____ cena. C'è qualcosa ____ vicinanze?

7. Grazie signore. A presto!

2. No, signora, quello è il traghetto ____ 19:15. Viene ____ Corsica. Quello ____ Sardegna è in ritardo. ____ ritardo arriverà ____ 21:30 e le 22:00.

4. C'è un ristorante, ma è solo aperto ____ mattina ____ sera. ____ notte c'è solo un piccolo bar.

6. Sì, c'è un mercato dove potete comprare qualcosa ____ mangiare, ____ via Paoli, ____ destra, ____ banca e il negozio ____ scarpe. Però mi raccomando, tornate ____ porto almeno 30 minuti prima ____ imbarco.

3.2 Espressioni idiomatiche

Traduci la seguente espressione idiomatica:

"Tra il dire e il fare c'è di mezzo il mare".

3.3 Scriviamo

Completa le seguenti frasi con la preposizione indicata tra parentesi e l'articolo mancante.

Dopodomani, andiamo (a+?) _____ matrimonio (d+?) _____ nostri vicini. Ma stasera (a+?) _____ nove c'è una cena prenuziale (per+?)_____ fidanzati organizzata (da+?) _____ loro famiglia. Il matrimonio avrà luogo (su+?) _____ penisola di Palos Verdes. Hanno riservato un bel posto in un parco lontano (da+?) _____ trambusto (di+?) _____ città.

4. Interculture

 4.1   Read and listen to the text below and answer the reading comprehension questions that follow.

Regole all'aeroporto

In Europa e in generale nel resto del mondo, al momento del controllo dei bagagli a mano, i viaggiatori mettono sul nastro trasportatore del metal detector, separati dal resto del bagaglio, i dispositivi elettronici, gli oggetti metallici (chiavi, monete, ecc.), la giacca o il cappotto, la sciarpa e il cappello, gli occhiali e eventualmente la cintura con parti metalliche.

Nel bagaglio a mano la quantità di liquidi consentita è quella dei piccoli contenitori da cento millilitri (100 ml), a loro volta inseriti nell'apposita busta di plastica trasparente da un litro (cm. 20 x 20) ammessa dalla normativa.

Altre buste di plastica consentite che contengono liquidi sono quelle sigillate coi prodotti tipo profumi e altri cosmetici, vino, liquori, eccetera, acquistati nei negozi duty-free dell'aeroporto o a bordo degli aerei.

Le scarpe si tolgono solo se al momento del passaggio nel metal detector si segnala la presenza di metallo.

Togliere le scarpe è invece obbligatorio negli Stati Uniti e talvolta negli aeroporti internazionali per voli con destinazione USA. Spesso le persone si lamentano di quest'ultima procedura: la trovano scomoda. Conviene indossare delle scarpe facili da mettere e togliere e portare eventualmente dei calzini, perché non è igienico né piacevole camminare a piedi nudi sul pavimento dell'aeroporto.

4.2   **Reading comprehension**

1. Che cosa è necessario tirare fuori dal bagaglio a mano al momento del controllo?
2. Che cosa è necessario togliersi prima di passare nel metal detector?
3. Quali prodotti sono soggetti a limitazioni quantitative?
4. È obbligatorio togliere le scarpe in tutti gli aeroporti del mondo?
5. Perché ai viaggiatori non piace togliersi le scarpe al posto di controllo?

5. Languages in Transit: Exercises in Translation, Translanguaging, and Transfer

5.1   Translate the passage below into English or Spanish or a combination of the two. Be prepared to discuss your translation and the topic of the passage in class.

Il 21 di giugno è la giornata più lunga dell'anno. Nei paesi scandinavi il sole brilla per 24 ore. A mezzanotte è così soleggiato come a mezzogiorno. Il sole non tramonta. In Svezia la festa del solstizio d'estate si chiama *La Festa di Mezza Estate*, o in svedese, *Midsommar*. Nel calendario degli svedesi è quasi più importante del Natale! Si mettono corone di fiori tra i capelli, ballano intorno ad un palo decorato di fiori e nastri, e bevono della vodka nuova, molto ghiacciata. Le feste dell'inizio dell'estate sono documentate in monumenti come Stonehenge in Inghilterra, costruito in sintonia con il solstizio d'estate. All'alba del 21 di giugno, la pietra più grande di Stonehenge è visibile al centro del sole che sorge. In Sardegna ci sono monumenti simili a Stonehenge. Si chiamano le Tombe dei Giganti. Il giorno del solstizio d'estate, il sole tramonta al centro esatto delle pietre della tomba. Il sole è importante per molte religioni primitive, per esempio, per gli Inca del Perù. *Inti*, che vuol dire "sole" nella lingua quechua, è il creatore e il protettore degli Inca. Il Perù è la terra dei figli del sole. Anche gli Aztechi organizzavano la loro vita intorno al sole. La *Piedra del Sol*, o la Pietra del Sole in italiano, rappresenta il calendario azteco. Al centro della pietra troviamo la faccia del dio del sole, *Tonatiuh*. La Pietra del Sole è stata trovata nello Zócalo della Città del Messico (il cuore della città) nel 1790. Però, dal 1885 si trova nel Museo Antropologico della Città del Messico. Non è sorprendente che il sole sia al centro delle religioni del mondo. La vita dipende dal sole e la natura non può esistere senza la sua luce e il suo calore. Oggi, però, il sole è visto come un pericolo, perché il nostro pianeta si riscalda troppo. Ma questo non è colpa del sole. È colpa degli esseri umani, che non rispettano abbastanza l'equilibrio delicato della natura. Abbiamo inquinato l'ambiente, togliendo la protezione naturale, lo strato dell'ozono, contro i raggi forti del sole. Abbiamo dimenticato il ruolo del sole per il nostro benessere naturale e spirituale.

6. Exploring the Web

6.1   Go to the *Juntos* companion website at www.hackettpublishing.com/juntos -companion-webpage to complete activity 6.1.

Aggettivi possessivi

1. Intercomprehension

1.1 Possessive adjectives tell us to whom someone or something "belongs." Identify the possessive adjectives in the sentences below. What is being described? Do you notice a pattern?

- Mi abuela es vieja.
- Mon oncle és jove.
- Ma cousine est gentille.
- Mia zia è simpatica.
- My aunt is old.

1.2 Identify the possessive adjectives below. How is Italian different? What is being described?

- Mis tías son jóvenes.
- Mons cosins són joves.
- Mes frères sont gentils.
- I miei genitori sono divorziati.
- My grandparents are old.

1.3 Identify the possessive adjectives below. How are Italian and Catalan different? What is being described?

- Mi perro es tranquilo.
- La meva galeta és deliciosa.
- Mon jardin est joli.
- Il mio gelato è delizioso.
- My friend is generous.

In Italian, possessive adjectives are not preceded by an article when they are describing a family member in the singular (e.g., *fratello*, *sorella*, etc.). In all other cases, the article is used with the possessive adjective in Italian.

2. Intergrammar

2.1 **Il possessore o il posseduto**

Gender can influence the form of the possessive adjective.

1. What determines the gender of the third person singular possessive adjective (*his/her*) in English?

2. What determines the gender of the first and second person plural possessive adjectives (*nuestro/nuestra* & *vuestro/vuestra*) in Spanish?

3. Do Italian possessive adjectives behave like possessive adjectives in Spanish and English?

	Spanish	Italian	English
io	mi	il mio/la mia	my
tu	tu	il tuo/la tua	your
lui/lei/Lei	su	il suo/la sua	his/her/its/your (formal)/their*
noi	nuestro/nuestra	il nostro/la nostra	our
voi	vuestro/vuestra	il vostro/la vostra	your
loro	su	il loro/la loro	their

*Their in this case is a nonbinary possessive adjective.

In Italian, it is the gender of the thing possessed (*il posseduto*) and not the gender of the possessor (*il possessore*) that determines the form of the possessive adjective.

2.2 **Femminile e maschile**

Femminile

In Italian and Spanish, the ending -*a* is used to reflect the feminine gender of a possessive adjective. In Spanish, the ending -*a* appears in *nuestra* and *vuestra*, while *mi*, *tu*, and *su* are gender neutral. In Italian, the ending -*a* appears in *mia*, *tua*, *sua*, *nostra*, and *vostra*. The only outlier is *loro*, which is also gender neutral but is always preceded by a gender specific article.

	Spanish	Italian	English
io	mi amiga	la mia amica	my friend
tu	tu amiga	la tua amica	your friend
lui/lei/Lei	su amiga	la sua amica	her friend/his friend/its friend/ your friend (formal)/their* friend
noi	nuestra amiga	la nostra amica	our friend
voi	vuestra amiga	la vostra amica	your friend
loro	su amiga	la loro amica	their friend

*Their in this case is a nonbinary possessive adjective.

Maschile

In Italian and Spanish, the ending -o is used to reflect the masculine gender of a possessive adjective. Based on what you learned in the previous section, complete the chart below by filling in the correct masculine possessive adjective in each row.

	Spanish	Italian	English
io	mi amigo	il ___ amico	my friend
tu	tu amigo	il ___ amico	your friend
lui/lei/Lei	su amigo	il ___ amico	his friend/her friend/its friend/ your friend (formal)/their* friend
noi	nuestro amigo	il ___ amico	our friend
voi	vuestro amigo	il ___ amico	your friend
loro	su amigo	il ___ amico	their friend

*Their in this case is a nonbinary possessive adjective.

2.3 Forme plurali

In Italian, the endings -e and -i are used for plural possessive adjectives. Can you complete the chart below based on what you have learned about possessive adjectives so far? What do you notice about the possessive adjective *loro*?

	Spanish	Italian	English
io	mis	i miei/le ___	my
tu	tus	i tuoi/le ___	your
lui/lei/Lei	sus	i suoi/le ___	his/her/its/your (formal)/ their*
noi	nuestros/nuestras	i nostri/le ___	our
voi	vuestros/vuestras	i vostri/le ___	your
loro	sus	i loro/le loro	their

*Their in this case is a nonbinary possessive adjective.

Note that the first three plural masculine forms above (*miei, tuoi,* and *suoi*) have an additional vowel before the final *i*.

2.4 Overview

Forming possessive adjectives

Italian possessive adjectives agree in gender and number with the thing possessed, not the possessor.

The Italian possessive adjective *loro* is invariable. It remains the same regardless of the gender and number of the thing possessed. This is somewhat similar to Spanish, where *su* and *sus* agree in number but not in gender.

	Singular (m./f.)	Plural (m./f.)	Singular & plural (m./f.)
loro	su	sus	il/la/i/le loro

Like *nuestro* and *vuestro* in Spanish, the other Italian possessive adjectives agree with the thing possessed in both gender and number. Note that if you replace the *ue* in *nuestro* and *vuestro* with an *o*, you get the Italian possessive adjectives *nostro* and *vostro*.

noi	nuestro/a/os/as ue → o	→	il/la/i/le nostro/a/i/e
voi	vuestro/a/os/as ue → o	→	il/la/i/le vostro/a/i/e

Let's see the full range of possessive adjectives in Spanish, Italian, and English.

	Spanish	Italian	English
io	mi mis	il mio/la mia i miei/le mie	my
tu	tu tus	il tuo/la tua i tuoi/le tue	your
lui/lei/Lei	su sus	il suo/la sua i suoi/le sue	his/her/its/your (formal)/ their*
noi	nuestro/nuestra nuestros/nuestras	il nostro/la nostra i nostri/le nostre	our
voi	vuestro/vuestra vuestros/vuestras	il vostro/la vostra i vostri/le vostre	your
loro	su sus	il loro/la loro i loro/le loro	their

*Their in this case is a nonbinary possessive adjective.

Remember that the masculine plural possessive adjectives *miei*, *tuoi*, and *suoi* have an additional vowel before the final *i*. Also note that an article almost always precedes the possessive adjective in Italian, unless you are describing a single family member. *Loro* is always preceded by an article, even if you are describing a single family member (e.g., *il loro fratello*).

2.5 Di chi è? ¿De quien es?

Complete the chart below by filling in the correct possessive adjective in Italian. Use the following example as a model: *La macchina* (the possessed) *di Marco* (the possessor) *è…la sua macchina.*

The possessed	The possessor	Italian	Spanish
la macchina	Marco	la sua macchina	su coche/carro
il libro	io	_____ libro	mi libro
il nonno	tu	_____ nonno	tu abuelo
il corso	noi	_____ corso	nuestro curso
le amiche	loro	_____ amiche	sus amigas
la casa	lui/lei	_____ casa	su casa
i professori	io	_____ professori	mis profesores
la madre	noi	_____ madre	nuestra madre
i parenti	Lei (tu formale)	_____ parenti	sus parientes
il turno	tu	_____ turno	tu turno
l'amica	loro	_____ amica	su amiga

3. In italiano…

 ### 3.1 Ascoltiamo

Ascolta il file audio per questa attività e aiuta ogni personaggio a completare il suo dialogo.

Ti manca _____ casa?

Ti presento _____ genitori.

 3.2 **La mia vita**

Ascolta il file audio per questa attività e completa il paragrafo qui sotto.

Abito con _____ genitori. _____ casa non è molto grande, ma _____ zia e _____ cugine vivono con noi. _____ stanza è piccolina, ma ha molta personalità. Ci sono libri dappertutto e proprio nell'angolo destro della stanza ci sono _____ giradischi e _____ collezione di vinili. Io e _____ cugine trascorriamo molto tempo insieme. Quello che ci piace fare di più è giocare a scala quaranta con le carte da gioco di _____ padre. Giochiamo di sera, fuori nel giardino di _____ madre, con una bella tazza di cioccolata calda. Qualche volta _____ genitori e _____ zia giocano con noi, ma perdono sempre! _____ vicini hanno un cane che si chiama Tito. È un piccolo carlino che russa quando dorme. Quando _____ vicini escono senza di lui, Tito scappa e viene da noi. _____ latrato è molto buffo e si stanca quando abbaia in continuazione. Amo Tito come se fosse _____ cane.

3.3 **Espressioni idiomatiche con aggettivi possessivi**

Leggi le espressioni idiomatiche qui sotto. Noti qualcosa di diverso nella formulazione/posizione dell'aggettivo possessivo?

- Ti invito a casa mia per il mio compleanno.
- Bentornato, amico mio!
- Mamma mia, che confusione!

Riesci a pensare a qualche espressione simile in spagnolo?

3.4 In tutte le lingue si dice così

Alcune parole che esprimono relazioni familiari hanno delle radici antiche. Viste le somiglianze di queste parole in varie lingue, i linguisti hanno ipotizzato una famiglia linguistica comune.

Guarda la seguente tabella. Prova a indovinare la traduzione inglese delle parole tedesche, olandesi, e svedesi.

Inglese	Tedesco	Olandese	Svedese
	Vater	Vader	Fader
	Mutter	Moeder	Moder
	Bruder	Broeder	Broder
	Schwester	Zuster	Syster

Molti fan di *Star Wars* pensano che Darth Vader significhi *Dark Father* in tedesco o olandese. Lucas, il regista di *Star Wars*, giocando con il suono del nome "Vader" (che richiama il *pater* latino e il *vater* tedesco) ha indotto i suoi fan a credere che fin dall'inizio il suddetto personaggio fosse destinato a coincidere con Anakin Skywalker, cioè il padre di Luke. Si tratta invece di un'etimologia inconscia?

Parole in italiano e spagnolo provengono spesso dal latino. Completa gli spazi vuoti nella tabella qui sotto, utilizzando le parole già fornite come indizi. Prendi nota di qualsiasi somiglianza o differenza di ortografia. Che cosa noti riguardo la parola *cugino*?

Maschile	Femminile	Maschile	Femminile	Maschile	Femminile
the father the dad	the mother the mom	il padre il papà/il babbo	la madre la mamma	el padre el papá	la madre la mamá
the stepfather	the stepmother	il patrigno	la matrigna	el padrastro	la madrasta
the son	the daughter		la figlia		la hija
the stepson	the stepdaughter	il figliastro		el hijastro	
the brother	the sister	il fratello	la sorella	el hermano	la hermana
the grandfather	the grandmother		la nonna		la abuela
the great-grandfather	the great-grandmother	il bisnonno		el bisabuelo	
the grandson	the granddaughter		la nipote		la nieta
the father-in-law	the mother-in-law	il suocero		el suegro	
the son-in-law	the daughter-in-law	il genero	la nuora		
the brother-in-law	the sister-in-law		la cognata		la cuñada
the godfather	the godmother	il padrino	la madrina	el padrino	la madrina
		il cugino	la cugina	el primo	la prima
the uncle	the aunt	lo zio		el tío	

4. Interculture

 4.1 Read and listen to the text below and answer the reading comprehension questions that follow.

La sua famiglia è diversa dalla mia

La popolazione italiana sta invecchiando. Secondo dati statistici aggiornati al 2018, in Italia ci sono 168,9 anziani ogni cento giovani. Nelle famiglie le nascite sono diminuite del 21% negli ultimi dieci anni e l'età della fertilità si è spostata in avanti, con maternità dopo i 35 anni.

Per capire cosa succede nelle famiglie italiane oggi, immaginiamo una situazione tipica. Immaginiamo un ragazzo messicano, diciamo che si chiama Javier, in vacanza dal suo amico Marco, che lo ha invitato a casa sua in Italia, in una regione del centro nord.

Marco e Javier sono coetanei, diciamo che hanno sui vent'anni, e si sono conosciuti su un campus universitario americano. Javier scopre alcune cose interessanti durante la sua visita in Italia.

I genitori di Marco hanno quasi sessant'anni, mentre i suoi sono molto più giovani.

Marco non ha fratelli o sorelle: è figlio unico. Javier invece ha un fratello e una sorella: suo fratello ha ventidue anni e sua sorella ne ha quindici.

Quando Javier domanda a Marco dove sono i suoi nonni, Marco gli risponde che suo nonno, il suo nonno paterno, vive in una casa di riposo per anziani, mentre la sua nonna materna abita ancora in un appartamento, assistita da una badante che viene dall'Europa dell'Est. Questo perché entrambi i genitori di Marco lavorano e i suoi nonni non possono stare a casa da soli, e comunque l'appartamento della sua famiglia è troppo piccolo per ospitare anche i due anziani.

Marco ha un solo cugino, di diciotto anni, figlio del fratello di suo padre, che però abita in un'altra città da quando i suoi genitori hanno divorziato. Sua zia invece, la sorella di sua madre, non ha avuto figli dal suo compagno, con cui convive da una decina d'anni. Javier è un po' sorpreso, perché gli stereotipi che aveva in mente sulla famiglia italiana ritraevano una famiglia numerosa, allargata, con molti bambini e anziani che vivono insieme nella stessa casa e una madre casalinga che cucina per tutti.

4.2 **Reading comprehension**

1. Le donne italiane diventano mamme in giovane età?
2. Perché Javier è in Italia?
3. Nella famiglia di Marco ci sono più anziani o più giovani?

4. Che significa "figlio unico"?

5. Quanti nonni ha Marco?

6. Quanti fratelli ha Marco?

7. Quanti fratelli o sorelle hanno i genitori di Marco?

8. Quanti cugini ha Marco?

9. Gli zii di Marco sono sposati?

10. Da dove viene la badante della nonna?

11. Dove vive il nonno di Marco?

12. Perché i nonni di Marco non stanno nella casa dei loro figli?

13. Quando Javier scopre le caratteristiche della famiglia di Marco, queste corrispondono alle sue aspettative?

5. Languages in Transit: Exercises in Translation, Translanguaging, and Transfer

5.1   Translate the passage below into English or Spanish or a combination of the two. Be prepared to discuss your translation and the topic of the passage in class.

Genova Parte I: partenze e nuovi arrivi

Italoamericani, italo-argentini, italo-canadesi, italo-brasiliani, italo-australiani: questi nomi sono entrati nella lingua italiana dopo decenni di emigrazioni dalla Sicilia al Ticino in Svizzera, in una diaspora che ha portato gli italiani in ogni angolo della terra. Gli italiani che hanno deciso di lasciare l'Italia a partire dall' Ottocento (il diciannovesimo secolo) per motivi economici partivano dai due porti di Genova e Napoli. Spesso non sapevano dove andavano. A Genova c'è l'Istituzione Musei del Mare e delle Migrazioni. Si chiama Mu.MA, e documenta il rapporto tra migrazione e mare, un rapporto che si ripete in tutto il mondo quando i popoli cercano una migliore vita altrove e viaggiano via mare per raggiungere nuove terre. Per molti migranti di oggi, africani, sudamericani, kurdi e siriani, quella nuova terra si chiama Italia, raggiunta con barche clandestine che entrano in Italia dall'isola di Lampedusa contro la volontà del governo, che non accetta i migranti e cerca di respingerli. È una crisi umanitaria di proporzioni enormi che resta senza soluzione nel mondo di oggi.

6. Exploring the Web

6.1   Go to the *Juntos* companion website at www.hackettpublishing.com/juntos -companion-webpage to complete activity 6.1.

Aggettivi

1. Intercomprehension

1.1   Identify the languages below. Do the adjectives agree with the nouns that they modify in gender and number? Does the position of the adjectives in relation to the nouns that they modify affect their meaning?

- Una vieja novia y unas novias viejas.
- Une vielle copine et des copines vielles.
- Una vecchia fidanzata e delle fidanzate vecchie.

2. Intergrammar

2.1   Like in Spanish, Italian adjectives may have two forms or four forms. Two-form adjectives end in -*e* in the singular and in -*i* in the plural. Gender is not an issue, only number. The same is true for two-form adjectives in Spanish, where the singular ending is -*e* and the plural ending is -*es*.

	Spanish	Italian
Singular	triste	triste
Plural	tristes	tristi

In Italian and Spanish, four-form adjectives reflect the gender and number of the nouns they modify.

	Spanish	Italian
Singular	contento/a	contento/a
Plural	contentos/as	contenti/e

2.2   The following adjectives only come before the noun.

Spanish	Italian
otro/a *Hablaremos de ello en otra ocasión.*	altro/a *Ne parleremo in un'altra occasione.*
mucho/a *Tenemos mucho trabajo.*	molto/a *Abbiamo molto lavoro.*
poco/a *Había poca gente.*	poco/a *C'era poca gente.*
este/a *Esta bicicleta cuesta poco.*	questo/a *Questa bicicletta costa poco.*
cuánto/a *¿Cuántas horas se necesitan para ir a Roma?*	quanto/a *Quante ore ci vogliono per andare a Roma?*
mismo/a *Siempre vamos a la misma playa.*	stesso/a *Andiamo sempre nella stessa spiaggia.*
demasiado/a *¡Hay demasiado ruido!*	troppo/a *C'è troppo rumore!*

2.3   As we saw in activity 1.1, some adjectives can come before or after the noun they modify, but the meaning of the sentence as a whole changes depending upon their position. For example, below you will see the adjectives *viejo* in Spanish and *vecchio* in Italian. In Italian, *un vecchio amico* means a longtime friend, while *un amico vecchio* means a friend that is old in age. The same is true in Spanish. You could say *un viejo amigo* or *un amigo viejo*, but the sentences do not mean the same thing.

Spanish	Italian
cierto *ciertas pruebas/pruebas ciertas*	certo *certe prove/prove certe*
diverso *diversos libros/libros diversos*	diverso *diversi libri/libri diversi*
nuevo *un nuevo vestido/un vestido nuevo*	nuovo *un nuovo vestito/un vestito nuovo*
numeroso *numerosas familias/familias numerosas*	numeroso *numerose famiglie/famiglie numerose*
simple *una simple pregunta/una pregunta simple*	semplice *una semplice domanda/una domanda semplice*
único *un único cuadro/un cuadro único*	unico *un unico quadro/un quadro unico*
viejo *un viejo amigo/un amigo viejo*	vecchio *un vecchio amico/un amico vecchio*

2.4   Review the Spanish examples and their Italian equivalents in section 2.3. Then, explain how the following pairs of phrases mean different things by translating them into English. Note that in English you may need to use different adjectives to show how the Italian sentences mean different things.

Italian	English
1a. Numerose famiglie	
1b. Famiglie numerose	
2a. Un semplice favore	
2b. Un favore semplice	
3a. Secondo diverse fonti	
3b. Secondo fonti diverse	

3. In Italiano…

 3.1   **Ascoltiamo e scriviamo**

Ascolta il file audio per questa attività e completa le frasi dei personaggi qui sotto con gli aggettivi mancanti.

3.2 Scriviamo

1. Queste cose sono _____ (importante).
2. Tu sei _____ (vivace).
3. Lui è _____ (bello).
4. Lei è _____ (vecchio).
5. Noi siamo _____ (basso).
6. Voi (ragazze) siete _____ (alto).
7. I miei amici sono _____ (gentile).
8. Le ragazze sono _____ (forte).

3.3 In tutte le lingue si dice così

Nella tabella qui sotto, troverai sei espressioni in spagnolo e inglese. Puoi indovinare le espressioni corrispondenti in italiano? Ecco le tue opzioni: *diventare rosso/arrossire*; *vedere tutto rosa*; *avere il pollice verde*; *sentirsi/essere giù*; *i colletti bianchi*; *vedere tutto nero*.

Spagnolo	Italiano	Inglese
sentirse deprimido		to feel blue
tener manos de jardinero / tener buena mano		to have a green thumb
ver todo de color de rosa		to see the world through rose-colored glasses
oficinistas		white-collar workers
verlo (todo) negro		to be a pessimist
ponerse rojo/ruborizarse		to go red in the face/ to blush

3.4 **Modi di dire e proverbi**

Abbina ogni espressione idiomatica o proverbio con la sua definizione. Sai se esistono in altre lingue?

Espressione idiomatica/proverbio	Definizione
1. Rosso di sera bel tempo si spera	____Un mistero
2. Essere in rosso	____Essere invidiosi
3. Essere al verde	____Essere in una lista di persone non gradite
4. Avere un occhio nero	____Consumare cibi leggeri
5. La cronaca rosa	____Essere in negativo (di un conto in banca)
6. Un giallo	____Una persona invisibile, ma influente
7. Non è tutto oro quello che luccica	____Essere in difficoltà finanziarie
8. Non è tutto bianco o nero	____Le notizie scandalistiche
9. Avere il sangue blu	____Non dormire per tutta la notte
10. Un'eminenza grigia	____Il tramonto rosso predice bel tempo
11. Essere sul libro nero	____Arrendersi
12. Mangiare in bianco	____Avere un occhio ammaccato
13. Essere verde d'invidia	____Le cose non sono chiaramente distinte
14. Sventolare bandiera bianca	____Essere nobile
15. Passare la notte in bianco	____Le apparenze ingannano

3.5 Utilizzando il vocabolario dell'attività 3.4, completa la tabella qui sotto con i colori giusti.

			azzurro		

gold		arancione			viola

4. Interculture

 4.1   Read and listen to the text below and answer the reading comprehension
questions that follow.

In materia di colori, non è tutto bianco o nero

"Malpelo si chiamava così perché aveva i capelli rossi; ed aveva i capelli
rossi perché era un ragazzo malizioso e cattivo" (Giovanni Verga, "Rosso
Malpelo", da *Vita dei campi*, 1880).

Ma i capelli rossi sono davvero rossi o non sono piuttosto arancioni?
Alcuni colori quando si riferiscono ai capelli cambiano nome. I capelli
non sono *gialli*, ma *biondi*, e non sono *marroni*, ma *castani*. E quando il
poeta Francesco Petrarca diceva che Laura, la donna da lui amata, aveva
i capelli d'oro che cosa voleva dire? Biondi o rossi? I pittori non lo sapevano e hanno dipinto i capelli di Laura con diverse sfumature.

E come sono i capelli degli albini? *Albus* in Latino era un bianco
opaco, diverso da *candidus*, un bianco lucente che poi nel medioevo è
diventato *bianco* per influsso della parola germanica *blanch*. Ma *blanch*
indicava la lucentezza metallica delle armi, un non-colore, un colore-
specchio, nel quale si riflettono tutti i colori. *Sbiancare* in italiano significa *impallidire*, cioè perdere il colorito del viso, scolorire in viso. E lo
sbiancante è un tipo di detersivo che toglie le macchie o rende di nuovo
bianchi i tessuti ingialliti.

Gli occhi sono *blue* in inglese, ma *azzurri* in italiano (sono blu solo
nelle canzoni) e *azules* in spagnolo. Ma il mare per il poeta greco Omero
non era blu: aveva il colore del vino. Era rosso? No, viola, o forse semplicemente scuro. Ma anche il vino *bianco* in realtà non è esattamente di
colore bianco…

4.2   **Reading comprehension**

1. Nella frase di Verga, quale caratteristica morale è associata ai capelli
   rossi?
2. Secondo la logica del colore dei capelli, si dice "occhi marroni"?
3. Di che colore erano i capelli di Laura?
4. Da dove deriva la parola *albino*?
5. Da dove deriva la parola *bianco*?
6. Gli aggettivi che indicano il colore si mettono prima o dopo il nome?
7. Quali sono i sinonimi di *sbiancare*?
8. Che cos'è lo sbiancante?
9. Si dice "occhi blu" in italiano?
10. Quali sono i due colori tipici del vino?

5. Languages in Transit: Exercises in Translation, Translanguaging, and Transfer

5.1   Translate the passage below into English or Spanish or a combination of the two. Be prepared to discuss your translation and the topic of the passage in class.

Genova Parte II: arrivi

Italo-marocchini, italo-cinesi, italo-coreani, italo-messicani, italo-albanesi, italo-rumeni, italo-turchi, italo-senegalesi: queste sono le nuove popolazioni che si stanno formando in Italia ormai da diversi decenni, il risultato di migrazioni di popoli che vogliono lasciare il paese d'origine per motivi politici, economici, e famigliari. Le città di porto sono sempre le città più marcate dalle migrazioni perché sono il primo punto d'arrivo e devono soddisfare i bisogni culturali dei popoli che arrivano. Genova è un ottimo esempio. Il centro storico di Genova è un labirinto di piccole strade, vicoli o *carruggi*, nella lingua del luogo, il genovese. Queste stradine sono piene di negozi di abbigliamento, bar, e ristorantini di tutti i tipi, come la *taqueria* messicana, che potete vedere nella foto o il tipico negozio genovese Torte e Farinata con il cibo locale, come la focaccia alla genovese oppure le lasagne al pesto, che potete anche vedere nelle foto. C'è anche il famoso mercatino di Shanghai di fronte al Museo del Mare e delle Migrazioni, dove potete trovare di tutto a prezzi super convenienti.

Una *taqueria* messicana a Genova.

Un tipico negozio genovese.

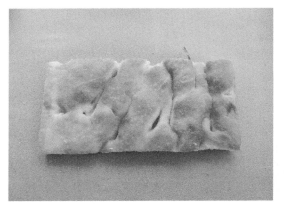

Focaccia alla genovese.

Lasagne al pesto.

6. Exploring the Web

6.1   Go to the *Juntos* companion website at www.hackettpublishing.com/juntos -companion-webpage to complete activity 6.1.

Negazione

1. Intercomprehension

1.1 Identify the languages below.

- (Eu) Não falo Português.
- (Yo) No hablo español.
- Je ne parle pas français.
- (Io) Non parlo italiano.
- (Eiu) Ùn parlu micca Corsu.
- (Eu) Nu vorbesc limba Romana.
- I do not speak English.

1.2 Look at the sentences below. Where do you find the term(s) of negation in each sentence?

1.3 Complete the chart below.

Subject	Negation marker	Verb	Complement
Yo	no	hablo	español.
Io		parlo	italiano.

1.4 What term of negation is used in Italian? Are the sentences in Italian and Spanish structured similarly?

2. Intergrammar

2.1 Identify the terms of negation in each sentence below (there are one or more terms per sentence).

- (Eu) Não vejo ninguém.
- (Yo) No veo a nadie.
- Je ne vois personne.
- (Io) Non vedo nessuno.
- I do not see anyone.

2.2 Which sentences above have two terms of negation?

Terms of negation are used to express that something is not true or is not the case. While most Romance languages use double negatives (e.g., *No veo a nadie.*), standard English does not use two negatives in the same clause (e.g., *I don't see nobody.*)

2.3 Complete the chart below using the following sentences. Note that some terms of negation are only used in certain contexts (e.g., when referring to things, people, time, etc.).

- (Loro) Non parlano né francese né portoghese.
- (Noi) Non lavoriamo mai.
- (Voi) Non aspettate più.
- (Lei) Non vede nessuno.
- (Tu) Non dici niente.
- (Io) Non sento.

	Spanish	Italian
Simple negation	(Yo) No escucho.	
Things	(Tú) No dices nada.	
People	(Ella) No ve a nadie.	
Time	(Nosotros) No trabajamos nunca.	
Time	(Vosotros) No esperáis más.	
Correlation	(Ellos) No hablan ni francés ni portugués.	

2.4   Using your answers from activity 2.3, complete the Italian column below by filling in the corresponding terms of negation.

Spanish	Italian
No...	
No...nada	
No...nadie	
No...nunca	
No...más	
No...ni...ni	

3. In Italiano...

 3.1   **Ascoltiamo e scriviamo**

Ascolta il file audio per questa attività e completa le seguenti frasi.

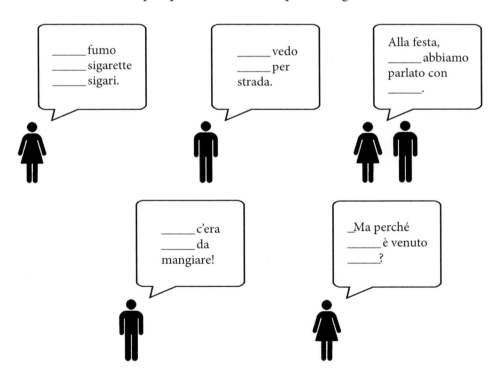

3.2 Lorenzo è veramente scontroso oggi e non vuole fare niente. Aiutalo a esprimere il suo scontento.

1. Lorenzo, vuoi vedere un film d'animazione o un film horror?
   a. Non voglio vedere nessuno!
   b. Mi piacerebbe vedere tutti e due!
   c. Non voglio vedere né un film d'animazione né un film horror!

2. Lorenzo, vuoi andare in spiaggia oggi?
   a. Non voglio andare da nessuna parte!
   b. Certo! Ma prima mi devo comprare un costume da bagno.
   c. Ieri, non volevo fare niente.

3. Dai Lorenzo, andiamo a fare una passeggiata!
   a. Va bene, dammi cinque minuti.
   b. Lasciami in pace! Non voglio fare niente!
   c. Solo se posso portare il mio cagnolino.

4. Lorenzo, i tuoi cugini da New York sono venuti a trovarti. Vuoi andare a cena con loro?
   a. Non mi va! Non voglio vedere nessuno!
   b. Va bene, li porterò in quella nuova pizzeria in Via Garibaldi.
   c. Non voglio vedere nessun film!

5. Lorenzo, stanotte vuoi andare in discoteca?
   a. Va bene, a che ora usciamo?
   b. Non voglio ballare né con te né con altri!
   c. Lasciami stare, non ho voglia di andare al cinema!

3.3 In tutte le lingue si dice così

I verbi usati per esprimere la comunicazione possono essere abbastanza simili in diverse lingue romanze. Leggi i verbi in italiano qui sotto e completa la tabella, inserendo i verbi mancanti in spagnolo e inglese.

Spagnolo	Italiano	Inglese
	dire	
	parlare	
	esprimere	
	raccontare	
	narrare	
	riassumere	
verbalizar	verbalizzare	to verbalize
	interagire	
	comunicare	

3.4   Completa le frasi qui sotto scegliendo il verbo più adeguato dall'attività 3.3.

  1. Le mamme non sono mai stanche di _____ favole ai bambini per farli addormentare.

  2. Gli studenti non devono solo leggere, ma anche _____ i capitoli del libro.

  3. Non è facile e neanche automatico _____ i propri sentimenti.

  4. Se vogliamo _____ correttamente una lingua straniera, ci conviene fare un'esperienza di studio all'estero: _____ con i parlanti di madrelingua non è nemmeno paragonabile allo studio individuale.

  5. Qualche volta bisogna avere il coraggio di _____ di no.

  6. Tenere un diario aiuta a _____ i propri pensieri.

  7. Tutti sanno che _____ con l'email è comodo, ma qualche volta può creare dei malintesi.

4. Interculture

 4.1   Read and listen to the text below and answer the reading comprehension questions that follow.

Quante lingue parli?

Imparare una lingua straniera non è mai una cattiva idea: è una competenza sempre più richiesta nel mondo del lavoro. L'apprendimento di una seconda lingua oltre alla lingua madre non è più considerato un fattore di rallentamento cognitivo nei bambini, anzi! Gli psicologi dicono che studiando una lingua a tutte le età potenziamo le nostre facoltà cerebrali, la memoria, la capacità di attenzione, la sensibilità musicale e in generale l'ascolto.

L'apprendimento di una lingua è inoltre consigliato come prevenzione della demenza senile.

La lingua più parlata al mondo come madrelingua non è né lo spagnolo né l'inglese, ma il cinese mandarino, secondo le classifiche più recenti. L'inglese è invece al primo posto se consideriamo il numero totale di persone che lo parlano, e il francese è la lingua numero 6. L'italiano non è nemmeno tra le prime dieci lingue più parlate, ovviamente.

I bambini italiani cominciano ad avere familiarità con le lingue straniere a partire dalle scuole elementari. Secondo i dati degli studi commissionati dall'Unione Europea, lo studio delle lingue è diffuso, ma non è obbligatorio in tutti i paesi d'Europa e dove lo è non si dedicano molte ore settimanali a questa materia. In Italia è obbligatorio per legge l'insegnamento dell'inglese ai bambini a partire dai sei anni. Inoltre, in Italia e in Francia e in alcuni altri paesi gli studenti delle scuole medie, dagli undici ai quattrodici anni di età, devono anche studiare una seconda lingua straniera.

Per quanto riguarda i paesi dell'America Latina, l'insegnamento dell'inglese è obbligatorio per legge nelle scuole del Brasile, Cile, Costa Rica, Ecuador, Messico e Panama. Il Cile detiene il primato per quanto riguarda l'insegnamento delle lingue grazie alla sua politica scolastica più solida. Messico e Costa Rica sono i paesi che per primi hanno imposto una lingua straniera come materia di studio nelle scuole elementari e medie. In Messico, a partire dal 2011, i bambini cominciano a imparare l'inglese già dall'asilo.

4.2 Reading comprehension

1. Quali sono i vantaggi dello studio di una lingua straniera?
2. Qual è la lingua più parlata al mondo come madrelingua?
3. Qual è la lingua parlata dal maggior numero di persone nel mondo?
4. A quale età si comincia a imparare una lingua straniera nelle scuole italiane?
5. Lo studio delle lingue straniere è obbligatorio in tutti i paesi europei?
6. Lo studio dell'inglese è obbligatorio in tutte le scuole dell'America Latina?
7. In quali scuole si studia obbligatoriamente una lingua straniera in Messico?

5. Languages in Transit: Exercises in Translation, Translanguaging, and Transfer

5.1   Translate the passage below into English or Spanish or a combination of the two. Be prepared to discuss your translation and the topic of the passage in class.

Dire di no

Dobbiamo imparare a dire di no. No, non posso andare al cinema perché devo studiare. No, non voglio bere un altro bicchiere di vino perché non voglio ubriacarmi. No! Come genitori la cosa più difficile è quella di dire di no ai propri figli. I bambini non vogliono mai sentire la parola "no." Piangono. Battono i piedi. Strillano. È importante, però, dirgli di no, perché così imparano l'autocontrollo e che devono considerare i bisogni degli altri. Ci sono regole nella vita. Se pensano di poter avere tutto quello che vogliono quando lo vogliono, non sapranno mai come vivere con gli altri e saranno viziati. I bambini viziati sono fastidiosi/danno fastidio, ma gli adulti viziati sono proprio insopportabili!

6. Exploring the Web

6.1   Go to the *Juntos* companion website at www.hackettpublishing.com/juntos
-companion-webpage to complete activity 6.1.

C'è, ci sono

1. Intercomprehension

1.1   Identify the languages below.

- Há um _____ e há dois _____.
- Hay un _____ y hay dos _____.
- Il y a un _____ et il y a deux _____.
- C'è un _____ e ci sono due _____.
- C'hè un cane è ci sò duie ghjatti.
- There is one _____ and there are two _____.

1.2   Look at the sentences above and fill in the missing words. Choose from the following words: *gatti*; *gatos*; *cão*; *chien*; *perro*; *gatos*; *chats*; *dog*; *cane*; *cats*.

1.3   Based on your answers to activity 1.2, which languages have one form (invariable) and which languages have two forms (variable) to express *there is* and *there are*?

2. Intergrammar

2.1   The phrases below are used to indicate the existence or location of something. Italian and English have two forms—one for singular subjects and one for plural subjects—while Spanish and French only have one form for both singular and plural subjects.

Spanish	French	Italian	English
hay	il y a	c'è	there is
		ci sono	there are

2.2   Audrey and José are studying abroad in Calabria to learn Italian. They are looking for a third roommate and are interviewing Stella who is Italian. Help Audrey and José describe their apartment by matching Stella's questions (*domande*) with their answers (*risposte*).

Questions	Answers
C'è parcheggio?	Sí, hay wifi.
C'è il WiFi?	There is a microwave but no oven.
C'è un forno in cucina?	There are many parking spots.
Ci sono una lavatrice e un'asciugatrice?	Hay muchas tiendas en los alredededores.
Ci sono vicini simpatici?	There are very friendly neighbors.
Ci sono molti negozi nelle vicinanze?	Hay una lavadora pero no hay una secadora.

2.3   Help Audrey and José express their answers in Italian.

Questions:

1. C'è parcheggio?

2. C'è il WiFi?

3. C'è un forno in cucina?

4. Ci sono una lavatrice e un'asciugatrice?

5. Ci sono vicini simpatici?

6. Ci sono molti negozi nelle vicinanze?

Answers:

1. _____

2. _____

3. _____

4. _____

5. _____

6. _____

3. In italiano…

 3.1 **Ascoltiamo e scriviamo**

Ascolta il file audio per questa attività e completa le frasi qui sotto usando *c'è* o *ci sono*. Potresti aver bisogno di usare qualche termine di negazione.

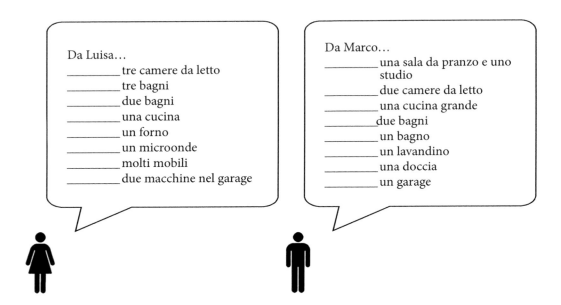

Da Luisa…
_____ tre camere da letto
_____ tre bagni
_____ due bagni
_____ una cucina
_____ un forno
_____ un microonde
_____ molti mobili
_____ due macchine nel garage

Da Marco…
_____ una sala da pranzo e uno studio
_____ due camere da letto
_____ una cucina grande
_____ due bagni
_____ un bagno
_____ un lavandino
_____ una doccia
_____ un garage

3.2 **In tutte le lingue si dice così**

Le parole che si usano per parlare della casa derivano spesso dal latino o dal greco. Qualche volta però, il collegamento fra parole che significano la stessa cosa non è così chiaro. Per esempio, le parole italiane *muro* o *parete* si dicono *wall* in inglese. Come si potrebbe capire la parola *muro* attraverso *wall*, visto che non sembrano collegate? Una buona strategia sarebbe pensare a parole in inglese che sono simili alle parole *muro* o *parete*. Nella tabella qui sotto, scrivi tutte le parole inglesi di questo tipo che ti vengono in mente. Ovviamente, se si capisce lo spagnolo le parole *muro* o *parete* diventano trasparenti.

Spagnolo	Italiano	Inglese
el muro/la pared	il muro/la parete	the wall

Si può vedere come la parola *muro* non è poi così opaca per qualcuno che parla solo inglese. Utilizzando questa strategia, prova a completare la tabella qui sotto.

Spagnolo	Italiano	Inglese
la casa	la casa	the house
el muro	il muro	the wall
	il tetto	the roof
	la porta	the door
	l'orto	
	il giardino	
el garaje		the garage
el pasillo/el corredor	il corridoio	the corridor/the hallway
el estudio		the study
la sala		the living room
el inodoro		the toilet
la entrada	l'ingresso	the entrance
el comedor		the dining room
		the kitchen
el cuarto		the bedroom
		the bathroom

4. Interculture

 4.1   Read and listen to the text below and answer the reading comprehension questions that follow.

La Nutella: quando non c'era, bisognava inventarla

La Nutella è una crema spalmabile prodotta dal 1964 dall'azienda dolciaria piemontese Ferrero e consumata in 75 paesi del mondo. Nella ricetta della Nutella c'è un 13% di nocciole, prodotto tipico della regione Piemonte, e naturalmente ci sono lo zucchero e l'olio di palma (oggetto di dibattiti e controversie), che insieme sono gli ingredienti con la percentuale più alta. Il resto della crema è fatto di cacao, latte in polvere, vanillina, e la lecitina di soia, in cui c'è una sostanza che si ricava dai semi di soia (o dal tuorlo d'uovo) e che serve come emulsionante, cioè a legare i grassi con i liquidi; è infatti usata a questo scopo nelle creme e nei gelati.

La Nutella è venduta in 75 paesi al mondo. Tra i maggiori consumatori di Nutella ci sono, oltre agli italiani, anche i tedeschi, che l'hanno subito adottata nel 1965. Anche i francesi vanno matti per la Nutella. In Francia ci sono stati addirittura scontri nei supermercati per comprarla, a seguito di una campagna promozionale che la vendeva scontata del 70%! In generale, però, molti francesi sono contrari al consumo della Nutella, a causa dei problemi ambientali e sociali connessi alle piantagioni di palme da cui si ricava l'olio di palma.

Ci sono diciotto stabilimenti Ferrero in diversi paesi del mondo, tra i quali il Brasile, l'Argentina e il Messico, dove si consuma la Nutella dagli anni Ottanta. Il Brasile è anche il principale fornitore di zucchero per questa produzione.

Tra gli esempi di catena globale del valore (la *global value chain*) presentati dall'OCDE (Organizzazione per la cooperazione e lo sviluppo economico/OECD = Organisation for Economic Co-operation and Development/OCDE = Organisation de coopération et de développement économiques/OCDE = Organización para la Cooperación y Desarrollo Económicos) c'è la Nutella, che è appunto il risultato di un processo produttivo che avviene a livello globale.

Tradizionalmente la Nutella si spalma sul pane, ma c'è chi la mangia con le banane, e c'è anche chi la mette sulla pizza: una specie di pizza dolce; ma non c'è ancora nessuno che la mette sulla pasta… per fortuna!

4.2   Reading comprehension

1. In quale regione d'Italia è stata creata la Nutella?

2. La Nutella ha più o meno di cinquant'anni?

3. Perché chi è allergico a tutti i tipi di noce non deve mangiare la Nutella?

4. La Nutella è un prodotto ad alto o basso contenuto calorico?

5. Perché alcuni in Francia sono contrari al consumo di Nutella?

6. In quali paesi dell'America Latina si produce la Nutella?

7. Quale ingrediente importa la Ferrero dal Brasile per produrre la Nutella?

8. Perché la produzione di Nutella è un esempio di catena globale dei valori?

9. Come si mangia principalmente la Nutella? E tu la mangi? Come?

5. Languages in Transit: Exercises in Translation, Translanguaging, and Transfer

5.1   Translate the passage below into English or Spanish or a combination of the two. Be prepared to discuss your translation and the topic of the passage in class.

Gli italiani hanno la Nutella e gli americani hanno il burro d'arachidi che spalmano sul pane oppure sul sedano. Il famoso sandwich *peanut butter and jelly* si fa con due fette di pane, burro d'arachidi e marmellata spalmati sopra. Si uniscono le due fette per formare il famoso sandwich che gli Americani mangiano per pranzo. Le arachidi, conosciute in Italia anche con il nome di noccioline americane, sono un prodotto originario dell'America Latina. È anche un alimento molto comune in Olanda, dove ci sono vari gusti di *peanut butter*, per esempio: peanut butter con finocchio, zenzero e, addirittura, aglio. C'è il tipo cremoso e c'è anche il tipo croccante. Ora in Italia si mangia il burro d'arachidi sempre di più perché piace, ma anche per le sue qualità nutritive.

6. Exploring the Web

6.1–6.2 Go to the *Juntos* companion website at www.hackettpublishing.com /juntos-companion-webpage to complete activities 6.1–6.2.

Piacere

1. Intercomprehension

1.1   Identify the languages below.

- Me gusta la playa y me gustan las montañas de mi país.
- M'agrada el meu millor amic i m'agraden les nostres activitats.
- J'aime la musique et j'aime les films.
- Mi piacciono le commedie e mi piace la musica.
- I like your website and I like your comments.

1.2   In some languages, the verb that means *to like* agrees in number with what is liked in the sentence. Which of the languages above have verbs that agree in this way?

1.3   How are the verbs in French and English different?

1.4   What comes after the verbs that mean *to like* in the sentences below? Are the verbs in the singular or plural?

- A Juan le gusta aprender y hablar idiomas.
- A Jean li agrada aprendre i parlar llengües.
- A Giovanni piace imparare e parlare le lingue.

2. Intergrammar

2.1   Using what you learned in section 1, complete the table below by choosing the correct verb form from the following options:

mi piace
me gusta
mi piacciono
me gustan

Spanish	Italian	
		leggere/leer
		il mio regalo/mi regalo
		leggere e disegnare/leer y dibujar
		i miei regali/mis regalos

2.2 In Italian and Spanish, you do not say I like; you say it is (or they are) pleasing to me.

Indirect object		One thing or one or more actions	Things	One thing or one or more actions	Things
me/a mí me	mi/a me	gusta	gustan	piace	piacciono
te/a ti te le/a usted le (formal)	ti/a te Le/a Lei	gusta	gustan	piace	piacciono
le/a él le le/a ella le	gli/a lui le/a lei	gusta	gustan	piace	piacciono
nos/a nosotros nos	ci/a noi	gusta	gustan	piace	piacciono
os/a vosotros os les/a ustedes les (formal)	vi/a voi a Loro	gusta	gustan	piace	piacciono
les/a ellos les les/a ellas les	gli/a loro	gusta	gustan	piace	piacciono

2.3 Complete the chart below by choosing the correct form of the verb *piacere*.

Mi piace (me gusta)	Mi piacciono (me gustan)	
		la pasta al pomodoro
		andare in bicicletta
		giocare a calcio e a tennis
		i film di fantascienza
		leggere
		gli animali
		provare piatti nuovi
		il cinema
		guardare la TV e giocare ai videogiochi

2.4   There are other verbs that are used just like *piacere* and *gustar*. Try to identify them in the sentences below.

- Me bastan cinco dólares para un helado y me basta un helado para ser contento.
- Cinq dollars me suffisent pour une glace et une glace me suffit pour être content.
- Mi bastano cinque dollari per comprare un gelato e mi basta un gelato per essere contento.
- Five dollars is enough for an ice cream and an ice cream is enough to make me happy.

In Italian, the verb *mancare* (to miss/to be lacking) functions like *piacere*.

- Mi manca l'Italia.
- Mi mancano i soldi per comprare la macchina.

3. In italiano…

 3.1   Ascoltiamo e scriviamo

Ascolta il file audio per questa attività e completa le frasi dei seguenti personaggi usando il verbo *piacere*.

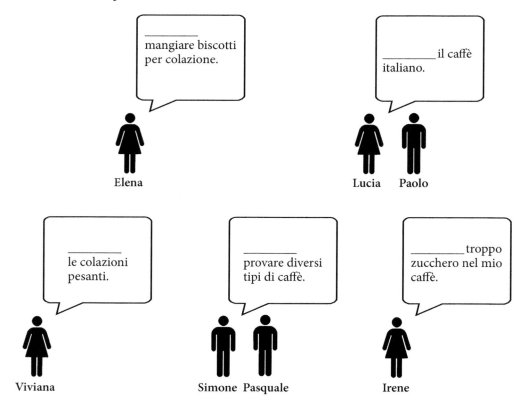

_____ mangiare biscotti per colazione.

Elena

_____ il caffè italiano.

Lucia   Paolo

_____ le colazioni pesanti.

Viviana

_____ provare diversi tipi di caffè.

Simone Pasquale

_____ troppo zucchero nel mio caffè.

Irene

3.2   Completa le frasi qui sotto inserendo *piace* o *piacciono* in ogni spazio.

    1. Ogni mattina, ci _____ andare a un bar nel nostro quartiere.

    2. A loro _____ la cucina e i vini italiani perché sono deliziosi.

    3. Mi _____ gli amaretti.

    4. Non ci _____ il caffellatte.

    5. Ci _____ bere due macchiati ogni giorno.

    6. Ti _____ fare colazione sulla veranda?

    7. A loro non _____ i cornetti con crema.

    8. Vi _____ il caffè americano?

    9. A lui non _____ cucinare.

    10. A me non _____ il latte di capra.

3.3   **In tutte le lingue si dice così**

Il vocabolario per il caffè italiano e le bevande a base di caffè è diventato internazionale. Completa la seguente tabella ed evidenzia le parole che sono diverse.

Spagnolo	Italiano	Inglese
	un caffè	
	un espresso	
	un caffè macchiato	
	un caffè corretto	
	un marocchino	
	un cappuccino	
	un caffellatte	
	un affogato al caffè	

4. Interculture

 4.1   Read and listen to the text below and answer the reading comprehension questions that follow.

Il piacere del caffè espresso

In Italia ci sono diverse cucine e specialità regionali, ma sul caffè espresso sono tutti d'accordo. Ad alcuni piace berlo ristretto, ad altri lungo, ma a nessuno piace annacquato come il caffè americano. A nessun italiano piacerebbe un caffè servito in un bicchiere di polistirolo o di carta usa e getta: lo bevono nelle tazzine di ceramica, mescolandolo con un piccolo cucchiaino, con o senza zucchero, macchiato con un po' di latte o corretto con la grappa, o anche con un po' di cacao, il cosiddetto marocchino. Per questa ragione a nessuno viene in mente di andare in giro per le strade con un bicchiere di caffè: si beve al bar, in piedi, e alla giusta temperatura, perché ovviamente a quelli che hanno fretta non può piacere un espresso che scotta; e comunque bevuto così costa meno, anche nei locali eleganti.

In Italia ci sono i caffè più antichi d'Europa, locali storici come il Caffè Florian di Venezia, fondato nel 1720, il Caffè Gilli di Firenze, del 1733, e il Caffè Pedrocchi di Padova, che risale al 1831.

In generale il prezzo di un espresso al banco va da 70 centesimi a 1,20€, dipende dall'eleganza del locale e dalla zona della città.

La prima macchina per fare il caffè espresso è nata a Torino, in Piemonte, nel 1884, e anche la prima caffettiera o moka domestica è stata inventata da un piemontese, Alfonso Bialetti, nel 1933. In tutte le famiglie italiane ce n'è una.

In Italia ci sono oltre duecento torrefazioni. Il caffè delle loro miscele viene soprattutto dal Brasile e dal Vietnam, ma anche da India, Uganda, Indonesia e Colombia. Il Messico è il primo paese mondiale per la produzione di caffè biologico.

Ma a un turista italiano piace il caffè filtro che si beve in America? Generalmente no. E spesso non sa nemmeno come usare i filtri e le macchinette americane per prepararlo; inoltre non gli piace aspettare: il caffè espresso deriva infatti il suo nome dal fatto che si prepara in pochi secondi.

Agli Americani il caffè espresso in generale può non piacere, perché è troppo concentrato, si beve in un attimo e si pensa che contenga troppa caffeina. In realtà il consumo di caffeina dipende dalla quantità di caffè: una tazzina ne contiene al massimo 30 ml, ma la capacità di un bicchiere americano è di 350 ml.

4.2 **Reading comprehension**

1. Quali varianti di caffè espresso ci sono in Italia?

2. Perché gli Italiani non bevono il caffè camminando per strada?

3. Che significa quando un caffè è bevuto al banco?

4. Qual è il più antico caffè storico italiano?

5. Quanto costa un espresso al banco e da cosa dipende la variazione di prezzo?

6. Da quali paesi del mondo si importa il caffè in Italia?

7. Quale paese detiene il primato per produzione di caffè biologico?

8. Perché il Piemonte è importante nella storia del caffè in Italia?

9. Perché agli italiani piace poco il caffè americano?

10. Perché agli americani piace poco l'espresso italiano?

5. Languages in Transit: Exercises in Translation, Translanguaging, and Transfer

5.1 Translate the passage below into English or Spanish or a combination of the two. Be prepared to discuss your translation and the topic of the passage in class.

Ti piace il caffè?

Espresso, cappuccino, ristretto, lungo, americano, o macchiato, il caffè come bevanda e il caffè come luogo dove si consuma il caffè si sovrappongono negli usi e costumi degli italiani. La cultura del caffè consumato al caffè o al bar è un vero rito in tutta l'Italia, ma specialmente a Napoli, dove un famoso cantante, Pino Daniele, ha scritto una canzone in dialetto napoletano per parlare dell'esperienza ma anche del pericolo di non prestare attenzione a quello che ti succede intorno. Parla di chi passa la sua giornata seguendo la routine quotidiana, inclusa la tazza di caffè al bar, magari con una sigaretta, senza notare quello che fanno i politici. Pino Daniele denuncia la corruzione della sua città e come i politici "mangiano la città" ("magnan' a città" in dialetto) mentre la gente continua a prendere tranquillamente il suo caffè, come la bevitrice nel quadro qui sotto. Il caffè è entrato nella cultura europea nel 1450 dalla città di Caffa in Etiopia. Da Caffa si è diffuso nel Medio Oriente—Yemen, Persia, e poi in Europa e in America. Il caffè è un prodotto che ci unisce tutti!

Kofetarica (la bevitrice di caffè) del 1888 di Ivana Kobilca (1861–1926), Museo nazionale di Lubiana.

6. Exploring the Web

6.1–6.2 Go to the *Juntos* companion website at www.hackettpublishing.com
/juntos-companion-webpage to complete activities 6.1–6.2.

Conoscere e sapere

1. Intercomprehension

1.1 **Conoscere**

Identify the languages below.

- Juan conoce a Carlos.
- Je connais Marie.
- Il postino conosce Pietro.
- I know Jacob.

The sentences in French, Italian, and English are structured similarly. How is the Spanish sentence different?

1.2 **Sapere**

What comes after the verb *to know* in the sentences below?

- Juan sabe hablar italiano.
- Je sais que tu es intelligent.
- Il postino sa leggere.
- I know where you live.

1.3 **Conoscere vs. sapere**

Identify the verbs that mean *to know* in the sentences below.

- Conheço a amiga francesa de Giorgio, mas não sei falar francês.
- Conozco a la amiga francesa de Giorgio, pero no sé hablar francés.
- Je connais l'amie française de Giorgio, mais je ne sais pas parler français.
- Conosco l'amica francese di Giorgio, ma non so parlare francese.
- I know Giorgio's French friend, but I do not know how to speak French.

Notice that every language in the examples, except for English, uses two different verbs to express *to know* (e.g., Spanish uses *conocer* and *saber*). What is the distinction between the two different verbs used in the Portuguese, Spanish, French, and Italian sentences?

2. Intergrammar

2.1 Complete the following charts.

The Italian verb *conoscere* (*conocer* in Spanish and *connaître* in French) expresses familiarity with a person, place, or object.

	conocer	conoscere	to know
io	conozco		know
tu	conoces	conosci	know
lui/lei/Lei	conoce		knows
noi	conocemos	conosciamo	know
voi	conocéis	conoscete	know
loro	conocen	conoscono	know

The Italian verb *sapere* (*saber* in Spanish and *savoir* in French) expresses that you know how to do something (*so nuotare*) or that you know a piece of information (*so che il film comincia alle otto*).

	saber	sapere	to know
io	sé		know
tu	sabes	sai	know
lui/lei/Lei	sabe		knows
noi	sabemos	sappiamo	know
voi	sabéis	sapete	know
loro	saben	sanno	know

2.2 Using Spanish as a guide, complete the Italian sentences below.

Spanish	Italian
No sabéis esquiar.	_____ sciare.
Conocen a Roma muy bien.	_____ Roma molto bene.
Sabemos cantar.	_____ cantare.
¿Conocéis a la hermana de Gianni?	_____ la sorella di Gianni?
No saben la respuesta correcta.	_____ la risposta giusta.
Conoce al actor personalmente.	_____ l'attore personalmente.
¿Conoces bien el tema de la película?	_____ bene il tema del film?
No conocemos a los Estados Unidos.	_____ gli Stati Uniti.

3. In italiano...

 3.1 **Ascoltiamo e scriviamo**

Ascolta il file audio e completa i fumetti con quello che dicono i vari personaggi.

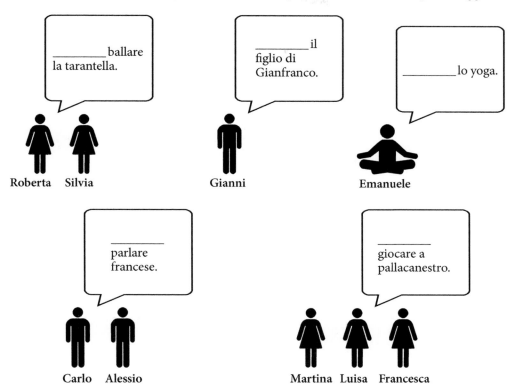

3.2   Completa le frasi qui sotto usando le forme corrette dei verbi *conoscere* e *sapere*.

1. Marcella, _____ chi è venuto a trovarmi quando ero in Messico?

2. Anna, _____ quel ragazzo con cui parla Franco?

3. Siamo appena arrivati a Roma, e non _____ dove andare per cena.

4. Noi non _____ i professori di nostro figlio.

5. Loro non _____ come risolvere questo problema di matematica.

6. Io _____ dove si trova il suo villaggio.

7. Ciao Pietro, _____ bene questo quartiere?

8. Loro non _____ il presidente personalmente ma _____ come si chiama.

3.3   Le espressioni nella pagina seguente usano i verbi *conoscere* e *sapere*. Completa la tabella con le espressioni mancanti. Per quanto riguarda la colonna verde, scegli dalle seguenti espressioni italiane: *è meglio non sapere*; *non sa cosa si perde*; *buono a sapersi*; *ci conosciamo?*

Spagnolo	Italiano	Inglese
	Eh, tu la sai lunga!	You know what's what.
¿Nos conocemos?		
No sabe lo que se pierde.		He doesn't know what he's missing.
	Non so cosa farci.	I don't know what to do about it.
No conozco alternativas.	Non conosco alternative.	
Es mejor no saber.		
	Non si sa mai…	
	Ti faccio sapere.	I'll let you know.
Bueno es saberlo.		Good to know.

3.4   Ogni frase qui sotto è incompleta. Usando quello che hai imparato dall'attività 3.3, completa ogni frase con l'espressione giusta.

1. È meglio chiudere la porta a chiave: _____

2. Il mio compagno ha deciso di non venire con noi in Italia: _____

3. Ormai è tardi e non c'è più tempo per rimediare. Mi dispiace: _____

4. Non so ancora se Maria verrà alla festa: le domando e poi _____

5. _____. Sono sicuro che ci siamo già visti da qualche parte.

6. _____. Hai capito subito come stavano le cose!

7. Dicono che quel ristorante non sia il massimo: _____

8. Cosa mettono dentro ai cibi che si conservano così a lungo? _____

9. O si approva la legge o si va alle elezioni: _____

4. Interculture

 4.1   Read and listen to the text on the next page and answer the reading comprehension questions that follow.

Come facciamo a sapere se sappiamo?

I filosofi dell'antica Grecia ci hanno lasciato alcune famose massime. Al filosofo Socrate piaceva la massima "conosci te stesso" che leggeva sul frontone del tempio di Apollo a Delfi. Ecco cosa pensava Socrate di uno che credeva di saperla lunga, ma non sapeva la cosa più importante: "Certo sono più sapiente io di quest'uomo, anche se poi, probabilmente, tutti e due non sappiamo proprio un bel niente; soltanto che lui crede di sapere e non sa nulla, mentre io, se non so niente, ne sono perlomeno convinto, perciò, un tantino di più ne so di costui, non fosse altro che per il fatto che ciò che non so, nemmeno credo di saperlo".[1] Insomma: chi sa di non sapere sa una cosa in più degli altri.

In passato, per saperne di più si consultavano le enciclopedie.

La prima grande opera enciclopedica dell'età moderna, con il formato alfabetico da dizionario, è l'*Encyclopédie, ou dictionnaire raisonné des sciences, des arts et des métiers*, conosciuta semplicemente come *Encyclopédie*, pubblicata dagli Illuministi francesi tra il 1751 e il 1772. Anche l'*Encyclopedia Britannica* è nata in quegli anni, ed ha attualmente raggiunto i 32 volumi, mentre agli inizi del Novecento risale la più voluminosa enciclopedia in lingua spagnola, l'*Enciclopedia universal illustrada europeo-americana*, che è arrivata a totalizzare 118 volumi.

Negli anni Venti è nata in Italia, in 35 volumi, come progetto nazionale, l'*Enciclopedia Treccani* (dal nome del suo fondatore), che era un classico nelle case degli italiani che potevano permettersela, e che oggi conta 58 volumi.

Ma ormai la maggior parte della gente preferisce consultare l'enciclopedia online. Tutti conoscono Wikipedia e decine di milioni di persone la consultano ogni giorno, in diverse lingue: possiamo così venire a sapere qualcosa che ci serve urgentemente, attraverso una consultazione rapida. Comunque si sa che la veridicità delle informazioni online non è sempre garantita.

---

1. https://www.skuolasprint.it/opere-greche/opere-platone/apologia-di-socrate-traduzione.html.

4.2 Reading comprehension

1. Chi era Socrate?
2. Da dove viene la massima "conosci te stesso?"
3. Cosa sapeva Socrate che gli altri non sapevano?
4. Chi ha scritto l'*Encyclopédie* nel Settecento?
5. Che cos'è l'*Enciclopedia universal illustrada europeo-americana* e quanti volumi ha in tutto?
6. Quante persone consultano Wikipedia ogni giorno?
7. Quando non sai qualcosa, tu dove cerchi le informazioni?
8. Quante enciclopedie conosci?

5. Languages in Transit: Exercises in Translation, Translanguaging, and Transfer

5.1   Translate the passage below into English or Spanish or a combination of the two. Be prepared to discuss your translation and the topic of the passage in class.

Possono i computer sapere più degli esseri umani?

Può l'intelligenza artificiale minacciare l'egemonia degli esseri umani sulla terra? C'è chi dice di no e c'è chi dice di sì. Chi dice di no parla dell'intelligenza artificiale debole, nel senso che il robot o il computer non riescono a simulare le capacità umane per quanto riguarda le funzioni intellettive. Invece, i sostenitori dell'intelligenza artificiale forte dicono che i robot hanno già superato le capacità umane e che un giorno saranno loro a prendere le decisioni per noi. Conosci qualcuno che sta dalla parte dell'intelligenza artificiale debole? Conosci qualcuno che sta dalla parte dell'intelligenza artificiale forte? E tu da che parte stai? Il Politecnico di Milano è uno dei centri robotici più importanti nel mondo. Hanno creato dei robot per la NASA.

6. Exploring the Web

6.1–6.2 Go to the *Juntos* companion website at www.hackettpublishing.com /juntos-companion-webpage to complete activities 6.1–6.2.

I tempi verbali e i temi verbali irregolari

This lesson does not follow the same structure as the other lessons in this book. It does not cover a particular grammar point; rather, it introduces you to two general features of Italian, Spanish, and other Romance languages: verb tenses and irregular verb stems.

1. I tempi verbali

As a speaker of Spanish or another Romance language, you will notice that you can identify different verb tenses in Italian, even if you have not formally learned the particular conjugations associated with each tense.

1.1   Look at the Italian sentence in the table below. Can you translate it into Spanish and English?

Spanish	Italian	English
	Non penso che tu sia un cantante.	

1.2   *Sia* comes from the Italian verb *essere* (*ser* in Spanish). If the present indicative *tu* form of *essere* is *sei*, why do you think *sia* is being used in the sentence above? How did you come to this conclusion?

1.3   Look at the sentences in the table below and determine whether the verbs express a past, present, or future action. Translate each sentence into Spanish.

Spanish	Italian	Past, present, or future action
	Io canto	
	Tu hai cantato	
	Lui cantava	
	Noi canteremo	
	Loro stanno cantando	

1.4   What clues helped you to determine if the verbs in the sentences above express past, present, or future actions?

1.5 **Intercultural reading**

Read the text below and respond to the discussion questions that follow.

I verbi sono un interessante specchio culturale.

Nella lingua cinese, per esempio, a differenza delle lingue romanze, non si coniuga il verbo, ma si usa una forma infinitiva del verbo, accostata a varie particelle che ne definiscono le caratteristiche. Per esempio, per il tempo futuro si usano particelle modali o avverbi, non una coniugazione particolare del verbo. Il fatto che l'aspetto temporale non sia la caratteristica principale del verbo rispecchia forse una concezione filosofica del tempo, che evidentemente non è percepito come una cosa molto importante in Cina rispetto ad altre culture.

In greco antico esisteva una forma duale del verbo, per indicare che l'azione veniva compiuta da due soggetti così connessi da costituire un plurale speciale, distinto dagli altri, come dire che una coppia è una cosa diversa da un gruppo di persone. Per i Greci evidentemente le relazioni tra due entità avevano un peso da considerare separatamente.

Oggi nel linguaggio dei testi brevi la velocità del messaggio è più importante della grammatica: "come ti chiami" si scrive "come ti kiami" e "hai tempo?" si scrive "ai tempo?", dove la lingua scritta si dimentica di essere scritta e si concentra sui suoni più che sull'ortografia, con abbondante uso di punti esclamativi e interrogativi, e con gli emoticon (o emoji), che sostituiscono intere frasi e ci risparmiano la fatica di coniugare i verbi.

Discussion questions

1. How are verbs conjugated in the languages you know? How does this compare with what you've learned about Chinese and Greek verbs in the reading above?

2. When texting with friends, do you change the way you spell words (e.g., How r u?)? Does different spelling affect meaning? Context? Relatability? Impressions made?

2. I temi verbali irregolari

Many Italian verbs have irregular stems. As Spanish speakers, you will notice that some of these irregular stems may be more transparent than the infinitives from which they derive. Let's take a look at some examples in the table below.

Spanish		Italian	
L'infinito	Il verbo coniugato al presente indicativo	Il verbo coniugato al presente indicativo	L'infinito
venir	Yo vengo	Io vengo	venire
ir	Tú vas	Tu vai	andare
decir	Él dice	Lui dice	dire
hacer	Nosotros hacemos	Noi facciamo	fare
haber	Vosotros habéis	Voi avete	avere
beber	Ellos beben	Loro bevono	bere

In the case of *venir* and *venire*, the infinitives are almost completely transparent and the present tense *yo/io* forms are exactly the same.

Now look at the verbs *ir* and *andare*. The infinitives are totally opaque but their present tense *tu* forms are almost identical (*vas* and *vai*).

2.1   Look at the next four verbs in the table above and note any similarities or differences. Be prepared to discuss your answers in class.

In the chart below, you will find twelve Italian verbs that are irregular in at least one of the following tenses: *l'indicativo presente*; *il passato prossimo*; *l'imperfetto*; *il passato remoto*; *il futuro*; and *il condizionale presente*. The irregular forms are in bold.

	L'indicativo presente	Il participio passato nell'indicativo passato prossimo	L'indicativo imperfetto	L'indicativo passato remoto	L'indicativo futuro	Il condizionale presente
andare	**vado** **vai** **va** andiamo andate **vanno**	—	—	—	**andrò** **andrai** **andrà** **andremo** **andrete** **andranno**	**andrei** **andresti** **andrebbe** **andremmo** **andreste** **andrebbero**
avere	**ho** **hai** **ha** **abbiamo** avete **hanno**	—	—	**ebbi** avesti **ebbe** avemmo aveste **ebbero**	**avrò** **avrai** **avrà** **avremo** avrete **avranno**	**avrei** **avresti** **avrebbe** **avremmo** **avreste** **avrebbero**
bere	**bevo** **bevi** **beve** **beviamo** **bevete** **bevono**	**bevuto**	**bevevo** **bevevi** **beveva** **bevevamo** **bevevate** **bevevano**	**bevvi** **bevesti** **bevve** **bevemmo** **beveste** **bevvero**	**berrò** **berrai** **berrà** **berremo** **berrete** **berranno**	**berrei** **berresti** **berrebbe** **berremmo** **berreste** **berrebbero**

	L'indicativo presente	Il participio passato nell'indicativo passato prossimo	L'indicativo imperfetto	L'indicativo passato remoto	L'indicativo futuro	Il condizionale presente
dare	do dai dà diamo date danno	—	—	diedi/detti desti diede/dette demmo deste diedero/dettero	darò darai darà daremo darete daranno	darei daresti darebbe daremmo dareste darebbero
dire	dico dici dice diciamo dite dicono	detto	dicevo dicevi diceva dicevamo dicevate dicevano	dissi dicesti disse dicemmo diceste dissero	—	—
dovere	devo/debbo devi deve dobbiamo dovete devono/debbono	—	—	—	dovrò dovrai dovrà dovremo dovrete dovranno	dovrei dovresti dovrebbe dovremmo dovreste dovrebbero
essere	sono sei è siamo siete sono	stato	ero eri era eravamo eravate erano	fui fosti fu fummo foste furono	sarò sarai sarà saremo sarete saranno	sarei saresti sarebbe saremmo sareste sarebbero
fare	faccio fai fa facciamo fate fanno	fatto	facevo facevi faceva facevamo facevate facevano	feci facesti fece facemmo faceste fecero	farò farai farà faremo farete faranno	farei faresti farebbe faremmo fareste farebbero
leggere	—	letto	—	lessi leggesti lesse leggemmo leggeste lessero	—	—
potere	posso puoi può possiamo potete possono	—	—	—	potrò potrai potrà potremo potrete potranno	potrei potresti potrebbe potremmo potreste potrebbero

	L'indicativo presente	Il participio passato nell'indicativo passato prossimo	L'indicativo imperfetto	L'indicativo passato remoto	L'indicativo futuro	Il condizionale presente
sapere	so sai sa sappiamo sapete sanno	—	—	seppi sapesti seppe sapemmo sapeste seppero	saprò saprai saprà sapremo saprete sapranno	saprei sapresti saprebbe sapremmo sapreste saprebbero
vedere	—	visto/veduto	—	vidi vedesti vide vedemmo vedeste videro	vedrò vedrai vedrà vedremo vedrete vedranno	vedrei vedresti vedrebbe vedremmo vedreste vedrebbero

2.2   Look at the entire chart. Do you notice any patterns in terms of when these twelve verbs are irregular?

2.3   Do you notice any irregular verb patterns when looking at specific verbs in specific tenses?

You will find more information about irregular verbs in the Intergrammar sections of each lesson dedicated to specific verb tenses.

Il presente

1. Intercomprehension

1.1   Identify the languages in the chart below.

	io	tu	lui/lei/Lei	noi	voi	loro
studere	studeō	studēs	studet	studēmus	studētis	
estudar	estudo		estuda		estudais	
estudiar	estudio	estudias	estudia	estudiamos	estudiáis	
étudier	étudie		étudie	étudions	étudiez	
studiare	studio	studi		studiamo	studiate	
studià	studieghju	studieghji	studieghja		studieti	
to study	study	study	studies	study	study	study

1.2   Complete the chart above with the following words.

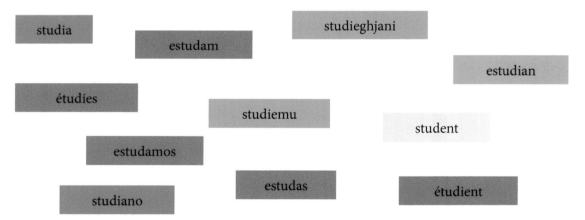

studia   studieghjani

estudam   estudian

étudies   studiemu   student

estudamos   estudas   étudient

studiano

1.3   How did you know where to put the missing verb forms? Did the other words in the chart help you? If so, how?

2. Intergrammar

2.1 Forming regular verbs in the present tense

In their infinitive form, verbs in Italian can end in -are (*amare*), -ere (*prendere*), or -ire (*dormire*). These infinitive endings are almost identical to the three infinitive endings in Spanish: -ar (*hablar*), -er (*comer*), and -ir (*vivir*).

To form the present tense for regular verbs in Italian and Spanish, remove the infinitive ending and add the regular present tense endings to the verb stem.

Regular verbs that end in -are in Italian and -ar in Spanish

hablar → habl-	amare → am-
hablo	amo
hablas	ami
habla	ama
hablamos	amiamo
habláis	amate
hablan	amano

Regular verbs that end in -ere in Italian and -er in Spanish

comer → com-	prendere → prend-
como	prendo
comes	prendi
come	prende
comemos	prendiamo
coméis	prendete
comen	prendono

Regular verbs that end in -ire in Italian and -ir in Spanish

vivir → viv-	dormire → dorm-
vivo	dormo
vives	dormi
vive	dorme
vivimos	dormiamo
vivís	dormite
viven	dormono

2.2 Irregular verbs in the present tense

Verb stems in the present tense are sometimes irregular. The tables below introduce some common stem changes in Italian and Spanish.

e → ie empezar	o → ue poder	e → i pedir	u → ue jugar	stem + y construir	stem + isc capire
empiezo	puedo	pido	juego	construyo	capisco
empiezas	puedes	pides	juegas	construyes	capisci
empieza	puede	pide	juega	construye	capisce
empezamos	podemos	pedimos	jugamos	construimos	capiamo
empezáis	podéis	pedís	jugáis	construís	capite
empiezan	pueden	piden	juegan	construyen	capiscono

In the table above, notice that the irregular stems are only found in the first, second, and third person singular, as well as in the third person plural. The verb forms for the first and second person plural are regular.

stem - i		stem + h	
cominciare	mangiare	cercare	spiegare
comincio	mangio	cerco	spiego
cominci*	mangi*	cerchi	spieghi
comincia	mangia	cerca	spiega
cominciamo*	mangiamo*	cerchiamo	spieghiamo
cominciate	mangiate	cercate	spiegate
cominciano	mangiano	cercano	spiegano

*Since the endings for the second person singular and first person plural begin with *i*, the stem's final *i* is removed to avoid doubling the letter (i.e., *comincii* or *cominciiamo*).

In the table above, letters are either omitted from or added to the stem to maintain a certain sound. Notice that in these examples, verb stems are only modified in the second person singular and first person plural.

3. In italiano...

 3.1 Ascoltiamo e scriviamo

Ascolta il file audio per questa attività e completa le seguenti frasi.

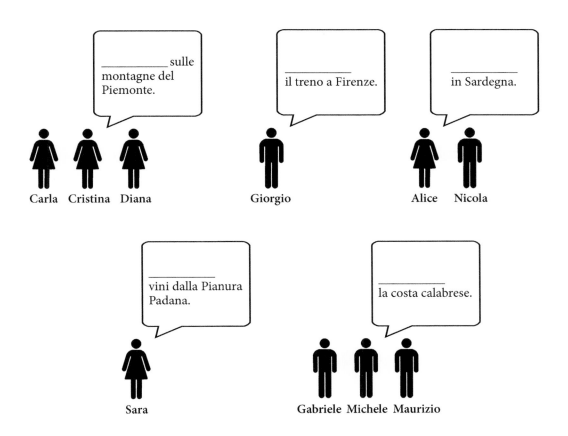

_____ sulle montagne del Piemonte.

Carla Cristina Diana

_____ il treno a Firenze.

Giorgio

_____ in Sardegna.

Alice Nicola

_____ vini dalla Pianura Padana.

Sara

_____ la costa calabrese.

Gabriele Michele Maurizio

3.2 Coniuga i seguenti verbi italiani. *Abitare*, *perdere* e *sentire* sono verbi regolari. Il verbo *finire* è irregolare e viene coniugato come il verbo *capire* in sezione 2.2.

	abitare	perdere	sentire	finire
io				
tu				
lui/lei/ Lei				
noi				
voi				
loro				

3.3   Coniuga i verbi nelle seguenti frasi.

1. (Io) _____ (preferire*) il freddo delle montagne.

2. (Io) _____ (partire) per fare un viaggio negli Stati Uniti.

3. In autunno (tu) _____ (viaggiare**) a New York?

4. (Noi) _____ (pescare***) sul lago ghiacciato ogni inverno.

5. (Lei) _____ (parlare) sempre del suo villaggio in Sicilia.

6. Questa zona si _____ (chiamare) l'Alto Adriatico.

7. (Noi) _____ (arrivare) durante la stagione migliore: la primavera.

8. (Voi) _____ (mettere) un barometro sul balcone?

9. (Loro) _____ (mangiare) le prugne della California.

10. I ragazzi _____ (scrivere) lettere ai loro genitori.

11. Dopo aver passato l'estate con le loro cugine a Riomaggiore, le ragazze _____ (pensare) che l'Italia sia il paese più bello del mondo.

* irregolare (coniugato come *capire*)
** irregolare (coniugato come *mangiare*)
*** irregolare (coniugato come *cercare*)

3.4   Come si chiamano le quattro stagioni in italiano?

3.5   **Cosa fai?**

Chiedi al tuo compagno di classe cosa fa in inverno/primavera/estate/autunno.

3.6   **I mesi e le stagioni**

I titoli che seguono contengono nomi di stagioni e mesi dell'anno. Individuate se si tratta di titoli di opere letterarie (L), musicali (M) o artistiche (A) (potete fare una piccola ricerca online per verificare).

Opere	L	M	A
GABRIEL GARCIA MARQUEZ, *L'autunno del patriarca*			
CESARE PAVESE, *La bella estate*			
ANTONIO VIVALDI, *Le quattro stagioni*			
SANDRO BOTTICELLI, *Primavera*			

FRANCO BATTIATO, *Un'estate al mare*			
CESARE PAVESE, *Feria d'agosto*			
RICCARDO DEL TURCO, *Luglio col bene che ti voglio*			
I RIGHEIRA, *L'estate sta finendo*			
GIUSEPPE ARCIMBOLDO, *Autunno*			
GIOVANNI PASCOLI, *Novembre*			
JACOPO TINTORETTO, *Inverno*			
MAESTRO VENCESLAO, *Gennaio*			
RICHARD STRAUSS, *Settembre*			
LUCIO BATTISTI, *I giardini di marzo*			
BENEDETTO ANTELAMI, *Maggio*			
KURT ELLING, *Aprile a Parigi*			
GIOVANNI PASCOLI, *X agosto*			

Ecco alcune espressioni e proverbi che contengono nomi di mesi e stagioni:

- Se gennaio riempie i fossi, settembre colma le botti.
- Febbraio nevoso, estate gioiosa.
- Una rondine non fa primavera.
- Marzo asciutto, grano dappertutto.
- Aprile: non ti scoprire.
- Aprile: ogni goccia un barile.
- Aprile carciofaio, maggio ciliegiaio.
- Maggio asciutto e soleggiato: grano e frutta a buon mercato.
- Maggio delle rose: gioia delle spose.
- Tra maggio e giugno fa il buon fungo.
- Giugno freddino: povero contadino.
- Con luglio soleggiato, il vino è assicurato.
- Agosto: moglie mia non ti conosco.
- Agosto matura e settembre vendemmia.
- Chi semina in ottobre miete in giugno.
- Ottobre piovoso: campo prosperoso.
- Novembre va in montagna e abbacchia la castagna.
- Dicembre nevoso: anno fruttuoso.

Nei proverbi si riflette la connessione tra le stagioni e il lavoro dei contadini. Puoi riconoscere in questi proverbi alcuni prodotti stagionali?

Questi proverbi italiani ti ricordano proverbi che conosci in altre lingue?

4. Interculture

 4.1   Read and listen to the text below and answer the reading comprehension questions that follow.

Che tempo fa?

Il clima dell'Italia è molto vario: dalle regioni alpine del nord alla mediterranea Sicilia, i turisti possono scegliere se andare a sciare in montagna o a prendere il sole sulla spiaggia.

Questa variazione dipende dal fatto che l'estensione da Nord a Sud di questa penisola copre una decina di gradi di latitudine, ma anche dalla presenza dei suoi mari, il Mediterraneo, il Tirreno, l'Adriatico, il Mar Ligure e il Mar Ionio e di due catene di monti, le Alpi, che sono la corona della penisola, a Nord, e gli Appennini, che sono la sua spina dorsale, da Nord a Sud. Per questa ragione, la latitudine di Palermo, in Sicilia, 38°11'38" N, corrisponde quasi a quella di Sacramento, in California, 38°07'55" N, ma l'effetto del Mar Tirreno non fa scendere la temperatura di Palermo sotto una media di 12 gradi centigradi in inverno, mentre a Sacramento si arriva a una media di 7 gradi a gennaio.

Possiamo fare un parallelo anche tra Napoli e Santiago del Cile, dove in inverno le temperature minime non scendono sotto 1 grado centigrado e in estate le massime non vanno oltre i 33 gradi centigradi; ma ovviamente le stagioni tra le due città sono invertite; quindi, per esempio, a gennaio troviamo il massimo del caldo a Santiago e il massimo del freddo a Napoli.

Mentre in città come Bogotá, in Colombia, detta "la città dall'eterna primavera", o a Los Angeles, in California, non si avvertono grandi cambi di stagione, la primavera e l'autunno, come sappiamo, sono tipiche del clima temperato che si trova in quasi tutta l'Italia: sono le cosiddette mezze stagioni, quando ancora una volta le famiglie cambiano di posto agli abiti negli armadi a quattro stagioni, cioè nei quattro compartimenti che dividono gli armadi delle case italiane.

4.2   **Reading comprehension**

1. Quali sono i mari e le catene montuose più importanti in Italia?

2. Perché in Italia il clima è vario?

3. Perché Sacramento e Palermo, che sono quasi alla medesima latitudine, hanno un clima diverso?

4. Che cosa hanno in comune Napoli e Santiago del Cile dal punto di vista del clima?

5. In quale stagione siamo a gennaio in queste due città?

6. Quale città dell'America Latina è detta "la città dall'eterna primavera"?

7. Quali sono le "mezze stagioni" in Italia?

8. Che cos'è un armadio "a quattro stagioni"?

5. Languages in Transit: Exercises in Translation, Translanguaging, and Transfer

5.1   Translate the passage below into English or Spanish or a combination of the two. Be prepared to discuss your translation and the topic of the passage in class.

Le quattro stagioni

Che caldo! Che freddo! Che bella giornata! Quanto vento! Quanta pioggia! Quanti lampi, quanti tuoni! Un bel temporale estivo! C'è foschia d'estate e nebbia d'inverno. Primavera, estate, autunno e inverno: le quattro stagioni determinano il ritmo delle nostre vite. Ispirano i nostri umori, rendendoci felici o tristi. Hanno ispirato il compositore Antonio Vivaldi, (1678-1741), che ha scritto quattro concerti per violino conosciuti come *Le quattro stagioni*, uno dei primi esempi di musica descrittiva. Ogni stagione è rappresentata da un concerto diverso e da un sonetto scritto da Vivaldi stesso. I concerti e i sonetti descrivono con musica e parole i cambiamenti climatici e come noi, esseri umani, li percepiamo.

6. Exploring the Web

6.1–6.2   Go to the *Juntos* companion website at www.hackettpublishing.com /juntos-companion-webpage to complete activities 6.1–6.2.

7. Further Focus

7.1   The following verbs are also irregular in the present tense. Can you identify which verb forms are indeed irregular and, if so, what part?

volere	dire	dovere	uscire	venire	bere
voglio	dico	devo	esco	vengo	bevo
vuoi	dici	devi	esci	vieni	bevi
vuole	dice	deve	esce	viene	beve
vogliamo	diciamo	dobbiamo	usciamo	veniamo	beviamo
volete	dite	dovete	uscite	venite	bevete
vogliono	dicono	devono	escono	vengono	bevono

You may have noticed that not all of the verb forms above are irregular. Can you recognize a pattern?

7.2 The verbs below are irregular in the present tense. Look at the reading in section 4.1 to find the missing verb forms in the charts below.

essere	potere	sapere	andare	fare
sono	posso	so	vado	faccio
sei	puoi	sai	vai	fai
	può	sa	va	
siamo			andiamo	facciamo
siete	potete	sapete	andate	fate
		sanno		fanno

7.3 Memorize the conjugations of the irregular verbs that we have learned thus far. Without consulting the charts in sections 2.2, 7.1, and 7.2, complete the following conjugations.

1. (Io) _____ (fare).
2. (Io) _____ (bere).
3. (Io) _____ (venire).
4. (Tu) _____ (dire).
5. (Tu) _____ (dovere).
6. (Lui) _____ (potere).
7. (Lei) _____ (uscire).
8. (Noi) _____ (bere).
9. (Voi) _____ (essere).
10. (Loro) _____ (volere).
11. (Loro) _____ (andare).

7.4 See if you can conjugate the irregular verbs below and on the following page from memory.

avere	essere	potere	sapere	andare	fare

bere	volere	dire	dovere	uscire	venire

Stare + gerundio

1. Intercomprehension

1.1 Identify the languages below.

- (Ele) Está lendo o jornal.
- (Ella) Está **mirando** las noticias en la TV.
- (Lei) Sta ascoltando la radio.
- He is writing a note.

1.2 Identify the gerunds in the sentences above. Notice that the gerund in Spanish is already in bold. Is the gerund in each sentence being used to describe an action that is:

- completed?
- in progress?
- about to happen?

1.3 What do you notice about the endings of the gerunds that you identified?

2. Intergrammar

2.1 Forming the gerund

To form the gerund in Italian, add -ando to the stem of -are verbs and -endo to the stem of -ere and -ire verbs. In Spanish, -ando is added to the stem of -ar verbs while -iendo is added to the stem of -er and -ir verbs.

Infinitive	Stem + ending	Gerund
parlare	parl + ando	parlando
scrivere	scriv + endo	scrivendo
dormire	dorm + endo	dormendo

Infinitive	Stem + ending	Gerund
hablar	habl + ando	hablando
comer	com + iendo	comiendo
escribir	escrib + iendo	escribiendo

2.2 Using the gerund

estar	stare
estoy	sto
estás	stai
está	sta
estamos	stiamo
estáis	state
están	stanno

The gerund, coupled with the present tense of the verb *stare* in Italian or *estar* in Spanish, forms the present progressive and can be used to narrate an action in progress.

- Sto scrivendo una lettera.
- Estoy escribiendo una carta.

The progressive form of past and future tenses can also be used to narrate an action that was or will be in progress.

- Stavo parlando con mio padre quando il mio amico è entrato a tutta velocità.
- Estaba hablando con mi padre cuando mi amigo entró a toda velocidad.
- Staremo arrivando a casa più o meno a mezzanotte.
- Estaremos llegando a casa más o menos a medianoche.

Note that the past and future progressive is formed by conjugating *stare* or *estar* in the imperfect or the future tense and adding the gerund.

3. In italiano…

 3.1 **Ascoltiamo e scriviamo**

Marco e Sophie si stanno scambiando degli SMS dettandoli al loro cellulare. Ascoltali e completa la conversazione con le parti mancanti.

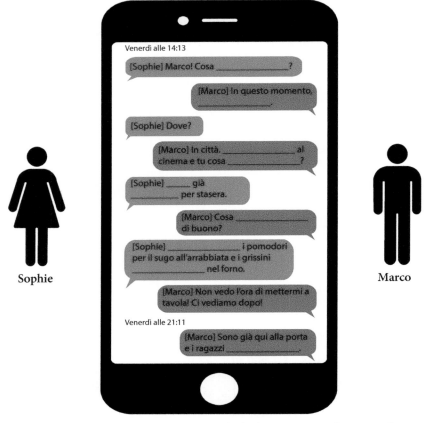

Venerdì alle 14:13

[Sophie] Marco! Cosa _____?

[Marco] In questo momento, _____.

[Sophie] Dove?

[Marco] In città. _____ al cinema e tu cosa _____?

[Sophie] _____ già _____ per stasera.

[Marco] Cosa _____ di buono?

[Sophie] _____ i pomodori per il sugo all'arrabbiata e i grissini _____ nel forno.

[Marco] Non vedo l'ora di mettermi a tavola! Ci vediamo dopo!

Venerdì alle 21:11

[Marco] Sono già qui alla porta e i ragazzi _____.

Sophie

Marco

3.2   Completa ogni frase qui sotto usando la forma giusta di stare e il gerundio del verbo in parentesi.

1. (Io) _____ (cercare) di dormire, non mi disturbare!

2. (Io) _____ (venire), aspettami!

3. (Tu) _____ (uscire) dal lavoro in questo momento?

4. (Tu) Non _____ ancora _____ (mangiare)!

5. (Lei) _____ (ascoltare) la musica?

6. Paolo _____ (parlare) con sua nonna.

7. Silvia _____ (mettere) le lasagne nel forno.

8. (Noi) _____ (scrivere) una lettera.

9. (Voi) _____ (vivere) un periodo difficile.

10. Pedro e François _____ (chiamare) le loro amiche italiane.

11. (Loro) _____ (partire) da casa proprio adesso.

12. (Loro) _____ (leggere) un libro in spagnolo.

3.3 Radici irregolari

Leggi la prima frase qui sotto e identifica il gerundio irregolare che viene usato. Qual è l'infinito di questo verbo? Poi, inserisci il gerundio irregolare del verbo *fare* (l'hai già usato in attività 3.1).

Ma cosa stai dicendo? Non sto _____ (fare) un errore!

3.4 Completa le frasi con la struttura *stare + gerundio* dei verbi tra parentesi.

1. (Io) _____ (prendere) il treno.
2. (Lui) _____ (finire) la sua laurea in legge.
3. (Noi) _____ (traslocare) in una casa più piccola.
4. (Loro) _____ (inventare) mezzi di trasporto più ecologici.

3.5 L'italiano al volante

Ecco alcune espressioni e parole relative al mondo automobilistico. Inserisci nella tabella i nomi che si collegano con i verbi (se i verbi sono intransitivi, non hanno un oggetto diretto). Ricorda che le automobili italiane hanno il cambio manuale.

Nomi

la marcia; la retromarcia; la frizione; l'acceleratore; il freno; il freno a mano; il pedale; le luci/i fari; il sedile; il finestrino; il parabrezza; il cruscotto; il cofano; la portiera; il tettuccio apribile; la capote; il bagagliaio/il baule; il volante; il pieno; la benzina; la macchina; l'olio; l'acqua; la chiave; il motore; il filtro; il clacson

Verbi	Nomi
fare	
parcheggiare	
accelerare	
guidare	
frenare	
suonare	
girare	
cambiare	
abbassare/alzare	
aprire/chiudere	
inserire	
reclinare	
riempire	
pulire/lavare	
avviare	
premere	
accendere/spegnere	

Uno dei nomi è in realtà francese. Sai trovarlo?

Secondo te, cos'è un'auto *decappottabile*?

Espressioni metaforiche, con parole prese dal mondo dell'automobilismo, ma applicate in altri ambiti: *avere una marcia in più*.

Si dice di una persona avvantaggiata da qualità superiori, eccezionali, che le danno una *chance* in più rispetto agli altri.

Ecco alcune canzoni con accenni all'automobilismo e al motociclismo:

LUCIO BATTISTI, *Il tempo di morire*.

LUCIO BATTISTI, *Sì viaggiare*.

PAOLO CONTE, *La Topolino amaranto (Gli anni 70)*.

GIORGIO GABER, *Torpedo blu*.

LUCIO DALLA, *Nuvolari*.

LOREDANA BERTÈ, *Mercedes Benz*.

CAPO PLAZA, *Tesla*.

Infine, in riviste di automobilismo e motociclismo puoi leggere articoli e riconoscere il vocabolario che hai appena visto (es. in www.automoto.it).

4. Interculture

 4.1   Read and listen to the text below and answer the reading comprehension questions that follow.

Che cosa stanno facendo per l'ambiente?

In Italia, soprattutto nel Nord, l'inquinamento atmosferico sta raggiungendo livelli allarmanti, tra i più elevati d'Europa. Città come Torino e Milano stanno superando la quantità accettabile di polveri sottili presenti nell'aria per numero di giorni all'anno, nonostante le misure antismog effettuate bloccando la circolazione dei veicoli più inquinanti.

Secondo la classifica EPI (Environmental Performance Index), i tre paesi più "verdi" del mondo sono Svizzera, Francia e Danimarca, mentre i primi paesi dell'America Latina che incontriamo in questa classifica si posizionano intorno al quarantesimo posto. L'Italia si trova invece al sedicesimo posto.

I paesi dell'America Latina maggiormente orientati verso la salvaguardia dell'ambiente sembrano essere Costa Rica, Brasile, Cile, Argentina, Uruguay e Bolivia. In particolare, il Brasile e l'Argentina, destinati a diventare i maggiori produttori di risorse alimentari per il futuro, stanno cercando di limitare la deforestazione. Altri paesi come Messico, El Salvador e Cile stanno collaborando alle iniziative indirizzate contro la deforestazione da REDD (Reduce Emissions from Deforestation and Forest Degradation). Si aggiungono anche Colombia ed Ecuador per gli investimenti nel settore ambientale. Tutti questi paesi stanno facendo uno sforzo per migliorare la qualità dell'aria e limitare l'inquinamento, per esempio adottando mezzi pubblici che usano energia pulita.

La FAO (Food and Agriculture Organization of the United Nations) sta cercando di promuovere tecniche agricole sostenibili in America Latina, per incoraggiare la produzione di biocarburanti e allo stesso tempo proteggere i diritti dei piccoli agricoltori e allevatori.

Un esempio di questo difficile equilibrio può essere il Brasile, che è uno dei maggiori produttori di etanolo (o bioetanolo), utilizzato in varie percentuali come componente della benzina miscelata o verde, chiamata ora in Europa "E5, E10, E85" con riferimento alla percentuale di etanolo contenuta nella miscela: 5, 10 o 85 percento. L'etanolo si ottiene dalla fermentazione dei prodotti a base zuccherosa (come la canna da zucchero) che però, per la loro coltivazione, possono richiedere la deforestazione e incidere sulla produzione e il prezzo delle risorse alimentari. Con i biocarburanti stiamo riducendo del 70% l'emissione di gas, ma stiamo anche rischiando di perdere di vista il problema della fame nel mondo e altre conseguenze sull'ecosistema.

4.2 Reading comprehension

1. Che cosa stanno facendo le città del Nord Italia per contenere l'inquinamento atmosferico?

2. Quali città italiane presentano un alto tasso di inquinamento atmosferico?

3. Quali sono i paesi più verdi del mondo?

4. Quale posizione occupano l'Italia e alcuni paesi dell'America Latina nella classifica EPI?

5. Quali tra i paesi dell'America Latina si stanno avviando a diventare tra i maggiori produttori mondiali di risorse alimentari?

6. Quali paesi dell'America Latina stanno implementando programmi contro la deforestazione?

7. Che cos'è la benzina verde?

8. Qual è il paese dell'America Latina che produce la maggior quantità di etanolo e da dove lo ricava?

9. Quali vantaggi e svantaggi provengono dalla produzione di biocarburanti?

5. Languages in Transit: Exercises in Translation, Translanguaging, and Transfer

5.1   Translate the passage below into English or Spanish or a combination of the two. Be prepared to discuss your translation and the topic of the passage in class.

Guidare

Da quanto tempo guidi? Una volta, cominciare a guidare era un momento molto importante della vita, perché la guida consentiva indipendenza e flessibilità nei movimenti. Prendere la patente, e dopo comprarsi una macchina, erano due riti di passaggio per diventare adulti. L'età minima per prendere la patente in Italia è di 18 anni, mentre negli Stati Uniti è di 16 anni. Una volta i giovani contavano i giorni per raggiungere l'età della patente. Oggi i giovani non associano più la loro libertà con la guida perché in un certo senso c'è meno bisogno di guidare. Si può studiare online, fare le spese con Amazon, praticare il telelavoro invece di andare in ufficio, e comunicare con gli amici con i *social*. In generale, dunque, ci si sposta di meno perché i nostri bisogni di studio, *shopping*, lavoro, e amicizia possono essere sodisfatti senza muoversi. La gente è anche molto più conscia dell'inquinamento provocato dal traffico. Chi vive in città preferisce il trasporto pubblico o soluzioni tipo Car2Go, che ti permettono di affittare una macchina per un paio d'ore quando ce n'è bisogno. Una volta, la macchina era il simbolo massimo della libertà, ma oggi non lo è più. Secondo voi, che cosa ha sostituito la macchina come simbolo della libertà individuale?

6. Exploring the Web

6.1   Go to the *Juntos* companion website at www.hackettpublishing.com/juntos -companion-webpage to complete activity 6.1.

Il passato prossimo

1. Intercomprehension

1.1 Identify the verbs in the sentences below.

- (Yo) Nací en México y viví en Baja California (Spanish of the Americas).
- (Yo) He nacido en Barcelona y he vivido en Cataluña (Peninsular Spanish).
- Je suis né en France et j'ai vécu en Corse.
- (Io) Sono nato in Italia e ho vissuto in Toscana.
- I was born in the United States and I lived in California.

1.2 Which languages use compound tenses?

1.3 Identify the auxiliary verb(s) in Spanish. Is there more than one?

1.4 Identify the auxiliary verb(s) in French and Italian. Is there more than one?

You may have noticed that Italian uses two different auxiliary verbs (*essere* or *avere*) while Spanish only uses one (*haber*). When forming the passato prossimo in Italian, how do you know whether to use *essere* or *avere*?

Here is an image to help you remember a few verbs that take the auxiliary verb *essere* instead of *avere*. We want you to remember them because they are among the most commonly used verbs in everyday life. The image is called the *casa di essere*, as all the actions that take *essere* can be housed there.

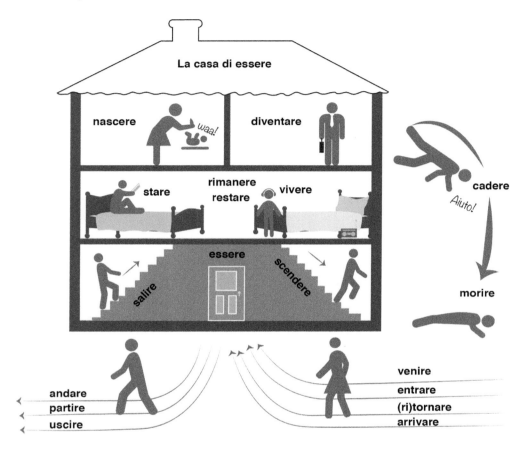

2. Intergrammar

Narration in the past is an essential component of language study. Mastering the use of the entire range of past tenses marks you as a proficient and competent speaker in any language. By understanding the similarities and differences of past tense structures and usage in Spanish, English, and Italian, you will be able to take advantage of *positive transfer* and avoid the pitfalls of *negative transfer. Positive and negative transfer* are essential concepts for Spanish speakers who are learning a language like Italian, which shares many characteristics with Spanish by virtue of the two languages belonging to the Romance language family. While proximity facilitates acquisition through *positive transfer* (i.e., the easy assimilation of grammar, vocabulary, etc.), cases where the languages diverge need to be noted in order to avoid mistakes based on *negative transfer* (i.e., false connections and assumptions of proximity).

2.1 Usage

The *passato prossimo* in Italian corresponds to both the *presente perfecto compuesto* and the *pretérito* in Spanish. The same holds true for English, where the simple past and the present perfect have two distinct uses that map perfectly onto those employed in the Spanish of the Americas (with the exception of Bolivia and Peru).

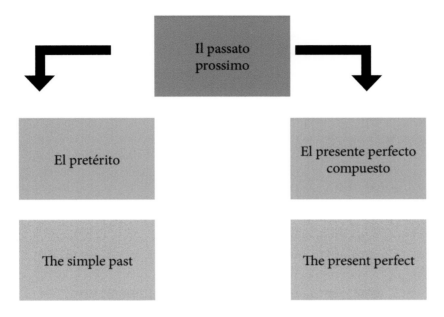

Notice how the *passato prossimo* is translated into Spanish and English:

- Marcello marcó un gol./Marcello ha marcado un gol.
- Marcello ha segnato un gol/goal.
- Marcello scored a goal./Marcello has scored a goal.

Above you should have noticed that the sentence *Marcello ha segnato un gol* was translated using two different verb forms in Spanish and English. While Marcello *marcó un gol* (*pretérito*) and *Marcello ha marcado un gol* (*presente perfecto compuesto*) are both sentences situated in the past, they are different in how they relate to the present. Using the *pretérito* suggests that the action of the verb is far more removed from the present. You are simply describing something that happened in the past. If you were to use the *presente perfecto compuesto*, however, that same action would "move closer" to the present, implying in the sentence above that Marcello has just scored a goal and that his goal has consequences in the present. These subtleties in meaning map perfectly onto English, where the *pretérito* becomes the simple present and the *presente perfecto compuesto* becomes the present perfect. As you may have guessed, the *passato prossimo* in Italian can express all the various shades of meaning represented by the two distinct verb forms in Spanish and English.

2.2 Forming the passato prossimo

Let's start with the *presente perfecto compuesto* in Spanish. Unlike the *pretérito*, which is formed by replacing the infinitive ending with the appropriate personal ending (e.g., *cantar, cantó*), it contains the term *compuesto* (compound) because it is formed with the auxiliary verb *haber* and the past participle of the verb (e.g., *cantar, he cantado*). In English, the tense is called the *present perfect*, and it is also a compound tense made up of the auxiliary verb *to have* and the past participle of the verb (e.g., *sung* for the verb *to sing*, giving us *I have sung*). In Italian, the *passato prossimo* is also a compound tense, but there are two possible auxiliary verbs: *avere* or *essere*. We use *essere* with almost all verbs that are intransitive, meaning they never take a direct object. *Essere* is also used as the auxiliary verb for reflexive verbs (e.g., *mi sono lavato*). When the verb is conjugated with *essere*, the past participle must agree in gender and number with the subject of the verb. All other verbs in Italian use the auxiliary verb *avere*.

For regular verbs in Italian, the past participle is formed by adding *-ato, -uto,* or *-ito* to the stem of *-are, -ere,* and *-ire* verbs respectively. When an intransitive verb takes the auxiliary verb *essere*, the past participle must agree in gender and number with the subject of the verb. In such a case, the past participle can end in *-o, -a, -i,* or *-e*.

Regular verbs that take *avere*

mangiare	
ho mangiato	abbiamo mangiato
hai mangiato	avete mangiato
ha mangiato	hanno mangiato

comer	
he comido	hemos comido
has comido	habéis comido
ha comido	han comido

to eat	
have eaten	have eaten
have eaten	have eaten
has eaten	have eaten

Regular verbs that take *essere*

andare	
sono andato/a	siamo andati/e
sei andato/a	siete andati/e
è andato/a	sono andati/e

ir	
he ido	hemos ido
has ido	habéis ido
ha ido	han ido

to go	
have gone	have gone
have gone	have gone
has gone	have gone

As in Spanish, there are many irregular past participles in Italian (e.g., *hacer/hecho* and *fare/fatto*). As is often the case, the most commonly used verbs have irregular past participle forms. In activity 3.5, you will find a list of common irregular past participles.

3. In italiano…

 3.1 Ascoltiamo

Marco, Jonathan, Alejandro, e Giorgio sono studenti universitari a Firenze e sono compagni d'appartamento. Ascolta il file audio per questa attività e indica se le seguenti frasi sono vere (V) o false (F).

1. [ ] Hanno fatto un viaggio.
2. [ ] Sono rimasti a Firenze.
3. [ ] Hanno pulito la casa.
4. [ ] Hanno visto un amico.
5. [ ] Hanno lavato i piatti.
6. [ ] Sono andati al ristorante.

7. [ ] Ha fatto un viaggio.
8. [ ] È rimasto a Firenze.
9. [ ] Ha lavato i piatti.
10. [ ] Ha visto un amico.
11. [ ] Ha pulito la casa.
12. [ ] È andato al cinema.

Giorgio Jonathan Alejandro

Marco

3.2 Coniuga i seguenti verbi con il verbo ausiliare corretto (*avere* o *essere*). Nota se il participio passato deve concordare con il numero e genere del soggetto del verbo.

soggetto	camminare	lavare	entrare	lavarsi
io				mi
tu				ti
lui				si
lei				si
noi				ci
voi				vi
i ragazzi				si
le ragazze				si

3.3 Coniuga i verbi in parentesi. Chiediti quale verbo ausiliare devi usare (*avere* o *essere*) e se il participio passato deve concordare con il numero e genere del soggetto del verbo.

1. (Io) _____ (amare).
2. (Tu) _____ (capire).
3. (Lui) _____ (credere).
4. (Lei) _____ (cucinare).
5. (Noi) _____ (finire).
6. (Voi) _____ (potere).
7. (Loro) _____ (comprare).

3.4 Coniuga i verbi in parentesi. Chiediti quale verbo ausiliare devi usare (*avere* o *essere*) e se il participio passato deve concordare con il numero e genere del soggetto del verbo.

1. (Io = Santo) _____ (lavarsi).
2. (Io = Magnolia) _____ (cadere).
3. (Tu = Caleb) _____ (tornare).
4. (Tu = Laura) _____ (truccarsi).
5. (Lui) _____ (stare).
6. (Lei) _____ (entrare).
7. La bambina _____ (bagnarsi).
8. (Noi = Laura e Giulia) _____ (arrivare).
9. (Voi = Peter e Anna) _____ (uscire).
10. (Loro = Gianna, Silvia, e Pietro) _____ (svegliarsi).
11. I ragazzi _____ (vestirsi).
12. Le ragazze _____ (partire).

3.5 Participi passati irregolari

Qui sotto troverai una lista dei più comuni participi passati irregolari. Usa questa lista per completare le attività 3.6 e 3.7.

Infinito	Participio passato
aprire	aperto
avere	avuto
bere	bevuto
chiedere	chiesto
dire	detto
discutere	discusso
essere	stato
fare	fatto
leggere	letto
mettere	messo
morire	morto
nascere	nato
perdere	perso
piangere	pianto
prendere	preso
promettere	promesso
rompere	rotto
scegliere	scelto
scendere	sceso
scrivere	scritto
spendere	speso
vedere	visto/veduto*
venire	venuto
vincere	vinto
vivere	vissuto

* **Nota che *veduto* è un participio passato regolare.**

3.6 Participi passati irregolari

Coniuga i verbi qui sotto al passato prossimo.

1. (Io) _____ (aprire).
2. (Io) _____ (leggere).
3. (Tu) _____ (perdere).
4. (Tu) _____ (scrivere).
5. (Lui) _____ (vincere).
6. (Lei) _____ (fare).
7. Il bambino _____ (venire).

8. La bambina _____ (bere).

9. (Noi) _____ (vivere).

10. (Voi) _____ (scendere).

11. (Loro) _____ (discutere).

12. I ragazzi _____ (spendere).

13. Le ragazze _____ (chiedere).

3.7   Avere o essere? Participio passato regolare o irregolare?

Per questa attività, dovrai farti alcune domande che riguardano la coniugazione dei verbi al passato prossimo. Il participio passato è regolare o irregolare? Devo usare il verbo ausiliare *avere* o *essere*? Il participio passato deve concordare con il soggetto del verbo? Completa le seguenti frasi coniugando i verbi in parentesi al passato prossimo. Poi, per ogni frase, nota se il participio passato è regolare (R) o irregolare (I), se il verbo ausiliare è *avere* (A) o *essere* (E), e se il participio passato concorda con il soggetto del verbo (sì o no).

Italiano	Participio passato	Verbo ausiliare	Concordanza del participio passato
Le foglie dell'albero _____ (morire).			
Lei _____ (finire) i compiti.			
Le ragazze _____ (andare) a letto alle 7.			
Noi _____ (aprire) la finestra.			
Loro _____ (tornare) a scuola.			
Anna _____ (guardarsi) allo specchio.			
La casa _____ (prendere) fuoco accidentalmente.			
Lui _____ (cucinare) un pollo.			
Io _____ (piangere) tutta la notte.			
I ragazzi _____ (scriversi) delle lettere.			
Tu _____ (bere) un caffellatte.			
Voi _____ (credere) a quel signore?			
Giulia e Maria _____ (scendere) dal tetto senza cadere.			

3.8 Il suffisso -*teca*

Questo suffisso deriva da una parola del Greco antico che significa *magazzino*, *contenitore*. Lo possiamo trovare in parole che indicano una raccolta di oggetti specifici, per una collezione o una vendita.

Osserva questa lista e trova possibili connessioni con parole inglesi e spagnole che hanno lo stesso significato. Sono parole formate con lo stesso suffisso? Quali di queste parole sono le più antiche, secondo te, e quali le più recenti? *biblioteca*; *enoteca*; *discoteca*; *paninoteca*; *pinacoteca*; *cineteca*; *videoteca*; *ludoteca*; *spermoteca*

4. Interculture

 4.1   Read and listen to the text below and answer the reading comprehension questions that follow.

Per il cinema

Le più importanti istituzioni italiane dedicate al cinema sono il Museo Nazionale del Cinema di Torino e il Festival del Cinema di Venezia.

La Mole Antonelliana, costruita nel 1889, è il monumento in muratura più alto d'Europa (167,5 metri) ed è diventata il simbolo della città di Torino. Nell'edificio, che originalmente era una sinagoga, è stato inaugurato nel 2000 il Museo nazionale del cinema. Milioni di italiani e turisti stranieri l'hanno visitato fino ad oggi.

All'interno del museo esistono varie aree espositive e interattive, con le prime macchine di illusione ottica, famosi manifesti di film, costumi e foto d'epoca, copioni, ma anche una grande sala centrale per la visione di videoclip d'autore, circondata da settori con le ricostruzioni di scene di generi cinematografici, come il western e la fantascienza, e con uno speciale spazio dedicato al dramma storico *Cabiria*. Questo film è il più spettacolare kolossal del cinema muto, ed è stato realizzato appunto negli studi cinematografici torinesi nel 1914, con gli effetti speciali del cineasta spagnolo Víctor Aurelio de Chomón y Ruiz e le didascalie dello scrittore italiano Gabriele D'Annunzio.

Nello spazio della Mole si sono avvicendati, nei passati decenni, appassionati di cinema ed accademici, che hanno consultato i preziosi archivi e la biblioteca e hanno assistito all'attività di restauro delle pellicole cinematografiche.

Torino è diventata dal 1997 anche la sede del Torino Film Festival (TFF), che si tiene a novembre ed era originalmente nato nel 1982 come Torino Cinema Giovani.

Venezia, dal canto suo, aveva già inserito da tempo, all'interno delle iniziative della ultracentenaria Biennale dell'Arte, il suo festival internazionale del cinema, il più antico nel mondo, che nel 2019 ha raggiunto la settantaseiesima edizione. Ospitato al Lido di Venezia, il festival ha attraversato periodi difficili durante il fascismo, la Seconda guerra mondiale e gli anni Sessanta, ma dagli anni Settanta il suo prestigio internazionale si è consolidato, attirando l'attenzione mondiale verso i film premiati con il prestigioso Leone d'oro.

Un'istituzione analoga al museo di Torino potrebbe essere la Cineteca National de México, che è stata fondata nel 1974, con sale di proiezione, una biblioteca, una libreria e un ristorante. Anche la Cineteca di Città del Messico col tempo ha sviluppato al suo interno un archivio di decine di migliaia di film, conservati a temperatura controllata, e ospita un festival del cinema, la Muestra Internacional de Cine e un laboratorio di restauro digitale delle pellicole.

4.2 Reading comprehension

1. Quando è stata costruita la Mole Antonelliana, simbolo della città di Torino?
2. Quando è stato inaugurato nella Mole il Museo Nazionale del Cinema?
3. Che cosa contiene il Museo Nazionale del Cinema di Torino?
4. Che cos'è *Cabiria* e quando e dove lo hanno filmato?
5. Di che nazionalità era il cineasta che ha curato la fotografia di *Cabiria*?
6. Chi ha curato le didascalie del film?
7. Quali vantaggi offre il Museo a un ricercatore nel campo della cinematografia?
8. Quali festival del cinema si sono sviluppati a Venezia e a Torino?
9. Quale dei due festival è nato prima?
10. In quale zona di Venezia si svolge il festival?
11. Come si chiama il primo premio del festival del cinema di Venezia?
12. In quale città messicana si tiene un festival internazionale del cinema?
13. Come si chiama l'archivio del cinema messicano?
14. Quando ha aperto questo archivio?
15. Quale attività sulle pellicole si svolge sia presso il Museo torinese che in quello messicano?

5. Languages in Transit: Exercises in Translation, Translanguaging, and Transfer

5.1   Translate the passage below into English or Spanish or a combination of the two. Be prepared to discuss your translation and the topic of the passage in class.

Film, città e quartiere: Roma

Il cinema italiano è conosciuto per i film in cui la capitale, Roma, è al centro dell'azione, importante come un personaggio. L'esempio migliore di questo fenomeno è senz'altro *Roma, città aperta* di Roberto Rossellini, un film uscito nel 1945, subito dopo la Seconda guerra mondiale. In questo capolavoro del neo-realismo (movimento cinematografico che cercava di rappresentare la realtà sullo schermo) si vede un momento storico in cui la capitale d'Italia, Roma, era stata ceduta senza combattimenti in mano ai tedeschi che l'occupavano per proteggerla dalla distruzione. Vediamo i nazisti che occupano la città fallire nel loro tentativo di rompere lo spirito della popolazione che fa atti di resistenza. Circa quindici anni più tardi, nel 1960, Federico Fellini ha di nuovo messo Roma al centro del suo film *La dolce vita*, in cui il mito della vita facile e seducente degli anni del boom economico italiano del dopoguerra si contrappone a una realtà che rivela invece l'impoverimento morale e l'instabilità psicologica. Un altro film, ispirato allo stile felliniano e che vede Roma come protagonista, ha vinto il premio Oscar come il miglior film straniero nel 2013: *La grande bellezza*. Il regista Paolo Sorrentino porta all'esasperazione il tema del degrado morale dei romani in una città pur sempre bella. Ultimamente il regista messicano Antonio Cuarón ha dato il titolo *Roma* al film con cui ha vinto l'Oscar per la regia nel 2019. Ma non si tratta della Roma italiana. La Roma di Cuarón è il quartiere benestante della Città del Messico dove lui è cresciuto. In questo film Cuarón ha rappresentato le sue memorie d'infanzia, ricordandoci di come i luoghi del passato incidono sulla nostra identità. Cuarón dice che porta Rossellini, Fellini e Sorrentino nel suo DNA di regista. E noi possiamo dire che insieme, tutti e quattro, Rossellini, Fellini, Sorrentino e Cuarón ci hanno dato Roma, luogo di memoria italiano, messicano, e universale, in momenti cinematografici che sono entrati nel DNA collettivo della nostra memoria.

6. Exploring the Web

6.1   Go to the *Juntos* companion website at www.hackettpublishing.com/juntos -companion-webpage to complete activity 6.1.

L'imperfetto

1. Intercomprehension

1.1 Identify the languages below.

- De criança (eu) brincava, corria e dormia.
- De niño, (yo) jugaba, corría y dormía.
- De petit, jo jugava, corria i dormie.
- Petit, je jouais, courrais et dormais.
- Da bambino, (io) giocavo, correvo e dormivo.
- Da ciucciu, ghjucavu, curriu è durmiu.
- As a child, I played, ran, and slept.

1.2 Identify the three verbs in each sentence. What are the infinitives of the three verbs in Italian and Spanish?

The verbs in the Romance languages above are in the imperfect tense. Compare the imperfect tense endings in Spanish and Italian. Do *-are/-ar*, *-ere/-er*, and *-ire/-ir* verbs have the same endings?

1.3 What other languages above have endings that follow the same pattern as Spanish?

1.4 Would you say that the endings in Italian are more consistent than in Spanish?

2. Intergrammar

Usage

There is no tense in English called the imperfect. However, the idea of duration in the past can be expressed using the simple past (*I went* to the countryside); compound forms like *used to* (*I used to go* to the countryside) or *would* (*I would go* to the countryside); and the progressive past (*I was going* to the countryside).

2.1   In the sentences below, identify what the verbs in the imperfect are expressing. Choose from the following options: a longer action interrupted by a shorter action, background information, a routine in the past, the weather, or one's age.

- María tenía veinte años cuando se casó.
- Le temps était humide hier.
- Studiavamo insieme per gli esami.
- I was thinking of you when you called.

Here are some more examples:

Meaning	Spanish	French	Italian	English
An action in progress, an action that is interrupted	Yo dormía cuando llegaste.	Je dormais lorsque tu es arrivé.	Dormivo quando sei arrivato.	I was sleeping when you arrived.
A physical or emotional description	Tenía frío anoche.	J'avais froid hier soir.	Avevo freddo ieri sera.	I was cold yesterday evening.
A habit	Yo escribía todos los días.	J'écrivais tous les jours.	Scrivevo tutti i giorni.	I used to write every day.
Things happening at the same time	Mientras estudiaba, escuchaba música.	Pendant que j'étudiais, j'écoutais de la musique.	Mentre studiavo, ascoltavo musica.	While studying, I would listen to music.
Age	¿Cuántos años tenía usted en 2001?	Quel âge aviez-vous en 2001?	Quanti anni aveva Lei nel 2001?	How old were you in 2001?
The time/weather	Eran las siete y hacía calor.	Il était sept heures et il faisait chaud.	Erano le sette e faceva caldo.	It was seven and it was hot.

Forming the *imperfetto*

When forming the imperfect in Italian, the same endings are used for *-are*, *-ere*, and *-ire* verbs, while in Spanish the formation of the imperfect for *-er* and *-ir* verbs is different than the one for *-ar* verbs.

	hablar	parler	parlare
io	hablaba	parlais	parlavo
tu	hablabas	parlais	parlavi
lui/lei/Lei	hablaba	parlait	parlava
noi	hablábamos	parlions	parlavamo
voi	hablabais	parliez	parlavate
loro	hablaban	parlaient	parlavano

For all Italian verbs, drop the *-re* from the infinitive endings *-are*, *-ere*, and *-ire* and add the appropriate personal endings.

2.2   Now that you've learned how to form the imperfect in Italian, complete the table below.

creer	credere	dormir	dormire
creía		dormía	
creías		dormías	
creía		dormía	
creíamos		dormíamos	
creíais		dormíais	
creían		dormían	

 2.3   **Irregular verbs**

Listen to the audio recording for activity 3.1 and complete the chart below.

	essere
io	
tu	eri
lui/lei/Lei	
noi	
voi	eravate
loro	erano

In Italian, Spanish, and French, the verb *to be* is irregular. Note that this verb has an irregular stem and ending.

	ser	être	essere
io	era	étais	ero
tu	eras	étais	eri
lui/lei/Lei	era	était	era
noi	éramos	étions	eravamo
voi	erais	étiez	eravate
loro	eran	étaient	erano

2.4   **Irregular verbs**

In Italian and French, the *imperfetto* of some verbs is irregular. For example, the verb *fare* (to do/make) is irregular. In Spanish, the *imperfecto* of this verb is regular.

	hacer	faire	fare
io	hacía	faisais	facevo
tu	hacías	faisais	facevi
lui/lei/Lei	hacía	faisait	faceva
noi	hacíamos	faisions	facevamo
voi	hacíais	faisiez	facevate
loro	hacían	faisaient	facevano

What makes the Italian verb irregular? The stem, the ending, or both?

These are the seven most common irregular verbs in Italian for the imperfect: *fare* (*facevo*), *dire* (*dicevo*), *porre* (*ponevo*), *tradurre* (*traducevo*), *bere* (*bevevo*), *essere* (*ero*), and *trarre* (*traevo*).

The stem for *dire* is *dice*. Complete the table below.

	decir	dire
io	decía	
tu	decías	
lui/lei/Lei	decía	
noi	decíamos	
voi	decíais	
loro	decían	

2.5 Irregular verbs

Complete the chart below.

	porre	dare	bere	tradurre
io				
tu				
lui/lei/Lei				
noi				
voi				
loro				

3. In italiano...

 3.1 **Ascoltiamo e scriviamo**

Ascolta il file audio per questa attività e completa le seguenti frasi con il verbo corretto all'imperfetto.

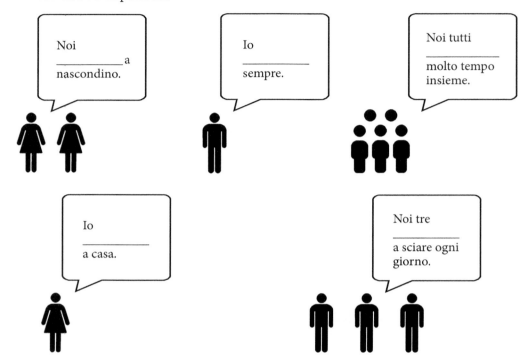

3.2 Coniuga i seguenti tre verbi.

	amare	perdere	finire
io			
tu			
lui/lei/Lei			
noi			
voi			
loro			

3.3 Coniuga i verbi in parentesi all'imperfetto.

1. (Io) _____ (abitare) con mia nonna.
2. (Io) _____ (prendere) molti libri dalla biblioteca locale.
3. (Tu) _____ (preferire) giocare fuori.
4. (Lui) _____ (stare) a casa con suo padre.
5. (Lei) _____ (scrivere) nel suo diario.
6. (Noi) _____ (andare) in vacanza nel sud d'Italia.

7. (Voi) _____ (chiamare) i vostri zii regolarmente.

8. I ragazzi americani _____ (vendere) limonata davanti a casa durante l'estate.

9. Le ragazze _____ (dormire) con la luce accesa.

3.4 Giocare a...

Qual era il giocattolo preferito della tua infanzia? E il tuo gioco preferito?
Ecco alcuni nomi ed espressioni:

- Giocare a... palla (pallavolo, pallacanestro, ecc.), pallone/calcio.
- Giocare a... carte, dama, scacchi, battaglia navale, biglie.
- Giocare a... nascondino/guardia e ladri, campana, saltare la corda.
- Giocare con... le bambole, le macchinine, i videogiochi, i soldatini, gli animaletti, i Lego, le costruzioni, il meccano.
- Giocare al dottore, alle mamme, al piccolo chimico.

Alcuni giochi si chiamano diversamente in diverse regioni. Scopri quale gioco è questo! (in Wikipedia):

- L'orologio di Milano fa tic tac/Un, due, tre, stella!

Come si chiama questo gioco in inglese e in altre lingue che conosci?

4. Interculture

 4.1 Read and listen to the text below and answer the reading comprehension questions that follow.

Giocavamo con il trenino

Come sono cambiati, nello spazio e nel tempo, i giochi dei bambini?

Ci sono giochi con una forte identità etnica, come il *boomerang* australiano, il *mancala* africano, il *maromero* messicano, e altri comuni a diversi paesi del mondo, come il *kendama* giapponese e lo yo-yo filippino o *diabolo* cinese. Alcuni di questi giocattoli erano già presenti presso le antiche civiltà, come dimostrano i resti archeologici del mondo greco e orientale.

I nostri nonni, da bambini, avevano giocattoli molto semplici e poveri, artigianali, fatti in casa con materiali riciclati e naturali: bambole di pezza, animaletti o soldatini di legno, cerchi, aquiloni, biglie di vetro. I giocattoli più sofisticati erano meccanici: bambole snodabili e con le palpebre che si aprivano e chiudevano e diversi oggetti che si muovevano se caricati con meccanismi a molla.

I primi robot erano detti automi, e rispondevano al bisogno di incantare e divertire.

Nel mondo antico inventori greci, cinesi, persiani si sono ingegnati a fabbricare automi meccanici, sfruttando leve, ingranaggi e principi idraulici e pneumatici.

Nel Rinascimento c'erano progetti di automi nei disegni di Leonardo da Vinci, mentre le collezioni di re e principi contenevano piccole meraviglie ricevute in dono con lo scopo di intrattenerli e stupirli, come scatole musicali o carillon e orologi (come l'Orologio del Pavone che si trova all'Ermitage di San Pietroburgo).

Alexander Calder, l'artista americano attivo dagli anni Venti agli anni Settanta soprattutto a Parigi e famoso per le sue sculture mobili, era laureato in ingegneria meccanica ed usava le sue conoscenze tecniche per la sua arte cinetica, ma si divertiva anche a costruire dei giocattoli mobili. Viaggiava con le valigie piene delle sue sculturine mobili di acrobati, clown, domatori, leoni e altre figure da lui realizzate per il *Cirque Calder*, il circo in miniatura che esibiva in tutto il mondo. Calder era un eterno bambino, che a soli undici anni aveva regalato ai suoi genitori un'anatra ondeggiante fatta con pezzi di metallo ritagliati. L'industria del giocattolo ha imitato molte delle sue invenzioni.

Con il tempo le nuove tecnologie hanno trasformato il modo di giocare.

L'uso delle batterie e dell'elettronica si è aggiunto alla meccanica per la creazione di giocattoli sempre più dinamici: trenini, macchinine telecomandate, robot e bambole che parlano e camminano. Recentemente la cibernetica ha spostato il gioco nella dimensione virtuale, per esempio con gli animaletti digitali dei Tamagotchi giapponesi e i vari videogiochi dei tablet e dei telefonini. Questo fenomeno ha provocato conseguenze economiche e psicologiche, come la chiusura di intere catene di vendita di giocattoli tradizionali e l'immersione dei bambini in tipi di giochi che li portano a isolarsi, a parlare e a muoversi meno, e ad abbandonare la fase senso-motoria del gioco in età sempre più precoce.

4.2 Reading comprehension

1. Quali dei giochi menzionati sono giapponesi?
2. In che senso i giochi dei nostri nonni erano più semplici?
3. In che senso con il tempo i giocattoli sono diventati sempre più sofisticati? Quali tecnologie hanno contribuito a modificarli?
4. Chi era Alexander Calder?
5. Che cos'era il *Cirque Calder*?
6. Quali sono le conseguenze economiche e psicologiche dei nuovi giochi elettronici?
7. Con quali di questi giochi giocavi da bambino? E i tuoi genitori?

5. Languages in Transit: Exercises in Translation, Translanguaging, and Transfer

5.1 Translate the passage below into English or Spanish or a combination of the two. Be prepared to discuss your translation and the topic of the passage in class.

Di che cosa parlavate?

Pensate alla vostra infanzia e alla vostra adolescenza. Di che cosa parlavate con i fratelli? Con i genitori? Con gli amici? Con gli insegnanti a scuola? Riscostruire i dialoghi del nostro passato è un modo di riflettere sulla nostra crescita. Quando ero giovane, parlavo spesso con i miei genitori di quello che volevo fare quando avrei finito la scuola. Loro mi consigliavano di studiare all'università, ma mi dicevano che avevano pochi soldi e che dovevo o lavorare, o prendere prestiti dalla banca, o vincere borse di studio. Infine, ho fatto tutte e tre le cose: ho lavorato, ho preso prestiti dalla banca, e ho vinto delle borse di studio. Ne è valsa la pena. Con i fratelli parlavo delle ingiustizie dei nostri genitori nei nostri confronti, di come ci costringevano a rimanere a casa quando i nostri amici uscivano per divertirsi. I miei genitori erano italoamericani ed erano molto severi. Con gli amici parlavamo di altri amici e delle loro storie d'amore, finite male la maggior parte del tempo. Con gli insegnanti parlavamo dei compiti e di come prepararci per gli esami. È passata in fretta, l'infanzia, e ancora più in fretta l'adolescenza. Ma mi rimane il ricordo delle conversazioni che, insieme alla musica, fanno la colonna sonora della mia vita.

6. Exploring the Web

6.1 Go to the *Juntos* companion website at www.hackettpublishing.com/juntos -companion-webpage to complete activity 6.1.

Il passato remoto

1. Intercomprehension

1.1 Identify the languages below.

- Ho appena scoperto che i miei bisnonni arrivarono negli Stati Uniti nel 1876.
- J'ai rencontré mes voisins il y a 10 minutes. Ceux qui, il y a 10 ans, partirent pour le Mexique.
- Mi profesor ya me ha explicado como los colonizadores establecieron un asentamiento cerca del río Sonora.

1.2 In each sentence above, there is one action that took place in the recent past and a second action that took place in the distant past. Identify the actions that took place in the distant past.

2. Intergrammar

In Italian the *passato remoto* is used instead of the *passato prossimo* when the action that occurred in the past is not perceived as having any consequence in the present. This is primarily the case for narrative and historical writing. It should be noted that in some regions you may hear the *passato remoto* being used in conversation.

How to form the *passato remoto*

Regular verbs

The Italian *passato remoto* corresponds in form to the Spanish *pretérito*. For regular verbs, simply remove the infinitive ending and add the appropriate set of *passato remoto/pretérito* endings.

Regular verbs that end in *-are* in Italian and *-ar* in Spanish

parlare → parl-	
parlai	parlammo
parlasti	parlaste
parlò	parlarono

hablar → habl-	
hablé	hablamos
hablaste	hablasteis
habló	hablaron

Regular verbs that end in *-ere* in Italian and *-er* in Spanish

vendere* → vend-	
vendei - vendetti	vendemmo
vendesti	vendeste
vendé - vendette	venderono – vendettero

*Verbs that end in *-ere* have two acceptable forms for *io*, *lui/lei*, and *loro*.

vender → vend-	
vendí	vendimos
vendiste	vendisteis
vendió	vendieron

Regular verbs that end in *-ire* in Italian and *-ir* in Spanish

salire → sal-	
salii	salimmo
salisti	saliste
salì	salirono

subir → sub-	
subí	subimos
subiste	subisteis
subió	subieron

Irregular verbs

Generally speaking, irregular verbs are not conjugated in the same way across languages. However, there are some irregular verb patterns in each language that are worth knowing. For example, in Italian, there is a group of irregular verbs in the *passato remoto* that are only irregular for *io*, *lui/lei*, and *loro*. Similarly, in Spanish, there is a group of irregular verbs in the *pretérito* that are only irregular for *él/ella/usted* and *ellos/ellas/ustedes*. Let's look at the tables below for some examples.

avere	
ebbi	avemmo
avesti	aveste
ebbe	**ebbero**

pedir	
pedí	pedimos
pediste	pedisteis
pidió	**pid**ieron

rispondere	
risposi	rispondemmo
rispondesti	rispondeste
rispose	**risposero**

servir	
serví	servimos
serviste	servisteis
sirvió	**sirv**ieron

scrivere	
scrissi	scrivemmo
scrivesti	scriveste
scrisse	**scrissero**

despedir	
despedí	despedimos
despediste	despedisteis
despidió	**despid**ieron

2.1   In the paragraphs that follow you will find an excerpt from Charles Perrault's original fairy tale, *Cendrillon*, as well as translations of the original text into English, Italian, and Spanish. The verbs in Perrault's French original are all in bold and the verbs in the passé simple are underlined. All the verbs in English are also in bold.

Il **était** une fois…Il <u>**arriva**</u> que le Fils du Roi <u>**donna**</u> un bal, et qu'il en <u>**pria**</u> toutes les personnes de qualité : nos deux Demoiselles en <u>**furent**</u> aussi **priées**, car elles **faisaient** grande figure dans le Pays. Les voilà bien aises et bien occupées à choisir les habits et les coiffures qui leur siéraient le mieux ; nouvelle peine pour Cendrillon, car **c'était** elle qui **repassait** le linge de ses sœurs et qui **godronnait** leurs manchettes. On ne **parlait** que de la manière dont on s'**habillerait**. Moi, <u>**dit**</u> l'aînée, je **mettrai** mon habit de velours rouge et ma garniture d'Angleterre. Moi, <u>**dit**</u> la cadette, je n'**aurai** que ma jupe ordinaire ; mais en récompense, je **mettrai** mon manteau à fleurs d'or et ma barrière de diamants, qui n'**est** pas des plus indifférentes.
(Charles Perrault, 1697)

Once upon a time there **was** . . . It **happened** that the King's son **gave** a ball, and **invited** to it all persons of fashion. Our young misses **were** also **invited**, for they **cut** a very grand figure among the people of the country-side. They **were** highly delighted with the invitation, and wonderfully busy in choosing the gowns, petticoats, and head-dresses which **might** best **become** them. This **made** Cinderella's lot still harder, for it **was** she who **ironed** her sisters' linen and **plaited** their ruffles. They **talked** all day long of nothing but how they **should be dressed**.
"For my part," **said** the elder, "I **will wear** my red velvet suit with French trimmings."
"And I," **said** the younger, "**shall wear** my usual skirt; but then, to **make** amends for that I **will put** on my gold-flowered mantle, and my diamond stomacher, which **is** far from being the most ordinary one in the world."
(Translated by Charles Welsh, 1901)

What do you notice about the choice of verb tense for past events in the English translation above?

2.2   In the Italian and Spanish translations of *Cendrillon* below, underline the verbs in the *passato remoto* and the *pretérito*. All verbs in both languages are in bold.

C'**era** una volta…**Accadde** che il figlio del Re **diede** un ballo, **invitandovi** tutte le persone di conto. Anche le nostre due signorine **ebbero** l'invito, perché **facevano** gran figura nel paese. Eccole tutte contente e affaccendate per **scegliere** gli abiti e le acconciature che **stessero** lor meglio: novella fatica per Cenerentola, perché **doveva** lei **stirar** la biancheria delle sorelle e **pieghettarne** i manichini. Non si **parlava** che dei vestiti da **mettersi**. "Io", **disse** la maggiore, "mi **metterò** l'abito di velluto rosso e i pizzi d'Inghilterra". "Per me", **disse** l'altra, "non **avrò** che la veste solita; ma in compenso mi **metterò** il mantello fiorato d'oro e la collana di diamanti, che non **è** mica una cosa da niente".

(Translated by Federigo Verdinois, 1910)

Erase (**había**) una ves…Y **sucedió** que el hijo del Rey **dio** un baile, al que **invitó** a todas las personas de calidad, **siendo invitadas** también nuestras dos señoritas, ya que ellas **pertenecían** a una familia distinguida en el país. Helas aquí, pues, muy contentas y muy atareadas en **elegir** los vestidos y los peinados que les **sentaran** mejor. Esto **ocasionó** nuevos trabajos para Cenicienta, ya que **era** ella quien **planchaba** la ropa de sus hermanas y quien **almidonaba** los puños. Continuamente las **oía hablar** de la forma en que **iban** a **arreglarse**.

-Yo -**decía** la mayor- me **pondré** el vestido de terciopelo rojo y el aderezo de Inglaterra.

-Yo -**decía** la menor-, me **pondré** una sencilla falda, aunque también **llevaré** el mantón de flores de oro y el broche de diamantes, que no **está** muy visto.

The Italian *passato remoto* corresponds in form and, to some extent, in meaning to the Spanish *pretérito*. The events in Cinderella's story belong to a remote past, where they are frozen in time and not perceived as consequential in the present. If we tell the story using the *passato prossimo*, it acquires a more contingent reality and feels closer to our own experience and lives. In that case, the first sentence of the story would read in Italian as follows:

…è accaduto che il figlio del Re ha dato un ballo, invitandovi tutte le persone di conto. Anche le nostre due signorine hanno avuto l'invito, perché facevano gran figura nel paese.

In this sentence the invitation to the ball is perceived as recent, as if that ball hadn't occurred yet, or as if it still had a connection to our lives.

Today, in most cases, the *passato prossimo* is the preferred tense for talking about events that occurred and were finished in the past, no matter how long ago in time they occurred, and no matter how fresh the perception of their consequences might be. You will notice that the *imperfetto* remains the same in both the *passato remoto* and the *passato prossimo* narration, to indicate states of being or descriptions or repeated actions in the past.

It is nevertheless important to recognize and understand the *passato remoto* as you will come across this tense in historical textbooks, guided visits, museum signs, and literature of all kinds.

3. In italiano…

3.1 **Chi è?**

Completa le seguenti biografie con i verbi mancanti (la prima è di Marco Polo) e abbinale con uno dei personaggi famosi qui sotto: Galileo Galilei, Giacomo

Puccini, Dante Alighieri, Federico Fellini, ~~Marco Polo~~, Gianni Versace, Guglielmo Marconi, Leonardo da Vinci.

> ~~raccontò~~ – scrisse – passò – dettò – ~~viaggiò~~ – ~~nacque~~ – ~~morì~~

Marco Polo nacque a Venezia nel 1254 e **morì** nel 1324. **Viaggiò** da Venezia a Pechino in tre anni e mezzo, attraversando Europa e Asia. Nel libro *Il Milione*, famosissimo in tutto il mondo, **raccontò** dei suoi viaggi e della sua esperienza in Cina. _____quattro anni in prigione, dove _____il suo libro di viaggi a un amico, che lo _____ in francese.

> nacque – fu sepolto – narrò – decise – morì – trascorse – scrisse – fu proclamato

_____a Firenze nel 1265 e _____nel 1321. _____ *La Divina Commedia*, poema in cui _____il suo viaggio simbolico nell'aldilà, cioè nell'inferno, purgatorio e paradiso. _____la seconda parte della sua vita in esilio dalla sua città di origine: Firenze. _____ a Ravenna. _____ "padre della lingua italiana", perché _____di scrivere il suo poema in lingua italiana, mentre nella sua epoca si scriveva in latino.

> inventò – morì – portarono – nacque – ricevette

_____ _____ a Bologna nel 1874 e _____ nel 1937. I suoi esperimenti nello studio delle onde elettromagnetiche _____ alla prima comunicazione via radio tra Europa e America, nel 1901. Nel 1909 _____il premio Nobel per la fisica. _____ il detector magnetico.

> dipinse – nacque – dipinse – fu – morì

_____ _____ a Vinci nel 1452 e _____ nel 1519. _____ *La Gioconda* (*Mona Lisa*). _____ il fondatore dell'anatomia scientifica. _____ *L'ultima cena*.

> sostenne – nacque – inventò – costruì – morì – fu processato – scoprì

_____ _____ a Pisa nel 1564 e _____ nel 1642. _____ e _____il cannocchiale. _____le irregolarità della superficie della luna. _____la dottrina eliocentrica (= la terra gira intorno al sole) e _____ per le sue idee.

divenne – morì – rappresentò – nacque – compose

_____ _____a Lucca nel 1858 e _____ nel 1924. _____
Madame Butterfly. Nelle sue opere liriche _____ magnificamente i per-
sonaggi femminili. _____ molto popolare per le opere liriche *Tosca* e *La
Bohème.*

morì – vinse – diresse – ricevette – consegnò – nacque

_____ _____a Rimini nel 1920 e _____nel 1993. _____
tre premi Oscar. _____ il film *La dolce vita.* _____ il premio Oscar
alla carriera nel 1993: glielo _____ Sofia Loren.

collaborò – nacque – disegnò – fu assassinato – morì

_____ _____a Reggio Calabria nel 1946 e _____nel 1997.
_____ con Elton John per aiutare la Fondazione di ricerca
sull'Aids. _____abiti di alta moda e costumi per opere. _____a Miami, sui gradini di ingresso di casa sua.

3.2 Il vocabolario della narrativa

Per le opere letterarie in prosa, quale vocabolario è utile sapere? Colleghiamo le
parole con le loro definizioni:

Parole	Definizioni
1. Romanzo	A. Narrazione breve, spesso con animali come protago-nisti e con una morale finale.
2. Novella o racconto	B. Narrazione di vicende d'invenzione o storiche, che può essere breve, ma anche piuttosto lunga.
3. Favola	C. Storia a sfondo magico e fantastico, con protagonisti umani e esseri magici come fate.
4. Fiaba	D. Breve e semplice storia, talvolta raccontata oralmente per intrattenere.

Conosci la versione inglese e spagnola di queste parole? Puoi notare la presenza
di "falsi amici" (parole con il medesimo suono, ma un significato diverso).

Inseriamo in queste frasi le parole appropriate.

1. Giovanni Boccaccio ha scritto una raccolta di cento _____che si
   intitola *Decameron.*
2. Nella _____di Esopo della volpe e l'uva la morale è che spesso
   disprezziamo quello che non possiamo avere.

3. Il _____ *Se questo è un uomo* di Primo Levi è la storia autobio-grafica dell'esperienza che l'autore ha vissuto in un campo di concen-tramento nazista.

4. Dino Buzzati ha raccolto le sue brevi narrazioni in un libro intitolato *Sessanta* _____.

5. Chi non ha letto la _____ di Biancaneve e i sette nani?

4. Interculture

 4.1   Read and listen to the text below and answer the reading comprehension questions that follow.

La Gatta Cenerentola e le sue discendenti, tra fortuna e virtù

La fiaba di Cenerentola ha origini antichissime. Forse nacque in Asia, ma certo la più antica in Europa fu scritta in Italia da Giambattista Basile, uno scrittore napoletano del Seicento, che la inserì nella sua raccolta di novelle in dialetto intitolata *Pentamerone. Lo cunto de li cunti ovvero lo trattenemiento de peccerille*. Basile ha dotato la sua fiaba di quegli elementi essenziali poi ripresi da autori successivi: la figlia di un padre vedovo, vittima della cattiveria della matrigna e delle sorellastre, trova un aiuto magico per cambiare i suoi poveri vestiti in un abito elegante, partecipa ad una festa da ballo, incanta il principe, fugge dalla festa, perde una scarpetta che sarà l'elemento di riconoscimento che la porterà alle nozze con il principe.

Ci sono però in ogni variante della storia dettagli diversi.

Basile ha chiamato la protagonista della sua fiaba Zezzolla, una ragazza intraprendente e astuta, soprannominata Gatta Cenerentola, e le ha dato due matrigne (la prima uccisa nientemeno che da Zezzolla stessa!), sei sorellastre, una fata uscita da una palma da datteri, monete e gioielli da gettare a terra per distrarre dal suo inseguimento il servitore del principe.

I fratelli Grimm, all'inizio dell'Ottocento, hanno scritto una storia più violenta e cruenta: le sorellastre sono arrivate addirittura a tagliarsi tallone e alluce per calzare con i piedi insanguinati la scarpetta di Cenerentola e ingannare temporaneamente il principe; alle nozze due colombi gli hanno beccato gli occhi fino ad accecarle.

In Francia alla fine del Seicento Charles Perrault, nei suoi *Contes de ma mère l'Oye*, aveva trasformato Cenerentola in una dolce damina, Cendrillon, modello di molte versioni moderne della storia, senza sangue e astuzie, vendette e uccisioni e con invece il perdono finale alle sorellastre. Qui la scarpetta di Cenerentola è diventata di vetro, ed è in questa versione che è apparsa la fata con le sue magiche trasformazioni di zucca, topolini e lucertole in carrozza, cavalli e lacchè.

Anche il compositore italiano di opere liriche Gioacchino Rossini, nell'Ottocento, ha messo in musica la storia di Cenerentola, eliminando tutte le componenti magiche e inserendo invece elementi di comicità.

Che cosa è successo a Cenerentola quando è arrivata in America Latina?

Negli anni Sessanta un compositore cileno, Jorge Peña Hen, ispirandosi a Perrault, ha composto l'opera *La Cenicienta*, rappresentata sulla scena solo da bambini.

Lo scrittore contemporaneo Tomie dePaola ha invece creato una Cenerentola di nome Adelita, per una storia non più magica basata sul folklore messicano. Adelita non perde una scarpetta quando fugge dalla *fiesta*, ma un *rebozo*, un bellissimo scialle dipinto.

Cinderella ha assunto in un certo senso un ruolo di fata per Walt Disney nel 1950, contribuendo a ricostruire la fortuna economica della sua casa cinematografica, dopo i dissesti economici del dopoguerra. In difesa della sua sognatrice, Disney ha detto: "She believed in dreams, all right, but she also believed in doing something about them. When Prince Charming didn't come along, she went over to the palace and got him."

La Cenerentola di Gioacchino Rossini.

4.2 Reading comprehension

1. In quale lingua è stata scritta la prima versione europea di Cenerentola?
2. Individua gli aspetti innovativi nella versione di Basile della fiaba.
3. La fiaba dei fratelli Grimm è la più violenta. Perché?
4. A quale scrittore si sono ispirate le versioni più recenti della fiaba di Cenerentola?
5. In quale versione della fiaba l'autore ha inserito la scarpetta di vetro?
6. Quali versioni hanno eliminato la componente magica?

7. Cenerentola è anche diventata la protagonista di opere liriche. Quali?

8. Perché, secondo te, Walt Disney si è sentito in dovere di difendere la sua *Cinderella*?

5. Languages in Transit: Exercises in Translation, Translanguaging, and Transfer

5.1   Translate the passage below into English or Spanish or a combination of the two. Be prepared to discuss your translation and the topic of the passage in class.

Cuba piace moltissimo agli italiani e ci sono molte visite organizzate per i turisti che desiderano andarci. Agli italiani piacciono la musica, le spiagge, la cucina, e la storia. Una delle canzoni che piace di più è "Guantanamera", una canzone popolare cubana del diciannovesimo secolo. Parla di una contadina, *guajira* della città di Guantánamo, una *guantanamera*. Il poeta e rivoluzionario cubano, José Martí, scrisse la prima strofa per una collezione di poesie, *Versos sencillos*, che fu trasposta in musica per diventare la canzone cubana più famosa nel mondo. La canzone uscì nel 1891, durante la guerra per l'indipendenza di Cuba dall'occupazione spagnola. È una storia di amore, patriottismo, e libertà. Oggi, Guantánamo ci ricorda la base militare americana con il suo campo di prigionia dove erano stati detenuti i sospetti terroristi dopo l'11 settembre. La storia combina sempre popoli, guerre, politica e vite umane in posti come Guantánamo. Dietro una canzone come "Guantanamera" che cantiamo tutti giorni ci sono secoli di storia e sofferenza. José Martí si oppose al coinvolgimento degli Stati Uniti negli affari di Cuba. Voleva l'indipendenza totale per la sua amata patria. Che cosa direbbe Martí della situazione attuale?

6. Exploring the Web

6.1–6.2 Go to the *Juntos* companion website at www.hackettpublishing.com /juntos-companion-webpage to complete activities 6.1–6.2.

LESSON 23

Il futuro

1. Intercomprehension

1.1 Identify the languages below.

- En el futuro tendremos una casa más grande.
- El millor estudiant anirà a la universitat.
- Cette équipe sera la meilleure en 2030.
- Scriverò un messaggio al mio professore.
- We will travel next year.

Identify the verbs and their tenses in the sentences above. What do you notice about the verb in English?

2. Intergrammar

Il futuro semplice

The *futuro semplice* (the simple future) is used to talk about actions or events that will take place in the future.

2.1 **How to form the simple future in Italian and Spanish**
Regular verbs

In Italian, the simple future is formed by removing the final *-e* from the infinitive and adding the future tense endings (e.g., *scrivere → scriver → scriverò*). Note that for *-are* verbs, the letter *-a* in the infinitive ending is replaced with the letter *-e* (e.g., *parlare → parlar → parler → parlerò*). Forming the simple future in Spanish is much more straightforward. Simply add the simple future tense endings to the infinitive (e.g., *hablar → hablaré*).

Regular verbs that end in *-are* in Italian and *-ar* in Spanish

parlare → parlar- → parler-	
parlerò	parler**emo**
parlerai	parler**ete**
parlerà	parler**anno**

hablar	
hablaré	hablaremos
hablarás	hablaréis
hablará	hablarán

Regular verbs that end in *-ere* in Italian and *-er* in Spanish

correre → correr-	
correrò	correremo
correrai	correrete
correrà	correranno

correr	
correré	correremos
correrás	correréis
correrá	correrán

Regular verbs that end in *-ire* in Italian and *-ir* in Spanish

dormire → dormir-	
dormirò	dormiremo
dormirai	dormirete
dormirà	dormiranno

dormir	
dormiré	dormiremos
dormirás	dormiréis
dormirá	dormirán

2.2 Irregular verbs

The following Italian verbs are irregular in the simple future. Match the irregular stems below with the infinitives in the chart. Are the corresponding Spanish verbs also irregular?

berr-	vedr-	andr-	sapr-	verr-
potr-	dovr-	vorr-	avr-	sar-

Future tense stems	Italian	Spanish	Is the verb in Spanish also irregular?
	avere	haber	
	essere	ser	
	volere	querer	
	dovere	deber	
	potere	poder	
	andare	ir	
	venire	venir	
	sapere	saber	
	bere	beber	
	vedere	ver	

Generally speaking, irregular verbs are not conjugated in the same way across languages. However, there are some irregular verbs in Italian and Spanish that follow similar patterns when forming the simple future.

avere → avr-	
avrò	avremo
avrai	avrete
avrà	avranno

haber → habr-	
habré	habremos
habrás	habréis
habrá	habrán

potere → potr-	
potrò	potremo
potrai	potrete
potrà	potranno

poder → podr-	
podré	podremos
podrás	podréis
podrá	podrán

sapere → sapr-	
saprò	sapremo
saprai	saprete
saprà	sapranno

saber → sabr-	
sabré	sabremos
sabrás	sabréis
sabrá	sabrán

Why are the verbs above irregular? What distinguishes them from regular verbs when forming the simple future?

3. In italiano...

3.1   Ascoltiamo e scriviamo

Marjory sta per arrivare a Venezia, ma non ha capito tutto l'annuncio del pilota. Aiutala a capire quello che ha detto.

Tra qualche minuto, _____ la nostra discesa verso l'aeroporto di Venezia. _____ alla porta 13, nel terminale 2, e _____ i vostri bagagli al ritiro bagagli numero 4. Oggi, _____ bel tempo. Le temperature _____ sopra i 20 gradi per tutta la giornata. Siamo sicuri che vi _____ la città e che _____ anche la regione del Veneto dove _____ il meglio della cucina italiana. Speriamo di avere l'opportunità di rivedervi quando _____ di nuovo con *Air Juntos*!

3.2   Coniuga i tre verbi qui sotto.

	visitare	scrivere	partire
io			
tu			
lui/lei/Lei			
noi			
voi			
loro			

3.3   Coniuga i verbi in parentesi.

1. (Io) _____ (preferire) camminare piuttosto che andare in barca.

2. (Io) _____ (iniziare) un'operazione di salvataggio il più presto possibile.

3. (Tu) _____ (abitare) sul Canal Grande.

4. Al telegiornale (tu) non _____ (sentire) quasi niente dei problemi della città.

5. (Lui) Non _____ (vendere) la loro casa nel centro storico della città.

6. (Lei) _____ (amare) questo dipinto.

7. (Noi) Non _____ (capire) mai quello che è successo.

8. (Voi) _____ (prendersi) tutto il tempo che vi serve.

9. (Loro) _____ (pensare) che non si può fare niente per salvare Venezia.

3.4   Il palazzo della memoria

Per memorizzare alcune parole del vocabolario della casa, prova questa mnemotecnica.

Immagina che a casa tua succederà qualcosa di magico.

Le solite cose che vedi nello spazio di casa tua cominceranno a fare cose strane. Inventa una storia piena di azioni ed emozioni, che ti aiuteranno a ricordare le parole in italiano.

Per questa tecnica di memorizzazione è importante scegliere uno spazio che ti è familiare, dove ti muovi abitualmente (per esempio, a casa, quando ti svegli o torni a casa, o quando ti prepari per andare all'università).

Ecco una lista di parole da memorizzare: sedie, tavolo, frigorifero, mobiletto, divano, finestra, porta, letto, comodino, fornelli, tappeto, lampada, poltrona, tendina, doccia, vasca da bagno, rubinetto, lavandino, forno a microonde, tostapane, lavatrice, lavastoviglie, asciugatrice, balcone, armadio.

1. Ecco un esempio di storia. Puoi provare a leggerla un paio di volte e vedrai che ti ricorderai le parole, nella sequenza in cui sono usate nella storia:

"One day I will go home and when I put my key in the *porta*, the *porta* will say *ciao! Bentornato!* Then I will put my backpack in my *armadio*, which will change into the same color as my backpack. I will go to the bathroom to wash my hands, and scented water will flow from the *rubinetto* and fill the *lavandino*. I will then proceed to the kitchen, where the *sedie* will dance around the *tavolo* to celebrate my return. The *tostapane* will shoot two slices of bread towards the *frigorifero*, which will open its *porta* to let some ham and cheese fly out to meet the bread midair and land on my *letto* which will shout: *"Il panino è pronto!"*

2. Ora puoi costruire la tua propria storia bizzarra, mettendoci il maggior numero possibile di parole prese dalla lista e eventualmente aggiungendone altre che vorresti imparare a memoria. Ci vuole pazienza e uno sforzo di immaginazione, ma è così che la tua mente memorizza.

3. Puoi anche provare a sostituire gradualmente i verbi con le corrispondenti forme al futuro in italiano.

4. Interculture

 4.1   Read and listen to the text below and answer the reading comprehension questions that follow.

Il futuro di Venezia

A un'ora di treno da Buenos Aires c'è la cittadina lagunare di Tigre, costruita sul delta de Río Paraná, chiamata dal poeta argentino Borges "la Venecia salvaje", con ville, case su palafitte, pontili, autobus acquatici simili ai vaporetti veneziani, e perfino un casinò, come nella Venezia italiana. L'attuale Tigre è stata fondata quando Venezia esisteva già da più di mille anni, ma prima un precedente insediamento era stato distrutto da un'alluvione.

L'acqua è, infatti, il fascino, ma anche la minaccia delle città lagunari.

I primi insediamenti veneti costruiti sulla laguna del delta del fiume Po, lungo la costa adriatica, risalgono al V secolo. Quelle palafitte costruite per fuggire alle invasioni degli Unni hanno dato origine a Venezia, una città unica, fatta di isole e di canali, sui quali sono stati costruiti palazzi bellissimi nel corso dei secoli. Ma molti di questi palazzi, affacciati sull'acqua, circondati da ponti, calli e piazzette, e acquistati da turisti stranieri che li lasciano inabitati per la maggior parte dell'anno, oggi rischiano di sprofondare nel mare.

L'azione dello scirocco e della bora (venti che soffiano dal sud e dall'est in direzione contraria al riflusso delle maree), ma anche quella dell'innalzamento del livello del mare dovuto al riscaldamento globale, provocano infatti il fenomeno chiamato acqua alta, cioè l'allagamento del piano terra di case e negozi, mentre il continuo flusso dell'acqua corrode i pali su cui appoggia la città.

Quale sarà il futuro di Venezia? Inventeranno nuove tecnologie per salvarla dall'innalzamento del mare Adriatico?

Anche se non è stato ancora implementato il progetto dal promettente nome biblico MOSE (MOdulo Sperimentale Elettromeccanico), che consiste di barriere mobili attivabili pneumaticamente, si spera che nel futuro altre iniziative di ingegneria idraulica contribuiranno a proteggere Venezia dalle acque.

Si stanno anche sperimentando resine impermeabili che proteggeranno le superfici delle strutture della città, mentre le tradizionali passerelle continueranno a permettere a turisti e Veneziani di camminare sul mare che invade la città soprattutto in autunno e primavera.

Un'altra seria minaccia all'equilibrio ambientale di Venezia è il passaggio nel canale della Giudecca, di fronte a piazza San Marco, delle grandi navi da crociera. Gli accordi tra il Ministero dei Trasporti e il CLIA (Cruise Lines International Association) dirotteranno presto il percorso delle crociere dai canali del centro storico su un canale alternativo, quando saranno finiti i lavori di scavo.

Venezia, Italia.

4.2 **Reading comprehension**

1. Dove si trova la cittadina di Tigre?
2. Perché Borges la chiama "Venecia salvaje"? Quali somiglianze ci sono tra Venezia e Tigre?
3. Dove, quando e perché è stata costruita Venezia?
4. Perché alcuni palazzi veneziani sono disabitati?
5. Secondo te, che cosa sono le calli? Canali, vie, colline?
6. Che cos'è l'acqua alta e da cosa è provocata?
7. Quali sono i pericoli naturali e umani che minacciano Venezia?
8. Quali rimedi salveranno Venezia?

5. Languages in Transit: Exercises in Translation, Translanguaging, and Transfer

5.1 Translate the passage below into English or Spanish or a combination of the two. Be prepared to discuss your translation and the topic of the passage in class.

Che cosa farai domani, tra due ore, tra tre mesi, tra quattro anni? I progetti di vita sono importanti, però c'è tanta gente che preferisce vivere alla giornata senza pensare al futuro. Che tipo di persona sei tu? Sai già oggi quello che mangerai domani, o a che ora ti sveglierai? Sai se andrai all'università in bici o in macchina, o in autobus? Se pioverà domani, sarai preparato con l'ombrello, o sei una persona che non si porta mai dietro l'ombrello? Ci sono certe professioni per cui programmare la giornata è molto importante. I chirurghi, per esempio, sanno che dovranno arrivare ben riposati al momento dell'operazione; e per difendere bene i loro clienti, gli avvocati studieranno per tempo tutti i documenti relativi al caso che discuteranno in tribunale. Il successo di certi professionisti dipende proprio dalla loro capacità di programmare il futuro.

6. Exploring the Web

6.1 Go to the *Juntos* companion website at www.hackettpublishing.com/juntos -companion-webpage to complete activity 6.1.

7. Further Focus

7.1 The imperative future: expressing commands

The simple future can also be used to express commands.

Telefonerai alla zia e le **dirai** "buon compleanno".
Llamarás a tu tía y le **dirás** "feliz cumpleaños". or **Vas a llamar** a tu tía y le **vas a decir** "feliz cumpleaños".*
Tu **téléphoneras** à ta tante et tu lui **diras** « Joyeux anniversaire ».
You will call your aunt and **you will wish** her a happy birthday.

*Note that in Spanish, the periphrastic future can also be used to express commands.

What do you notice about the two clauses that make up each sentence above? Are they independent or dependent clauses? Why?

7.2 The "double" future after expressions of time like: *se, quando, dopo che, (non) appena*

What do you notice about the clauses that make up these sentences? Are they dependent or independent? Why? In Italian, what verb tense is used in the dependent clause? What verb tense is used in the independent clause? How does Italian compare to Spanish, French, and English?

Quando Giorgio **scenderà**, lo **saluteremo**.
Cuando Jorge **baje**, lo **saludaremos**.
Quand Georges **descend**, on lui **dira** bonjour.
When George **comes down**, we **will greet** him.

Se **avrà** voglia, **andremo** al cinema.
Si **tiene** ganas, **iremos** al cine.
Si elle **a** envie, on **ira** au cinéma.
If she **wants**, we **will go** to the movies.

Exercise

Read the paragraph in Spanish below, paying special attention to the verbs in the simple future. Can you complete the subsequent paragraph in Italian?

Spanish

Este verano visitaré Italia por primera vez. También será mi primera vez en Europa. Estoy contenta porque mi mejor amiga me ha dicho que vendrá conmigo. Compraremos los boletos la próxima semana. Viajaremos con Alitalia porque hay un vuelo económico y directo desde Los Ángeles para Roma. El viaje durará doce horas.

Sé que estaré cansada cuando llegue a Roma, pero no iré a dormir porque quisiera visitar el Coliseo. Dado que está situado en el centro de la capital, pasaré el día ahí visitando los otros monumentos de Roma, como la Fuente de Trevi. No me olvidaré de lanzar una moneda en la Fuente, porque sé que existe una leyenda que dice que si lo haces, te garantizarás el regreso a Roma. Después de haber caminado por horas, sé que tendré mucha hambre. Hablaré con una persona italiana y le pediré que me aconseje un restaurante en donde podré probar comida romana que sea auténtica y no turística.

Italian

Quest'estate _____ l'Italia per la prima volta. _____ anche la mia prima volta in Europa. Sono contenta perché la mia migliore amica mi ha detto che _____ con me. _____ i biglietti la settimana prossima. _____ con Alitalia perché c'è un volo economico e diretto da Los Angeles per Roma. Il viaggio _____ dodici ore.

So che _____ stanca quando _____ a Roma, ma non _____ a dormire perché vorrei visitare il Colosseo. Siccome è situato nel centro della capitale, _____ la giornata lì visitando gli altri monumenti di Roma, come la Fontana di Trevi. Non mi _____ di lanciare una moneta nella Fontana, perché so che esiste una leggenda che dice che se lo farai, ti _____ il ritorno a Roma. Dopo aver camminato per ore, so che _____ tanta fame. _____ con una persona italiana e le _____ di consigliarmi un ristorante dove _____ assaggiare cibo romano che sia autentico e non turistico.

7.3 Il futuro anteriore

The *futuro anteriore* (*future perfect/futuro perfecto*) indicates a future action that will have been completed by the time some other action in the future comes to pass. Take, for example, the following sentences:

- Quando Luca si sveglierà, suo fratello Marcello sarà già partito per l'Italia.
- Cuando Luca se despierte, su hermano Marcelo ya habrá partido para Italia.
- Quand Luca se réveille, son frère Marcel sera déjà parti pour l'Italie.
- When Luca wakes up, his brother Marcello will have already left for Italy.

Each sentence above is composed of a dependent clause and an independent clause. Can you identify the verb tense used in each clause?

The future perfect can also be used after adverbial phrases of time like *fra tre anni* (in three years). See the two sets of examples below:

- Fra tre anni, si sarà laureata e abiterà a Roma.
- En tres años, se habrá graduado y vivirá en Roma.
- Dans trois ans, elle aura été diplômée et habitera à Rome.
- In three years, she will have graduated and will be living in Rome.

- Fra tre anni, si sarà laureata.
- En tres años, se habrá graduado.
- Dans trois ans, elle aura été diplômée.
- In three years, she will have graduated.

In the first set of examples above, notice how the actions expressed by the two verbs that follow each adverbial phrase of time are organized chronologically by the use of the future perfect.

In the second set of examples, notice that while there is only one verb in each sentence, the future perfect is still used to express the completion of an action before the end of three years.

How to form the *futuro anteriore* (future perfect)

In Italian and Spanish, the future perfect is a compound tense. In Italian it is formed by combining the simple future of *avere* or *essere* with the *participio passato* of the main verb. As when forming the *passato prossimo*, knowing which auxiliary verb to use (*avere* or *essere*) depends on whether the main verb is transitive or intransitive (note that not all intransitive verbs take the auxiliary verb *essere*). When forming the future perfect in Spanish, the *participio pasado* of the main verb is always combined with the simple future of the auxiliary verb *haber*.

Regular verbs that are transitive

organizzare	
avrò organizzato	avremo organizzato
avrai organizzato	avrete organizzato
avrà organizzato	avranno organizzato

organizar	
habré organizado	habremos organizado
habrás organizado	habréis organizado
habrá organizado	habrán organizado

cucinare	
avrò cucinato	avremo cucinato
avrai cucinato	avrete cucinato
avrà cucinato	avranno cucinato

cocinar	
habré cocinado	habremos cocinado
habrás cocinado	habréis cocinado
habrá cocinado	habrán cocinado

Regular verbs that are intransitive

arrivare	
sarò arrivato/a	saremo arrivati/e
sarai arrivato/a	sarete arrivati/e
sarà arrivato/a	saranno arrivati/e

llegar	
habré llegado	habremos llegado
habrás llegado	habréis llegado
habrá llegado	habrán llegado

partire	
sarò partito/a	saremo partiti/e
sarai partito/a	sarete partiti/e
sarà partito/a	saranno partiti/e

partir	
habré partido	habremos partido
habrás partido	habréis partido
habrá partido	habrán partido

Exercise

Read the paragraph in Spanish below, paying special attention to the verbs in bold. Can you complete the subsequent paragraph in Italian?

Spanish

Querida Francisca:

    Cuando recibas esta carta, ya me **habré ido** a los Estados Unidos. Te voy a extrañar muchísimo, pero por lo menos el año académico **habrá terminado** para junio y regresaré a España lo más pronto posible. La decisión de dejar a mi familia y a todos mis amigos para seguir un máster en inglés no fue fácil, pero no podía desaprovechar la oportunidad de estudiar en UCLA. Apenas **termine** este máster, voy a tratar de hacer el doctorado. ¡Esperamos que todo salga bien! Y tú, ¿cómo estás? ¿Cuando regresas a Valencia? Si **habrás regresado** antes de mi salida en septiembre, ¡házmelo saber!

    Un abrazo,

    Adriana

Italian

Cara Francesca,

    Quando riceverai questa lettera, _____ già _____ per gli Stati Uniti. Mi mancherai tantissimo, ma almeno l'anno accademico _____ per giugno e tornerò in Italia appena possibile. La decisione di lasciare la mia famiglia e tutti i miei amici per conseguire un master in inglese non è stata facile, ma non potevo sprecare l'opportunità di studiare a UCLA. Non appena _____ con questo master, cercherò di fare il dottorato di ricerca. Speriamo che tutto vada bene! E tu, come stai? Quando torni a Verona? Se _____ prima della mia partenza a settembre, fammi sapere!

    Un abbraccio,

    Adriana

Il passivo: la forma passiva del verbo

1. Intercomprehension

1.1 Identify the languages below.

- O livro foi escrito por Márcia.
- La casa había sido construida por mi padre.
- Madame la présidente a été invitée hier soir par la reine d'Angleterre.
- Di solito il musicista era applaudito dal pubblico romano.
- She was taken to the dance by her high school crush.

1.2 In the sentences above, can you identify the verbs in the passive voice?

Just as verbs have moods (e.g., indicative, conditional, etc.), they also have voice, either active or passive. Transitive and intransitive verbs may be expressed in the active voice, but only transitive verbs (i.e., verbs that take a direct object) can be expressed in the passive voice. When a transitive verb is active, the subject *performs* the action on a direct object. However, when a transitive verb is passive, the direct object becomes the subject of the verb and *receives* the action *performed by* someone or something (the agent).

1.3 Which words perform the function of agent in these sentences?

1.4   Take a look at the following examples. Can you identify the subject and direct object in each active sentence, and the subject and agent in each passive sentence?

- Marco compra un libro (active).
- Un libro è comprato da Marco (passive).

- Mi hermano tocaba el piano (active).
- El piano era tocado por mi hermano (passive).

- Le professeur lit le livre (active).
- Le livre est lu par le professeur (passive).

- Every semester the students receive a report card (active).
- Every semester a report card is received by the students (passive).

Take a look at the two Italian sentences above. Although the verb *comprare* changes from *compra* to *è comprato*, this does not signal a change in verb tense. Do not confuse *è comprato* for the *passato prossimo*. *Compra* and *è comprato* are both still in the present tense, but the former is in the active voice while the latter is in the passive voice. The same holds true for the sentences in Spanish, French, and English. *Tocaba* and *era tocado* are in the imperfect; *lit* and *est lu* are in the present; and *receive* and *is received* are in the present.

2. Intergrammar

In Italian, Spanish, French, and English, when we change the verb from the active to the passive voice the number of words needed to form the verb increases by one. For example:

Active	Passive
Gli studenti **ricevono** una pagella.	Una pagella **è ricevuta** dagli studenti.

Active	Passive
Los estudiantes **reciben** un boletín de calificaciones.	Un boletín de calificaciones **es recibido** por los estudiantes.

Active	Passive
Gli studenti **hanno ricevuto** una pagella.	Una pagella **è stata ricevuta** dagli studenti.

Active	Passive
Los estudiantes **han recibido** un boletín de calificaciones.	Un boletín de calificaciones **ha sido recibido** por los estudiantes.

Notice how *ricevono/reciben* (one word, active) becomes *è ricevuta/es recibido* (two words, passive) and *hanno ricevuto/han recibido* (two words, active) becomes *è stato ricevuto/ha sido recibido* (three words, passive). Let's take a look at more examples below:

Going from one word to two words

The active voice (*il presente*, *l'imperfetto*, and *il passato remoto*)
Il professore **presenta/presentava/presentò** il programma.
El profesor **presenta/presentaba/presentó** el programa.
Le professeur **présente/présentait/présenta** le programme.
The professor **presents/presented** the syllabus.

The passive voice (*il presente*, *l'imperfetto*, and *il passato remoto*)
Il programma **è presentato/era presentato/fu presentato** dal professore.
El programa **es presentado/era presentado/fue presentado** por el profesor.
Le programme **est présenté/était présenté/fut présenté** par le professeur.
The syllabus **is presented/was presented** by the professor.

Notice that to form the passive voice in the sentences above, one must combine the *presente*, *imperfetto*, or *passato remoto* of *essere* in Italian and *ser* in Spanish with the past participle of the main verb. The past participle must agree with the subject in gender and number (e.g., *la macchina è comprata da Giorgio*; *la canción fue cantada por María*).

Going from two words to three words

The active voice (*il passato prossimo* and *il trapassato prossimo*)
Il professore **ha presentato/aveva presentato** il programma.
El profesor **ha presentado/había presentado** el programa.
Le professeur **a présenté/avait présenté** le programme.
The professor **has presented/had presented** the syllabus.

The passive voice (*il passato prossimo* and *il trapassato prossimo*)
Il programma **è stato presentato/era stato presentato** dal professore.
El programa **ha sido presentado/había sido presentado** por el profesor.
Le programme **a été présenté/avait été présenté** par le professeur.
The syllabus **has been presented/had been presented** by the professor.

Notice that to form the passive voice in the sentences above, one must combine the *passato prossimo* or the *trapassato prossimo* of *essere* in Italian and *ser* in Spanish with the past participle of the main verb. In Italian, both past participles (those of *essere* and the main verb) must agree with the subject in gender and number (e.g., *le macchine sono state comprate da Giorgio*). Since all compound tenses in Spanish take *haber*, only the past participle of the main verb has to agree with the subject in gender and number (e.g., *las canciones han* **sido** *cantadas por María*).

3. In italiano...

 3.1 **Ascoltiamo e scriviamo**

Franco, Alma, e Gigi hanno fatto la spesa insieme ma non si ricordano chi ha comprato cosa. Ascolta il file audio per questa attività e aiutali a distinguere i loro acquisti. Usa la forma passiva nelle tue risposte. Per esempio: *Le banane* **sono** **state** *comprate da Franco.*

Franco	Alma	Gigi

3.2   Scegli la risposta giusta:

Attivo	Passivo
Il macellaio taglia la carne.	La carne _____ dal macellaio.
☐ stata tagliata ☐ è tagliata ☐ è stata tagliata	
Marco compra i frutti.	I frutti _____ da Marco.
☐ sono comprati ☐ sono stati comprati ☐ comprano	
La fruttivendola vende i pomodori.	I pomodori _____ dalla fruttivendola.
☐ vende ☐ sono venduti ☐ sono stati venduti	
Sara non ha comprato i legumi.	I legumi non _____ da Sara.
☐ stati comprati ☐ sono comprati ☐ sono stati comprati	
Il peso della spesa ha rotto la busta.	La busta _____ dal peso della spesa.
☐ è rotta ☐ è stata rotta ☐ rompe	
Il fruttivendolo ha venduto i prodotti agricoli.	I prodotti agricoli _____ dal fruttivendolo.
☐ vendono ☐ sono venduti ☐ sono stati venduti	
Gli operai hanno costruito il ponte.	Il ponte _____ dagli operai.
☐ è costruito ☐ è stato costruito ☐ costruito	
Marco non comprerà il pesce.	Il pesce non _____ da Marco.
☐ è comprato ☐ comprerà ☐ sarà comprato	

3.3   Trasforma queste frasi passive in frasi attive.

    1. Gli ordini sono stati dati dal tenente.

    2. I frutti di mare sono cucinati dalla cuoca.

    3. La torta è stata mangiata dalla bambina.

    4. Il ristorante è stato recensito dal critico culinario.

3.4   Trasforma queste frasi attive in frasi passive.

    1. Mangio le fragole.

    2. Prepari la cena.

    3. Lui pulisce la cucina.

    4. Compriamo prodotti locali.

    5. Ordinate le patatine.

    6. Sbucciano le mele.

3.5   La fruttivendola

Guarda il quadro *La fruttivendola* (1580) di Vincenzo Campi qui sotto. Usando quello che hai imparato in questa lezione, trasforma le seguenti frasi attive in frasi passive. Per ogni frase passiva, identifica il soggetto e l'agente del verbo.

    1. La fruttivendola ha sistemato la frutta in diversi contenitori.

    2. La fruttivendola ha anche decorato la cesta dei legumi con delle rose.

    3. La fruttivendola prende un grappolo d'uva dalla tinozza e ce lo mostra.

    4. Un contadino raccoglie la frutta da un albero.

La fruttivendola (1580) di Vincenzo Campi.

3.6   Abitazioni

Completa la tabella nella pagina seguente e paragona le parole in spagnolo, italiano e inglese.

Spagnolo	Italiano	Inglese
	il palazzo	
	la palazzina	
	il condominio	
	l'appartamento/l'alloggio	
	l'attico	
	la villa/la villetta/il villino	
	la villetta a schiera	
	il grattacielo	
	l'isolato	
	il quartiere	
	il prefabbricato	
	il complesso residenziale	
	la portineria	

3.7   Completa le seguenti espressioni usate nel mondo immobiliare con parole dall'attività 3.6.

1. _____ con due camere, doppi servizi, cantina e garage, situato al quarto piano di un _____ in un _____ centrale di Milano, a pochi _____ dal centro commerciale e dalla stazione metropolitana.

2. Grande _____ incluso in una _____ di due piani, con scala interna in comune con altri tre _____.

3. _____ su due livelli, con garage e giardinetto in comune con le altre vicine, in un _____ dotato di piscina e campi da tennis, garage sotterraneo e club house.

4. Lussuoso _____ situato all'ultimo piano di un antico _____ del centro, con ascensore, servizio continuato di _____, con posto auto esterno privato, ma senza garage.

5. _____ vicino alla spiaggia, dotato di riscaldamento e aria condizionata, ottimi materiali di costruzione, affittabile tutto l'anno.

4. Interculture

 4.1   Read and listen to the text on the following pages and answer the reading comprehension questions that follow.

Abitazioni in pietra: nuraghi e trulli

Le case italiane di oggi, dalle ville ai condomìni, sono fatte per lo più di mattoni e cemento. Gli italiani che viaggiano in California o in Messico si stupiscono sempre quando vedono le case costruite di legno e carton-gesso o con l'adobe, perché le considerano fragili, fatte di cartone e di sabbia...

In realtà le strutture di legno delle case californiane sono le più adatte ad assorbire lo stress dei terremoti, mentre le case messicane fatte di adobe sono considerate ecologiche, termiche e salutari.

In Italia, preziosi marmi e pietre sono estratti da secoli per la costruzione di templi, cattedrali, palazzi, monumenti, dall'antichità greca e romana fino al Rinascimento, e anche ai giorni nostri, per soddisfare la richiesta di progetti architettonici di tutto il mondo. Un esempio recente è il travertino italiano, che è stato esportato in grande quantità per la realizzazione del Museo Paul Getty di Los Angeles, inaugurato nel 1997. Ma esistono in Italia anche altri originali esempi di abilità nell'uso dei materiali architettonici.

Dal 1997 il nuraghe del villaggio nuragico di Su Nuraxi a Barumini, in Sardegna, è stato dichiarato patrimonio mondiale dell'umanità dall'UNESCO. Fu costruito, utilizzando blocchi di basalto, più di tremila anni fa.

I nuraghi della Sardegna sono le più antiche costruzioni in pietra finora conosciute, per questo sono chiamate le piramidi italiane. Sono di forma conica, alti fino a 20 metri, talvolta con porte e finestre, ed avevano una posizione preminente in insediamenti dell'età del Bronzo: forse erano utilizzati come centri di potere religioso o politico, o come centri di difesa.

Un nuraghe della Sardegna.

Un anno prima, nel 1996, anche i trulli di Alberobello, in Puglia, sono stati inseriti nella lista dei siti protetti dall'UNESCO. Gli oltre mille trulli che costituiscono il quartiere più pittoresco di Alberobello avevano però uno scopo meno nobile: erano abitati, nel XIV (quattordicesimo) secolo, da contadini a cui era stato concesso il diritto di costruirsi abitazioni provvisorie dal proprietario delle terre che lavoravano. La tecnica di costruzione non era perciò basata sulla malta, bensì sulla muratura a secco. In questo modo quelle costruzioni rotonde, dalle mura spesse e dal tetto conico fatto di lastre calcaree sovrapposte, potevano essere facilmente smantellate. Oggi la differenza dei trulli rispetto ai nuraghi è che questi ultimi sono visitati dai turisti come siti archeologici, mentre i trulli sono tuttora abitati e contengono abitazioni, negozi, e perfino una piccola chiesa.

I trulli di Alberobello.

4.2 Reading comprehension

1. Con quale materiale sono fatte le case italiane di oggi?
2. Di cosa sembrano fatte le case californiane e messicane agli italiani?
3. Quali materiali da costruzione pregiati sono estratti in Italia?
4. Quale materiale da costruzione è stato esportato dall'Italia per costruire il museo Paul Getty di Los Angeles?
5. Perché, secondo te, i nuraghi sono chiamati le piramidi italiane?
6. Qual era la funzione dei nuraghi?
7. Dove sono stati costruiti i nuraghi e i trulli?
8. A chi servivano i trulli?

9. Perché i trulli non potevano essere fatti con pietre cementate tra di loro?

10. Quale organizzazione internazionale ha dichiarato i nuraghi e i trulli patrimonio mondiale dell'umanità?

5. Languages in Transit: Exercises in Translation, Translanguaging, and Transfer

5.1   Translate the passage below into English or Spanish or a combination of the two. Be prepared to discuss your translation and the topic of the passage in class.

"Al cor gentil rempaira sempre amore"

Questo è il verso del poeta Guido Guinizzelli (c. 1230–1276) da cui è stata fondata l'importante scuola di poesia italiana: Il dolce stil novo. Per capire l'importanza di questo momento nella storia della poesia, ma anche nella storia della nuova visione del mondo che valorizzava l'essere umano, pensiamo al significato del verso. "Il cuore gentile" è stato messo al centro della poesia dall'autore per sottolineare un nuovo concetto di nobiltà. Non sono la discendenza o il denaro a determinare il nostro valore e la possibilità di essere amati, ma lo è invece la qualità del nostro cuore. Il cuore gentile è posseduto soltanto da chi è buono di spirito e benevolo verso gli altri. Senza la gentilezza di cuore o bontà d'animo, l'amore non sarà mai presente. Però se il nostro cuore è gentile, non importa se siamo ricchi o poveri—l'amore entrerà. Questo messaggio fu sviluppato da Dante Alighieri, Guido Cavalcanti e Lapo Gianni, i tre amici poeti che aggiungeranno un elemento importante al concetto d'amore: l'amicizia. Il potere dell'amicizia è sentito in un famoso sonetto di Dante, "Guido, i' vorrei che tu, Lapo, ed io…" Per capire cosa voleva Dante per lui e i suoi amici Guido e Lapo, leggi la poesia.

6. Exploring the Web

6.1   Go to the *Juntos* companion website at www.hackettpublishing.com/juntos -companion-webpage to complete activity 6.1.

L'imperativo

1. Intercomprehension

The imperative mood is used to express a command, a request, a prohibition, and to grant or deny permission in the present. It is most commonly used in the second person singular (*vai!*), the second person plural (*andate!*), and the first person plural (*andiamo!*).

The imperative also has two formal forms: the singular *Lei* formal (*vada!*) and the plural *Loro* formal (*vadano!*), although the latter is not commonly used in modern Italian and is generally replaced by the second person plural *voi*. Like Spanish, Italian uses the third person singular and plural forms of the present subjunctive to form *Lei* and *Loro* formal in the imperative: *vada!*/¡*vaya!* and *vadano!*/¡*vayan!*.

1.1   Look at the verbs in the imperative in the following sentences and identify whether the commands that they express are formal or informal. Which languages conjugate the imperative differently when switching from the informal to the formal?

- ¡Miguel, espera aquí! ¡Señora, espere en esa oficina!
- Madame, parlez à la secrétaire ! Et toi, Michelle, parle au propriétaire !
- Luca: entra pure! E Lei, signora, entri da questa parte!
- Sir, please give them your answer! Students, give him more time!

2. Intergrammar

How to form the positive imperative

	comprar	acheter	comprare	to buy
tu (informale)	¡compra todo!	achète tout !	compra tutto!	buy everything!
voi (informale)	¡comprad todo!	achetez tout !	comprate tutto!	buy everything!
noi	¡compremos todo!	achetons tout !	compriamo tutto!	let's buy everything!
Lei (formale)	¡compre todo!	achetez tout !	compri tutto!	buy everything!
Loro (formale)	¡compren todo!	achetez tout !	comprino tutto!	buy everything!

	vender	vendre	vendere	to sell
tu (informale)	¡vende todo!	vends tout !	vendi tutto!	sell everything!
voi (informale)	¡vended todo!	vendez tout !	vendete tutto!	sell everything!
noi	¡vendamos todo!	vendons tout !	vendiamo tutto!	let's sell everything!
Lei (formale)	¡venda todo!	vendez tout !	venda tutto!	sell everything!
Loro (formale)	¡vendan todo!	vendez tout !	vendano tutto!	sell everything!

	servir	servir	servire	to serve
tu (informale)	¡sirve el vino!	sers le vin !	servi il vino!	serve the wine!
voi (informale)	¡servid el vino!	servez le vin !	servite il vino!	serve the wine!
noi	¡sirvamos el vino!	servons le vin !	serviamo il vino!	let's serve the wine!
Lei (formale)	¡sirva el vino!	servez le vin !	serva il vino!	serve the wine!
Loro (formale)	¡sirvan el vino!	servez le vin !	servano il vino!	serve the wine!

2.1   The negative imperative (i.e., an imperative that expresses a negative command) differs from the positive imperative in some languages. Look at the verbs in the negative imperative below. Which verbs differ from their corresponding forms in the positive imperative?

- ¡Miguel! ¡No vendas todo!
- Michel ! Ne sers pas tout !
- Michele! Non comprare tutto!
- Michael! Do not sell everything!

In Italian, the negative imperative is formed by adding the adverb *non* in front of the negative imperative verb form. For *tu informale*, the infinitive of the verb is used (e.g., *non mangiare* instead of *non mangia*). In Spanish, the negative imperative is also formed by adding the adverb *no* in front of the negative imperative verb form. For second person singular and plural the present subjunctive is used (e.g., *¡no compres todo!* and *¡no compréis todo!* instead of *¡compra todo!* and *¡no comprad!*).

How to form the negative imperative

	comprar	acheter	comprare	to buy
tu (informale)	¡no compres todo!	n'achète pas tout !	non comprare tutto!	do not buy everything!
voi (informale)	¡no compréis todo!	n'achetez pas tout !	non comprate tutto!	do not buy everything!
noi	¡no compremos todo!	n'achetons pas tout !	non compriamo tutto!	let's not buy everything!
Lei (formale)	¡no compre todo!	n'achetez pas tout !	non compri tutto!	do not buy everything!
Loro (formale)	¡no compren todo!	n'achetez pas tout !	non comprino tutto!	do not buy everything!

	vender	vendre	vendere	to sell
tu (informale)	¡no vendas todo!	ne vends pas tout !	non vendere tutto!	do not sell everything!
voi (informale)	¡no vendáis todo!	ne vendez pas tout !	non vendete tutto!	do not sell everything!
noi	¡no vendamos todo!	ne vendons pas tout !	non vendiamo tutto!	let's not sell everything!
Lei (formale)	¡no venda todo!	ne vendez pas tout !	non venda tutto!	do not sell everything!
Loro (formale)	¡no vendan todo!	ne vendez pas tout !	non vendano tutto!	do not sell everything!

	servir	servir	servire	to serve
tu (informale)	¡no sirvas el vino!	ne sers pas le vin !	non servire il vino!	do not serve the wine!
voi (informale)	¡no sirváis el vino!	ne servez pas le vin !	non servite il vino!	do not serve the wine!
noi	¡no sirvamos el vino!	ne servons pas le vin !	non serviamo il vino!	let's not serve the wine!
Lei (formale)	¡no sirva el vino!	ne servez pas le vin !	non serva il vino!	do not serve the wine!
Loro (formale)	¡no sirvan el vino!	ne servez pas le vin !	non servano il vino!	do not serve the wine!

2.2   In the sentences below, the positive imperative is being used with reflexive verbs. What do you notice about the position of each reflexive pronoun in relation to the verb?

- ¡Levántate! ¡Tenemos que ir!
- Lève-toi ! On doit aller !
- Alzati! Dobbiamo andare!
- Get (yourself) up! We have to go!

2.3   Look at the reflexive verbs in the positive imperative below. Are they in the formal or informal? What do you notice about the position of each reflexive pronoun in relation to the verb?

- ¡Levántese! ¡Tenemos que ir!
- Levez-vous ! On doit aller !
- Si alzi! Dobbiamo andare!
- Please get (yourself) up! We have to go!

How to form the positive imperative with reflexive verbs

	levantarse	se lever	alzarsi	to get (oneself) up
tu (informale)	¡levántate!	lève-toi !	alzati!	get (yourself) up!
voi (informale)	¡levantaos!	levez-vous !	alzatevi!	get (yourselves) up!
noi	¡levantémonos!	levons-nous !	alziamoci!	let's get (ourselves) up!
Lei (formale)	¡levántese!	levez-vous !	si alzi!	get (yourself) up!
Loro (formale)	¡levántense!	levez-vous !	si alzino!	get (yourselves) up!

2.4   In the sentences below, the negative imperative is being used with reflexive verbs. What do you notice about the position of each reflexive pronoun in relation to the verb?

- ¡No te levantes!
- Ne te lève pas !
- Non alzarti!
- Don't get (yourself) up!

2.5   Look at the reflexive verbs in the negative imperative below. Are they in the formal or informal? What do you notice about the position of each reflexive pronoun in relation to the verb?

- ¡No se levante!
- Ne vous levez pas !
- Non si alzi!
- Please don't get (yourself) up!

How to form the negative imperative with reflexive verbs

	levantarse	se lever	alzarsi	to get (oneself) up
tu (informale)	¡no te levantes!	ne te lève pas !	non alzarti!	don't get (yourself) up!
voi (informale)	¡no os levantéis!	ne vous levez pas !	non alzatevi!	don't get (yourselves) up!
noi	¡no nos levantemos!	ne nous levons pas !	non alziamoci!	let's not get (ourselves) up!
Lei (formale)	¡no se levante!	ne vous levez pas !	non si alzi!	don't get (yourself) up!
Loro (formale)	¡no se levanten!	ne vous levez pas !	non si alzino!	don't get (yourselves) up!

2.6   In the sentences below, the positive imperative is used with indirect and direct object pronouns. What do you notice about the position of each pronoun in relation to the verbs in the positive imperative? Do you notice anything different about the pronouns in Italian?

- ¡Tráe**me** el vino! ¡Sírve**melo** frío!
- Porte-**moi** le vin ! Sers-**le-moi** frais !
- Porta**mi** il vino! Servi**melo** freddo!
- Bring **me** the wine! Serve **it to me** cold!

2.7   Look at the verbs in the positive imperative below. Are they in the formal or informal? What do you notice about the position of each pronoun in relation to the verb?

- ¡Tráiga**me** el vino! ¡Sírva**melo** frio!
- Portez-**moi** le vin ! Servez-**le-moi** frais !
- **Mi** porti il vino! **Me lo** serva freddo!
- Please serve **me** the wine! Please serve **it to me** cold!

Let's use the verb *to buy* to explore the combinations of the positive imperative with direct object and indirect object pronouns.

How to form the positive imperative with double pronouns

	comprar	acheter	comprare	to buy
tu (informale)	¡cómpramelo/la/los/las!	achète-le/la/les-moi !	compramelo/la/li/le!	buy it/them for me!
	¡cómpratelo/la/los/las!	achète-le/la/les-toi !	compratelo/la/li/le!	buy it/them for yourself!
	¡cómpraselo/la/los/las!	achète-le/la/les-lui !	compraglielo/la/li/le!	buy it/them for him/her!
	¡cómpranoslo/la/los/las!	achète- le/la/les-nous !	compracelo/la/li/le!	buy it/them for us!
	¡cómpraselo/la/los/las!	achète-le/la/les-leur !	compraglielo/la/li/le! compralo/la/li/le loro!	buy it/them for them!
Lei (formale)	¡cómpremelo/la/los/las!	achetez-le/la/les-moi !	me lo/la/li/le compri!	buy it/them for me!
	¡cómpreselo/la/los/las!	achetez-le/la/les-vous !	se lo/la/li/le compri!	buy it/them for yourself!
	¡cómpreselo/la/los/las!	achetez-le/la/les-lui !	glielo/la/li/le compri!	buy it/them for him/her!
	¡cómprenoslo/la/los/las!	achetez-le/la/les-nous !	ce lo/la/li/le compri!	buy it/them for us!
	¡cómpreselo/la/los/las!	achetez-le/la/les-leur !	glielo/la/li/le compri! lo compri loro!	buy it/them for them!

2.8   In the sentences below, the negative imperative is used with indirect and direct object pronouns. What do you notice about the position of each pronoun in relation to the verb in the negative imperative? Do you notice anything different about the sentence in Italian?

- Estoy ahorrando para comprarme una nueva computadora. ¡No me la compres!
- J'économise pour m'acheter un nouvel ordinateur. Ne me l'achetez pas !
- Sto risparmiando per comprarmi un nuovo computer. Non comprarmelo!
- I'm saving up to buy myself a new computer. Don't buy it for me!

2.9   Look at the verbs below. Are they in the formal or informal? What do you notice about the position of each pronoun in relation to the verb?

- Estoy ahorrando para comprarme una nueva computadora. ¡No me la compre!
- J'économise pour m'acheter un nouvel ordinateur. Ne me l'achetez pas !
- Sto risparmiando per comprarmi un nuovo computer. Non me lo compri!
- I'm saving up to buy myself a new computer. Don't buy it for me!

Let's now use the same verb *to buy* to explore the combinations of the negative imperative with indirect object and direct object pronouns.

How to form the negative imperative with double pronouns

	comprar	acheter	comprare	to buy
tu (informale)	¡no me lo/la/los/las compres!	ne me l'/les achète pas !	non comprarmelo/la/li/le! non me lo/la/li/le comprare!	do not buy it/ them for me!
	¡no te lo/la/los/las compres!	ne te l'/les achète pas !	non comprartelo/la/li/le! non te lo/la/li/le comprare!	do not buy it/ them for yourself!
	¡no se lo/la/los/las compres!	ne la/le/les lui achète pas !	non comprarglielo/la/li/le! non glielo/gliela/glieli/ gliele comprare!	do not buy it/ them for him/ her!
	¡no nos lo/la/los/las compres!	ne nous l'/les achète pas !	non comprarcelo/la/li/le! non ce lo/la/li/le comprare!	do not buy it/ them for us!
	¡no se lo/la/los/las compres!	ne la/le/les leur achète pas !	non comprarglielo/la/li/le! non glielo/gliela/glieli/ gliele comprare! non comprarlo/la/li/le loro!	do not buy it/ them for them!
Lei (formale)	¡no me lo/la/los/las compre!	ne me l'/les achetez pas !	non me lo/la/li/le compri!	do not buy it/ them for me!
	¡no se lo/la/los/las compre!	ne vous l'/les achetez pas !	non se lo/la/li/le compri!	do not buy it/ them for yourself!
	¡no se lo/la/los/las compre!	ne le/la/les lui achetez pas !	non glielo/la/li/le compri!	do not buy it/ them for him/ her!
	¡no nos lo/la/los/las compre!	ne nous l'/les achetons pas !	non ce lo/la/li/le compri!	do not buy it/ them for us!
	¡no se lo/la/los/las compre!	ne le/la/les leur achetez pas !	non glielo/la/li/le compri! non lo compri loro!	do not buy it/ them for them!

Irregular imperatives

Irregular verbs have special forms in the Italian, French, and Spanish imperative. Many of them are one-syllable forms.

The imperative of *essere*, *avere*, *volere*, and *sapere* uses the subjunctive *tu* form and the subjunctive *voi* form: *sii!/siate!*; *abbi!/abbiate!*; *vogli!* (rare)/*vogliate!*; *sappi!/sappiate!*

2.10 The French and Italian verbs highlighted in yellow below have irregular *tu* forms in the imperative. In the chart below, can you identify the verbs in Spanish that also have irregular *tu* forms in the imperative?

ser	être	essere	to be
¡sé!	sois !	sii!	be!
tener	avoir	avere	to have
¡ten!	aie !	abbi!	have!
decir	dire	dire	to say
¡di!	dis !	di'!	say!
hacer	faire	fare	to do
¡haz!	fais !	fa'/fai!	do!
dar	donner	dare	to give
¡da!	donne !	da'/dai!	give!
estar	rester	stare	to stay
¡está!	reste !	sta'/stai!	stay!
ir	aller	andare	to go
¡ve!	va !	va'/vai!	go!
venir	venir	venire	to come
¡ven!	viens !	vieni!	come!
poner	mettre	mettere	to put
¡pon!	mets !	metti!	put!
salir	sortir	uscire	to exit
¡sal!	sors !	esci!	exit!
saber	savoir	sapere	to know
¡sabe!	sache !	sappi!	know!
querer	vouloir	volere	to want
¡quiere!	veuille !	vogli!	want!

3. In italiano...

 3.1 **Ascoltiamo e scriviamo**

Ascolta il file audio per questa attività. Susanna e la signora Ricci hanno ricevuto messaggi vocali su WhatsApp da due conoscenti che vanno fuori città per le vacanze. I messaggi spiegano un paio di cose che Susanna e la signora Ricci devono fare. Aiutale a trascrivere le istruzioni esatte che hanno sentito nei messaggi.

Susanna	La signora Ricci
Istruzioni:	Istruzioni:

3.2 Completa le seguenti frasi con l'imper ativo combinato con il pronome se necessario (il pronome sta al posto del nome in parentesi).

1. (Tu) _____ (passare) la mappa (a me)!

2. (Tu) _____ (dare) la macchina fotografica (a tuo fratello)!

3. (Lei) _____ (prenotare) l'albergo!

4. (Voi) _____ (andare) prima a Roma, poi a Venezia!

5. (Noi) _____ (portare) il resto (al cliente), subito!

3.3 Completa le seguenti istruzioni per un visitatore del museo. Coniuga i verbi all'imperativo formale (Lei).

1. Non _____ (fare) foto!

2. Non _____ (bere) dalla fontana!

3. Non _____ (salire) sulle statue per farsi un selfie!

4. Non _____ (camminare) sull'erba!

5. Non _____ (fumare) in questa zona!

6. Non _____ (sedersi) sui gradini!

7. Non _____ (essere) troppo critico!

3.4 Il vocabolario del turista

Concentriamoci sugli alberghi! Ecco la terminologia utile per il turista:

- La camera singola/doppia/matrimoniale/con vista/per non fumatori
- L'ascensore
- Le scale
- La piscina
- La palestra
- Il ristorante
- Il garage
- La reception
- Il concierge
- La prenotazione

Completa questo messaggio con i vocaboli elencati sopra:

Buonasera, questo messaggio riguarda la Sua permanenza nel nostro albergo per la prima settimana di agosto. Abbiamo ricevuto la Sua richiesta telefonica per una camera più grande. Per modificare la Sua _____, vada nel nostro sito online e segua queste istruzioni: Cancelli la camera _____ e selezioni la camera _____. Se ha problemi con il fumo, scelga l'opzione _____. Al momento abbiamo solamente camere disponibili al quarto piano. Ma non si preoccupi! Il nostro albergo è dotato di _____ per chi non desidera salire per _____. Purtroppo, la nostra _____ è chiusa per riparazioni all'impianto idraulico, ma dia un'occhiata alla nostra _____! È stata appena rinnovata e ampliata con nuove macchine e attrezzi. Il nostro _____ è aperto a colazione, pranzo e cena. Prenoti pure online, telefonicamente o tramite il nostro _____. Nel nostro _____ ci sono caricatori per veicoli elettrici. Per cortesia, si informi alla _____ per caricare la sua automobile!

4. Interculture

 4.1   Read and listen to the text below and answer the reading comprehension questions that follow.

Qualche consiglio ai turisti in Italia

Se stai per partire per una vacanza in Italia, ecco alcuni consigli:

A seconda della stagione del tuo viaggio, portati un abbigliamento vario, se pensi di spostarti dal clima fresco delle Alpi a quello caldo delle coste.

Per i tuoi dispositivi elettronici, compra degli adattatori per le prese elettriche italiane a 220V, dato che il voltaggio usato negli USA e nella maggior parte dei paesi Latini (tranne Uruguay e Paraguay) è 110/120V.

Domanda alla tua compagnia telefonica di sbloccarti il telefonino cellulare, in modo che possa funzionare con altre SIM. Attiva poi in Italia un servizio telefonico fornito da uno dei quattro maggiori operatori di telefonia mobile e cambia la SIM del tuo cellulare.

Non viaggiare con troppi soldi in contanti: in Italia potrai sempre effettuare dei prelevamenti agli sportelli Bancomat o pagare con la carta di credito.

Le compagnie ferroviarie italiane forniscono convenienti tessere per l'acquisto dei biglietti dei treni a prezzi scontati (per esempio la Carta-frecce). Iscriviti nel loro sito e fattene mandare una, se disponi di un indirizzo postale italiano.

Anche i supermercati italiani danno ai clienti una tessera per eventuali promozioni. Non perderti questa possibilità di risparmiare quando fai la spesa!

Non pensare di utilizzare un'App per chiamare Uber: in Italia sono i tassisti a detenere il monopolio del trasporto in auto. A Roma c'è Uber Black, un servizio di autisti con berline nere (tipo limousine): chiamali pure con l'App, ma sii pronto a pagare di più. Anche in America Latina Uber ha incontrato la medesima ostilità dimostrata dai tassisti italiani, ma in anni recenti ha iniziato a offrire il suo servizio di trasporto in Messico, Colombia, Brasile, Perù, Cile, Argentina.

Se sei un appassionato di musica, controlla il calendario degli spettacoli che ti interessano. I maggiori teatri e sale da concerto vendono biglietti online: comprateli per tempo, prima che vadano esauriti!

Informati sui costi dei servizi di spedizione dei prodotti che vorresti acquistare nei negozi italiani: parlane con i negozianti e digli di spedirteli a casa, se non vuoi o non puoi portarli in viaggio con te. Oppure vai all'Ufficio Postale e spedisc

iteli tu stesso.

Quasi tutti i negozianti ti fanno gratuitamente la confezione regalo per i tuoi acquisti: richiedigliela senza problemi!

Quando vai al ristorante, ordina cibi e vini prodotti localmente: costano meno e sono più freschi. E se i camerieri pretendono la mancia, non dargliela! È generalmente inclusa sotto la voce *coperto*, che potrai vedere nella tua ricevuta di pagamento (come la *propina* o il *servicio* in America Latina).

Non aspettarti di trovare camere d'albergo con letti giganteschi: la dimensione media dei cosiddetti letti matrimoniali italiani è quella di un *full* o *queen* americano, perché lo spazio è limitato, visto che molti hotel sono situati in antichi palazzi dei centri storici.

Se in un hotel ti danno una camera al primo piano, significa il primo piano dal piano terra, cioè il piano 2 del sistema americano, mentre il piano terra è il *level one* americano. Osserva con attenzione i bottoni dell'ascensore, allora, e non fare confusione, se vuoi trovare la tua camera!

In generale gli italiani sono gentili e pazienti con i turisti e apprezzano molto i loro tentativi di esprimersi in italiano: allora, non avere timore di parlare italiano, anche facendo qualche errore!

4.2   Reading comprehension

1. Perché quando viaggi in Italia conviene che ti porti un abbigliamento di vario peso?

2. Il voltaggio elettrico italiano è diverso da quello americano?

3. Che cosa ti conviene fare per non pagare una bolletta telefonica troppo alta quando telefoni dall'Italia?

4. Come si chiama l'*ATM* in Italia?

5. In quali circostanze può esserti conveniente procurarti tessere di sconto in Italia?

6. Perché il servizio Uber ha incontrato ostilità in Italia e in America Latina?

7. Cosa ti conviene fare per garantirti un posto ai concerti in Italia?

8. Quali opzioni hai come turista in Italia per spedire a casa i tuoi acquisti?

9. Nei negozi italiani ti incartano i regali?

10. In Italia devi dare la mancia ai camerieri? E in America Latina?

11. Perché negli alberghi italiani in generale non troverai letti di dimensione *king*?

12. In un ascensore italiano, quale bottone corrisponde al *level 3* di un ascensore americano?

5. Languages in Transit: Exercises in Translation, Translanguaging, and Transfer

5.1   Translate the passage below into English or Spanish or a combination of the two. Be prepared to discuss your translation and the topic of the passage in class.

"Vamos a la playa, oh o o o o…"

La canzone più amata dell'estate del 1983 era "Vamos a la playa", un vero e proprio "tormentone". La canzone ha lanciato un vero interesse tra i giovani italiani per la lingua spagnola. Ora, in Italia, la lingua spagnola è studiata nella maggior parte delle scuole. Certo, c'è molto da imparare, anche se l'italiano e lo spagnolo sono molto simili, come sappiamo. Per imparare bene, bisogna capire gli ordini, che sono dati nella forma di *tu, noi, voi,* e *Lei. Vamos* e *vámonos* sono imperativi nella forma di "noi" o "nosotros" in spagnolo. Andiamo! Andiamoci! è un ordine, un invito a tutti ad andare con noi. Invece, con l'informale *tu* diamo l'ordine a qualcuno di fare quello che gli diciamo di fare. In spagnolo, i seguenti jmperativi sono molto comuni: *ándale, cuéntame, fíjate, háblame, déjame, dame, dime, perdóname.* Come si traducono in italiano? Come sono le corrispondenti forme verbali nell'uso formale, sia in inglese che in italiano, per esempio, le forme per *Lei* e per *usted*? E che cosa succede al negativo? Dai! Fai il tuo meglio e scrivi tutti questi ordini in spagnolo e in italiano, e anche in inglese!

6. Exploring the Web

6.1   Go to the *Juntos* companion website at www.hackettpublishing.com/juntos -companion-webpage to complete activity 6.1.

I pronomi impersonali

1. Intercomprehension

1.1   Identify the languages below.

- Fala-**se** português no Brasil.
- ¿Cómo **se** dice *aprender* en inglés?
- **Hom** parla.
- **On** parle français ici.
- Qui **si** mangia bene.
- **Omu** affita una casa.
- **One** should learn a second language.

1.2   What do we call the words in bold above? To whom do they refer?

Impersonal pronouns are used to make statements in which the subject or agent of the verb is generic or undefined. The impersonal pronouns *on* in French and *omu* in Corsican derive from the Latin *homo* (*homo* → *homme* → *hom* → *on/omu*). Notice that the impersonal pronoun *hom* in Catalan is closer to the Latin root. Etymologists suspect that *one* is used as an impersonal pronoun in English because phonetically it is similar to the French *on*.

1.3   How are the Portuguese, Spanish, and Italian impersonal pronouns different?

1.4   Which languages have impersonal pronouns that derive from *homo*? Which languages have impersonal pronouns that correspond in form to the reflexive pronouns *se* and *si*? Fill in the table below.

Homo	Se/Si

2. Intergrammar

Il si impersonale o passivante

Si in Italian, like *se* in Spanish, can be used to express a subject or agent of a verb that is generic or undefined. When *si* is used as the generic subject of an intransitive verb or a transitive verb without an expressed direct object, it is known as the *si impersonale*. Note that when you are using the *si impersonale*, the verb (whether it be transitive or intransitive) is always conjugated in the third person singular. For example:

Italian	Spanish
Al giorno d'oggi **si viaggia** (intransitive verb) spesso in aereo.	Hoy día **se viaja** (intransitive verb) a menudo en avión.

Italian	Spanish
In quel ristorante **si mangia** (transitive verb, no direct object) bene.	En aquel restaurante **se come** (transitive verb, no direct object) bien.

When *si* is used as the generic *agent* of a transitive verb with an expressed direct object, it is known as the *si passivante*, as it is a way of expressing the passive voice of the verb without actually using the traditional passive construction seen in lesson 24. In a way, it's as though *si* were replacing the verb *to be* as a marker of the passive voice (e.g., *si costruisce **la casa** = **la casa** è costruita*). If the direct object is singular, the verb is conjugated in the third person singular, but if the direct object is plural, the verb is conjugated in the third person plural. For example:

Italian
In questa casa **si mangia** la pasta ogni giorno (*si passivante*) = In questa casa la pasta **è mangiata** ogni giorno (*la forma passiva del verbo*)

Spanish
En esta casa **se bebe** el café cada día (*si passivante*) = En esta casa el café **es bebido** cada día (*la forma passiva del verbo*)

Italian
Gli spaghetti **si mangiano** al sugo o in bianco (*si passivante*) = Gli spaghetti **sono mangiati** al sugo o in bianco (*la forma passiva del verbo*)

Spanish
Se preparan las empanadas en la mañana (*si passivante*) = Las empanadas **son preparadas** en la mañana (*la forma passiva del verbo*)

For every sentence utilizing the *si passivante* above, there is a corresponding sentence—an equivalent—that uses the traditional passive construction (*la forma passiva del verbo*). Notice that in each pair of sentences, the agent is left undefined.

2.1   Look at the sentences below. Which sentences use the *si impersonale*, and which sentences use the *si passivante*? For each sentence, can you identify the impersonal pronoun and the verb to which it belongs?

- ¿Cómo se escribe tu nombre?
- Comment on écrit votre nom ?
- Come si scrive il tuo nome?
- How do you spell your name?

- ¿Cómo se escriben estas palabras?
- Comment on écrit ces mots ?
- Come si scrivono queste parole?
- How do you spell these words?

- Hoy se va al cine.
- On va au cinéma aujourd'hui.
- Si va al cinema oggi.
- We are going to the movies today.

Using the *si impersonale* with reflexive verbs

2.2   Look at the following sentences. What happens in Italian when the *si impersonale* is used with a reflexive verb?

- La gente se divierte en la playa.
- On s'amuse bien à la plage.
- Ci si diverte in spiaggia.
- People enjoy themselves at the beach.

2.3   Using the Italian sentence above as an example, use the *si impersonale* with the underlined reflexive verbs in the following sentences:

Reflexive verb	Reflexive verb + *si impersonale*
Alla fine del mese, <u>ci prepariamo</u> per l'inizio del semestre.	
<u>Ci lamentiamo</u> sempre del tempo troppo freddo o troppo caldo.	
Con il navigatore non <u>ci perdiamo</u> più.	
Non <u>ci rendiamo</u> conto della fortuna che si ha quando si sta bene.	

3. In italiano...

 3.1 **Ascoltiamo e scriviamo**

Ascolta il file audio per questa attività e riempi gli spazi vuoti con le frasi corrette.

3.2 Cosa si fa?

Usa i pronomi impersonali con i seguenti verbi: *rallentare*; *andare*; *fermarsi*.

1. _____

2. _____

3. _____

3.3 Cambia le frasi qui sotto usando il *si impersonale*.

La forma personale	La forma impersonale
Nel mondo accademico i professori scrivono molto.	
In questa zona gli abitanti non parlano la stessa lingua.	
In queste elezioni i candidati si devono focalizzare su questioni interne.	
Per il progetto finale gli studenti devono consegnare una bozza dettagliata entro il 5 aprile.	
A Los Angeles le persone guidano moltissimo.	

3.4 Regole

Ecco una lista di regole seguite in Italia e negli USA. Puoi indovinare in quali dei due paesi? Queste regole si osservano dove vivi tu o in casa tua?

Regole	Italia	USA
Si tolgono le scarpe quando si entra in casa.		
Si portano a casa gli avanzi del proprio pasto al ristorante.		
Si dà la mancia ai tassisti.		
Si dà del "Lei" agli estranei.		
Si fumano sigarette all'aperto e sulle banchine delle stazioni dei treni.		
Si dà la mancia ai camerieri.		
Si fanno visite mediche a domicilio.		
In autostrada si guida nelle corsie preferenziali se ci sono almeno due passeggeri.		
Si usa la virgola per i numeri decimali.		
Si usa il sistema di misura metrico decimale.		
Si misura la temperatura in gradi Fahrenheit.		
Si sostiene un importante esame finale all'ultimo anno di liceo.		
Si mangia il tacchino con la marmellata.		
Si beve il caffè nei bicchieri di carta.		

4. Interculture

 4.1   Read and listen to the text below and answer the reading comprehension questions that follow.

Come si cita in una bibliografia?

Gli studenti di tutte le università prima o poi si trovano a dover scrivere una bibliografia e devono sapere come si scrivono i dati di ogni opera citata.

Esistono vari standard, a livello internazionale, perciò conviene sempre consultare i siti online dei dipartimenti o i consiglieri di facoltà o il professore con cui si scrive la tesi per sapere come ci si deve orientare.

Per esempio, in Italia si può seguire il sistema autore-data, indicato come stile APA (utilizzato nel *Publication Manual of the American Psychological Association* dal 1929) ed elaborato per pubblicazioni nel campo delle scienze sociali.

Si comincia con il cognome dell'autore, seguito da una virgola e dall'iniziale del nome; per esempio: Calvino, I.

Poi si scrive tra parentesi la data di pubblicazione, seguita da un punto; per esempio: Calvino, I. (1959).

Di seguito si scrive il titolo dell'opera, in corsivo minuscolo, e, dopo il punto, si aggiunge la città di pubblicazione. Si mettono poi due punti e infine il nome della casa editrice. Per esempio: Calvino, I. (1959). *Il cavaliere inesistente*. Torino: Einaudi.

Nel sistema bibliografico MLA (elaborato dalla Modern Language Association), che si usa nel campo linguistico e letterario, il nome dell'autore si scrive per esteso, mentre la data si trova in fondo, non tra parentesi, separata con una virgola dal nome dell'editore; per esempio: Calvino, Italo. *Il cavaliere inesistente*. Torino: Einaudi, 1959.

Questi due stili si seguono anche negli Stati Uniti, dove, per chiarezza, dopo la città si deve anche indicare il nome dello stato, mentre in Italia ovviamente non è necessario.

Se si cita un testo trovato online, l'URL si fa precedere dalla dicitura "disponibile da"; per esempio: Citati, P. (2012, 24 settembre). "Calvino e il gioco dei destini incrociati". *Corriere della sera*. Cultura. Disponibile da https://www.corriere.it/cultura/12_settembre_24/citati-calvino-gioco -destini-incrociati_95a9b924-0630-11e2-a9b9-923643284af5.shtml.

Esistono regole precise per la citazione all'interno dei testi, a piè di pagina o in bibliografia: si deve fare molta attenzione ai segni di interpunzione, allo stile tondo o corsivo, minuscolo o maiuscolo, e alla sequenza, chiarezza e completezza dei dati.

4.2 **Reading comprehension**

1. Dove si usano gli stili APA e MLA e in quali campi?
2. Chi si deve consultare per sapere quale usare?
3. Come dato bibliografico, dove si scrive la data di pubblicazione di una monografia?
4. Per quale dato si usa il corsivo?
5. Dove si mettono i due punti?
6. Come si introduce un URL in bibliografia?
7. Cosa si deve fare come regola generale, quando si compila una bibliografia?

5. Languages in Transit: Exercises in Translation, Translanguaging, and Transfer

5.1 Translate the passage below into English or Spanish or a combination of the two. Be prepared to discuss your translation and the topic of the passage in class.

Come si fa?

Nella vita bisogna imparare come si fanno le cose. Per esempio, bisogna imparare come si fa da mangiare e come si spiega ad altri come ricreare le ricette preferite. Sai come si spiega la ricetta per fare gli spaghetti alla carbonara per esempio? Come si prepara il piatto più rappresentativo della tua cultura? Bisogna imparare anche a spiegare cose ben più serie. Come si spiega la guerra ad una bambina? Come si descrive la musica a chi non può sentire o la pittura ad un non vedente? Per spiegare la musica si comincia con il ritmo—sapevate che i video su YouTube fanno vedere le vibrazioni della musica in modo che chi non sente possa apprezzare la musica visivamente? Come si fa a spiegare il colore ad un non vedente? Si paragona l'intensità del calore al colore rosso, per esempio. Si traducono le parole, ma si traducono anche i cinque sensi in parole, e le parole in gesti per chi non sente, o in braille, una forma di scrittura tattile, per i non vedenti. Gli Inka traducevano le parole in nodi che si chiamano *Quipu*. Gli esseri umani possiedono tanti tipi di linguaggi che si traducono in vari modi per trasmettere il significato.

6. Exploring the Web

6.1 Go to the *Juntos* companion website at www.hackettpublishing.com/juntos -companion-webpage to complete activity 6.1.

I pronomi diretti

1. Intercomprehension

1.1 Identify the languages below.

- Você vê o homem? Sim, eu **o** vejo.
- ¿Ve as nenas? Non, non ve-**las**.
- ¿Ves a los padres? Sí, **los** veo.
- Tu vois le chien ? Oui, je **le** vois.
- Vedi la donna? No, non **la** vedo.
- Vedi u zitellu? Iè, **u** vecu.
- Do you see the animals? No, I don't see **them**.

The words in bold in the sentences above are direct object pronouns. Following the Spanish example in the chart below, can you identify the nouns that they substitute?

Direct object pronouns	The noun that the direct object pronoun substitutes
o	
las	
los	los padres (the parents)
le	
la	
u	
them	

2. Intergrammar

2.1   Fill out the chart below with the missing direct object pronouns.

	Third person masculine singular	Third person feminine singular	Third person masculine plural	Third person feminine plural
Spanish	lo		los	las
French		la/l'	les	
Italian	lo/l'		li	le
English	him/it	her/it		

2.2   The direct object pronouns above replace a variety of nouns. Do they agree with the nouns that they replace in gender and number? How do the patterns of agreement of French and English differ from those of Spanish and Italian?

2.3   Look at the characters below. Can you complete the dialogue in the following chart using the appropriate direct object pronouns?

Il gatto e il ragazzo   **La mamma**

Il babbo   **La ragazza e la bambola**

Question	Vedi il gatto e il ragazzo?	Vedi la mamma?	Vedi il babbo?	Vedi la ragazza e la bambola?
Answer	Sì, ____ vedo.	Sì, ____ vedo.	Sì, ____ vedo.	Sì, ____ vedo.

A direct object refers to a person or thing that receives the action of a transitive verb. For example, *We bought the **books** online.* The direct object *books* receives the action of the transitive verb *to buy.* Since the word *books* is plural, we can substitute it with the direct object pronoun *them.* For example: *We bought the*

books *online because the bookstore didn't have* **them** *in stock.* Note that in Italian and Spanish, the direct object pronoun is usually placed before the verb (e.g., *Hai comprato i libri? Sì,* **li ho comprati**). We will see a few exceptions to this rule later on in the lesson. See below for the full range of direct object pronouns in Spanish, French, Italian, and English.

	Spanish	French	Italian	English
io	me	me/m'	mi/m'	me
tu	te	te/t'	ti/t'	you
lui/lei/Lei	lo/la	le/la/l'	lo/la/l'	him/her/it
noi	nos	nous	ci	us
voi	os	vous	vi	you (all)
loro	los/las	les	li/le	them

2.4   Looking at the sentences below, how do Italian and French differ from Spanish?

- Ellos me aman.
- Elle m'adore.
- Tutti m'invidiano.

Using direct object pronouns with infinitives

2.5   Look at the sentences below. What do you notice about the placement of each direct object pronoun in relation to the infinitive?

- Ha sido un placer conocer**lo**.
- Ce plat est délicieux. Ils aiment **le** préparer.
- Ho bisogno di veder**ti**.
- It was important to see **it** firsthand.

2.6   Look at the two sets of sentences below. Do you notice something about the placement of the direct object pronouns in Spanish and Italian?

- Puedo llevar**te** a casa.
- Je peux **t'**amener à la maison.
- Posso portar**ti** a casa.
- I can take **you** home.

- **Te** puedo llevar a casa.
- Je peux **t'**amener à la maison.
- **Ti** posso portare a casa.
- I can take **you** home.

In Italian and Spanish, the direct object pronoun must go after the infinitive when a modal verb like *potere/poder* is not present. However, when a modal verb is present, the direct object pronoun can go before the modal verb or after the infinitive. See below:

Without a modal verb

Italian	Spanish
Non è facile capir**lo**.	No es fácil entender**lo**.

With a modal verb

Italian	Spanish
Voglio aiutar**ti**!	¡Quiero ayudar**te**!
Ti voglio aiutare!	¡**Te** quiero ayudar!

Using direct object pronouns with the imperative

2.7   The imperative is used in each of the song titles below. Where are the direct object pronouns located in relation to the verbs in the imperative? Do you notice a pattern among the Romance languages? Which language breaks that pattern?

Don't leave me!   Leva-me aos fados!   ¡Bésame mucho!

Mangez-moi !   Take me to the river!

Non amarmi!   ¡No me ames!   Sognami!

Ne me quitte pas !   Não me amole com detalhes!...

3. In italiano...

 3.1 **Ascoltiamo e scriviamo**

Ascolta il file audio per questa attività e completa le seguenti frasi.

3.2 Completa le frasi qui sotto con i pronomi diretti *lo, la, l', li* o *le*.

1. Hai visto i figli di Gianni e Silvia? Sì, ____ vedo spesso.

2. Riconosci il fidanzato di Arun? Sì, ____ riconosco.

3. Hai visto gli sposini? Sì, ____ ho visti.

4. Aggiungi il tuo amico alla lista degli invitati? Certo, ____ ho già aggiunto.

5. Stai aspettando il giudice? Sì, ____ sto aspettando.

6. Conoscete la mia ragazza? Sì, ____ conosciamo.

7. Hanno fotografato le montagne? Sì, ____ hanno fotografate.

3.3 Sostituisci i sostantivi in grassetto con il pronome oggetto diretto.

1. Posso portare **i tuoi genitori**.

2. Devi chiamare **il giudice**.

3. Lui accompagna **la sposa**.

4. Stanno portando **le bevande** alla sala banchetti.

5. Aggiustiamo **i tuoi capelli**.

6. Aspettiamo **Luca** prima di entrare in chiesa.

3.4 Negativi o positivi?

Trasformiamo le frasi di odio qui sotto in frasi d'amore, usando i verbi elencati qui di seguito e i contrari delle parole negative usate (puoi verificare i contrari in un dizionario online): *amare*; *adorare*; *preferire*; *desiderare*; *provare affetto per*; *voler bene a*; *sentire la mancanza di*.

1. Odio la guerra.
2. Detesto più di ogni cosa la menzogna.
3. Provo repulsione per le persone violente.
4. Disprezzo la disonestà.
5. Evito lo stress.
6. Non mi manca la vita sedentaria.
7. Non sopporto gli egoisti.

Leggi il dialogo qui sotto. All'interno del tuo gruppo, puoi costruire dialoghi simili con i verbi che hanno un oggetto diretto?

A: Che cosa odi?

B: Odio la guerra!

A: Anch'io **la** odio!

4. Interculture

 4.1 Read and listen to the text below and answer the reading comprehension questions that follow.

Dimmi che mi ami!

Le manifestazioni d'affetto e i gesti d'amore coinvolgono comportamenti specifici che variano da cultura a cultura e con le epoche e possono provocare reazioni di confusione o di imbarazzo o essere giudicati inappropriati in certi contesti.

Gli italiani sembrano particolarmente espansivi nelle loro effusioni sentimentali. Per esempio, è normale scambiarsi due baci al momento dell'incontro o del commiato: uno per guancia. Questo vale anche in molti paesi dell'America Latina, ma per esempio in Argentina va bene anche tra maschi, ma solo con amici e senza toccarsi realmente. Tra strette di mano, pacche sulle spalle, doppio bacio, in Italia il contatto fisico non sembra costituire un problema. Ma con il verbo *amare* il discorso è diverso. In Italia si dice "ti amo" solo all'interno del rapporto di coppia: tra amici, parenti e in famiglia si dice "ti voglio bene". Questa distinzione la possiamo vedere come la differenza tra *te amo* e *te quiero* in spagnolo.

Negli Stati Uniti le persone si abbracciano quando si salutano, ma non si baciano. Gli americani dicono "I love you" a un amico o un'amica, a un figlio o a un genitore, e si aspettano di sentirsi rispondere "I love you too", e la gente fa talvolta i complimenti dicendo "I love your shoes" o "I love your dress", mentre in Italia nessuno ti direbbe "amo le tue scarpe", ma semplicemente "Che belle scarpe!" o "Mi piacciono le tue scarpe".

In Svizzera le persone si danno tre baci, alternando le guance.

Il bacio a stampo o alla russa, una specie di bacio stampato sulle labbra chiuse, è in uso invece in Russia anche tra gli uomini come forma di saluto, ma in altri paesi lo fraintenderebbero come un segno di una relazione di coppia.

In molti paesi asiatici la gente ti saluta facendo un leggero inchino, ma senza toccarti.

In passato si salutavano le donne con il "baciamano", ma oggi non lo fa più nessuno, perciò una ragazza di oggi potrebbe considerarlo un gesto fuori moda e perfino comico.

La festa di San Valentino, il 14 febbraio, è riservata in Italia (e in generale negli altri paesi che la festeggiano) solo agli innamorati, mentre negli USA è un'occasione per scambiarsi *valentines* e non esclude nessun tipo di relazione.

Infine, il gesto di sfogliare una margherita e dire ad ogni petalo che si stacca "m'ama...non m'ama", sperando di finire con "m'ama", è un auspicio d'amore molto comune: in spagnolo dicono "¿me quiere o no me quiere?" come in italiano, mentre in francese il gesto di *effeuiller la marguerite* è accompagnato da una frase un po' più complicata e in progressione: "Je t'aime, un peu, beaucoup, à la folie, passionnément, pas du tout", con cinque risposte positive contro una sola negativa: un trucco per aumentare la possibilità di un finale rassicurante?

4.2 Reading comprehension

1. Con quanti baci avviene il saluto italiano? E quello svizzero?

2. Cosa diciamo in Italia per dimostrare l'affetto al di fuori del rapporto di coppia?

3. Che cos'è il bacio a stampo e dove lo usano?

4. Quale tipo di bacio non è più di moda al giorno d'oggi?

5. Qual è la differenza della festa di San Valentino negli USA rispetto agli altri paesi?

6. In che senso la margherita è considerata un fiore legato all'amore?

5. Languages in Transit: Exercises in Translation, Translanguaging, and Transfer

5.1   Translate the passage below into English or Spanish or a combination of the two. Be prepared to discuss your translation and the topic of the passage in class.

Gli Ufo e Ufologia: Li vedi o non li vedi?

In italiano e in spagnolo si usa l'acronimo dall'espressione inglese UFO (*Unidentified Flying Object*). In italiano, *oggetto volante non identificato* corrisponde all'acronimo OVNI, che è lo stesso in spagnolo, portoghese e anche francese (rispettivamente *objeto volador no identificado, objeto voador não identificado,* oppure *objet volant non identifié*). Li avete mai visti? Il disco volante è il più comune tra gli UFO documentati, ma non è facile vederlo o descriverlo. La gente lo descrive in modo vago e incerto. Un altro UFO descritto spesso è la nave spaziale aliena. L'avete mai vista? Ne avete sentito parlare? Tutti cercano le prove credibili degli UFO, ma non le trovano. Le troveranno mai? Gli scienziati continueranno a cercare delle soluzioni attendibili, ma dovremo aspettare ancora qualche anno prima di avere delle risposte definitive.

6. Exploring the Web

6.1   Go to the *Juntos* companion website at www.hackettpublishing.com/juntos -companion-webpage to complete activity 6.1.

I pronomi indiretti

1. Intercomprehension

1.1 Identify the languages below.

- Eu **o** chamo ao telefone. A quem? A Peter.
- Ellas **le** escriben una carta. ¿A quién? A María.
- Je **leur** parle par internet. À qui ? À Paul et à Sophie.
- Lui **gli** scrive una mail. A chi? A Pietro.
- I am sending **them** a text. To whom? To Marco and Vanessa.

1.2 The words in bold in the sentences above are indirect object pronouns. Following the Portuguese example in the chart below, can you determine to whom the indirect object pronouns refer?

Indirect object pronouns	To whom does the indirect object pronoun refer?
o	to Peter
le	
leur	
gli	
them	

1.3 Where is each indirect object pronoun located in relation to the verb?

2. Intergrammar

2.1 Look at the chart on the following page. Do the indirect object pronouns agree with the nouns that they replace in number and gender? Is Italian closer to Spanish, French, or English?

	Third person masculine singular	Third person feminine singular	Third person masculine plural	Third person feminine plural
Spanish	le		les	
French	lui		leur	
Italian	gli	le	loro/gli	
English	him/it	her/it	them	

An indirect object is a noun that indicates the person to whom (*a chi*) or for whom (*per chi*) the action expressed by the verb is performed. For example:

To whom

Italian
Do le chiavi **a Marco**.

English
I give the keys **to Marco**.

For whom

Italian
Preparo la cena **per Marco**.

English
I am preparing dinner **for Marco**.

The indirect object is easily identified by asking the following two questions:

- To whom did I give the keys?
- For whom did I prepare dinner?

In the examples above, Marco is the person *to whom* I gave the keys and *for whom* I prepared dinner.

When a pronoun substitutes the indirect object (in this case the proper noun *Marco*), it is called an indirect object pronoun. Note the differences between subject pronouns, direct object pronouns, and indirect object pronouns. In Italian they each perform different functions and have different forms.

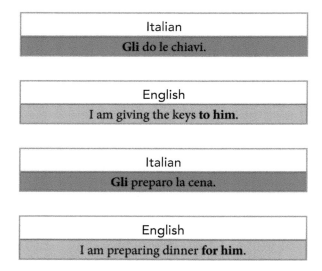

Italian
Gli do le chiavi.

English
I am giving the keys **to him**.

Italian
Gli preparo la cena.

English
I am preparing dinner **for him**.

In the Italian sentences above, the noun *Marco* (the recipient of the keys and the person for whom dinner is being prepared) has been substituted by the indirect object pronoun *gli* to avoid redundancy. In this context, *gli* means *a lui* (to him) and *per lui* (for him).

See below for the full range of indirect object pronouns in Italian, Spanish, French, and English.

	Spanish	French	Italian	English
io	me	me/m'	mi/m'	me
tu	te	te/t'	ti/t'	you
lui/lei/Lei	le	lui	gli/le	him/her/it
noi	nos	nous	ci	us
voi	os	vous	vi	you (all)
loro	les	leur	loro or gli	them

Indirect object pronouns are often used with certain verbs. See below:

Spanish	French	Italian	English
dar	donner	dare	to give
ofrecer	offrir/donner	offrire	to offer
regalar	offrir	regalare	to gift
prestar	prêter	(im)prestare	to lend
pagar	payer	pagare	to pay
enseñar	enseigner	insegnare	to teach
mostrar	montrer	mostrare	to show
decir	dire	dire	to say
hablar	parler	parlare	to talk
preguntar	demander	domandare/chiedere	to ask
traer	apporter	portare	to bring
devolver	rapporter	riportare	to bring back
mandar	envoyer	mandare	to send
regresar	rendre/retourner	rendere/restituire	to return
preparar	préparer	preparare	to prepare
escribir	écrire	scrivere	to write
marcar	téléphoner	telefonare	to telephone
gustar	plaire	piacere	to please (to be pleasing to)

Observe what happens when indirect object pronouns are used with an imperative.

- Responda-me!
- ¡Dile!
- Dis-moi la vérité !
- Spiegaci!
- Give them more time!

3. In italiano...

 3.1 **Ascoltiamo e scriviamo**

Ascolta il file audio per questa attività e completa le seguenti frasi con i pronomi indiretti corretti.

> Ragazzi, ragazze! ____ chiedo di andare a dormire presto, perché domani mattina ____ telefonerò alle 6:00. Passerò a prendervi alle 7:30 e ____ darò un passaggio all'università per l'esame.

3.2 Completa le frasi qui sotto con i pronomi indiretti *gli*, *le* o *loro*.

1. Avete scritto ai due relatori? No, non ____ abbiamo ancora scritto.
2. Cosa hai mandato alla preside della scuola? ____ ho mandato il mio CV.
3. Ha parlato con il suo professore? Sì. ____ ha parlato stamattina.
4. Cosa avete insegnato agli studenti? ____ abbiamo insegnato le frazioni.

3.3 Sostituisci i sostantivi in grassetto con il pronome indiretto giusto, inserendolo nella corretta posizione.

1. Do un libro di filosofia **a Maria**.
2. Puoi imprestare la tua penna **al professore**?
3. Devi restituire il tuo portatile **al negozio**. È ancora in garanzia.
4. Chiediamo **a noi stessi** se siamo pronti per l'esame.
5. Avete scritto un'email **al direttore**?
6. Hanno insegnato il napoletano **a me**.
7. Il professore ha dato buoni voti **alla classe**.

3.4 La terminologia universitaria

La classe, il corso, la lezione

- Iscriversi ai corsi/all'Università
- Seguire/frequentare i corsi/le lezioni
- Fare lezione
- Andare a lezione
- Andare in classe
- Scrivere un'email alla classe

Attenzione: la parola *classe* si usa per indicare l'aula dove si va a lezione o il gruppo degli studenti che seguono la lezione. Con quale altro significato usi la parola *class* in inglese? E la parola *clase* in spagnolo?

L'ateneo, (la facoltà), il dipartimento

Dal 2010 in Italia si è passati dalla suddivisione degli atenei (cioè le università) in Facoltà e Dipartimenti alla suddivisione in grandi dipartimenti, quindi il termine *Facoltà* (di giurisprudenza/di medicina/di economia/di lettere e filosofia, ecc.) non si usa più. Esistono quindi il dipartimento di scienze giuridiche (o di giurisprudenza), di scienze mediche e chirurgiche, di scienze economiche, di studi umanistici, ecc., a loro volta suddivisi in mini-dipartimenti (es. dipartimento di scienze letterarie e filologiche).

Nelle università americane esistono i *college*, e all'interno dei *college* ci sono i vari *department* (esempio: il dipartimento di lingue all'interno del *college* di materie umanistiche). In Argentina, per esempio, si usa ancora la suddivisione in facoltà (es. *Facultad de Filosofía y Letras*).

Immagina di spiegare ad uno studente italiano che cosa studi e dove. Quali termini useresti?

Ecco alcune domande-guida:

- Quale università frequenti?
- In quale *college* e dipartimento è il tuo corso di laurea?
- Quanti corsi stai frequentando questo semestre?
- Quante ore di lezione segui alla settimana?
- Le tue classi sono vicine tra di loro o devi camminare molto per spostarti da una classe all'altra?
- Frequenti i corsi in classi numerose?

4. Interculture

 4.1   Read and listen to the text below and answer the reading comprehension questions that follow.

All'università

L'università è nata nel medioevo in Italia, come associazione di studenti che si autofinanziavano per pagare i professori. Siamo nell'anno 1088, a Bologna. Nel Nordafrica esistevano delle strutture scolastiche simili, già nell'859, fondate dagli arabi per studi religiosi e giuridici, ma anche di matematica, medicina, astronomia, retorica e altre discipline.

In Europa, dopo Bologna, specializzata in giurisprudenza, nello stesso periodo si sono sviluppati studi di tipo universitario a Parigi (1150), Oxford (1167), Cambridge (1209), Palencia (1212) e Salamanca (1218). In seguito chi voleva studiare in Italia poteva orientarsi verso città come Padova (1222), Napoli (1224), Salerno (1231), Roma (1303), Pisa (1343) e Pavia (1361), che offrivano loro la possibilità di studiare ogni sorta di discipline. Alla fine del medioevo, tra le 54 università esistenti al mondo, 21 erano in Italia.

Le università erano un tipico prodotto della realtà cittadina, ma ospitavano studenti da tutto il mondo. Gli studenti universitari erano anche dei viaggiatori, perché si spostavano per seguire le lezioni dei loro professori preferiti in diverse città europee: un fenomeno chiamato in latino *peregrinatio academica*. Non sempre gli abitanti di una località universitaria erano contenti dell'arrivo degli studenti nella loro città, perché spesso quei giovani le portavano disagi e disordine.

Spesso gli studenti dimostravano un forte rispetto e attaccamento per i loro docenti. Per esempio, gli studenti di Galileo Galilei, si erano autofinanziati per fargli costruire un podio dal quale gli era più facile fare lezione a tutti. Questo regalo ancora oggi, quattrocento anni dopo, si può vedere all'interno dell'università di Padova.

Esistono addirittura delle reliquie di Galileo, che furono rubate quando il suo cadavere venne trasportato nella basilica di Santa Croce a Firenze: una vertebra, conservata appunto nell'Aula Magna dell'università di Padova, e un dito della sua mano destra, esposto nel museo di Storia della Scienza di Firenze. Gli è stato cioè attribuito lo stesso trattamento riservato ai santi.

La *peregrinatio academica* degli italiani è continuata nei secoli.

Illustri italiani hanno insegnato in università del continente americano: Lorenzo da Ponte, veneziano del Settecento, era già famoso a Vienna, dove Mozart gli aveva commissionato i libretti di tre sue importanti opere liriche, e poi fu il primo professore ad insegnare italiano alla Columbia University all'inizio dell'Ottocento.

Cento anni dopo Giuseppe Ungaretti, famoso poeta del Novecento italiano, insegnò italiano per sei anni a São Paulo University, in Brasile. Nello stesso periodo il premio Nobel per la fisica Enrico Fermi teneva le sue lezioni alla Columbia University, che gli aveva offerto ospitalità a seguito della sua decisione di lasciare l'Italia durante il periodo delle persecuzioni razziali.

Il podio di Galileo Galilei.

4.2 Reading comprehension

1. Quando e dove è nata la prima università in Europa?

2. Da quando esistevano già università fondate dagli arabi?

3. In che senso le prime università avevano un carattere internazionale?

4. Che cos'è la *peregrinatio academica*?

5. Quante università esistevano in Italia alla fine del medioevo?

6. Che cosa hanno fatto costruire gli studenti universitari padovani per Galileo Galilei?

7. In che senso Galileo ha ricevuto il trattamento riservato ai santi?

8. Quali italiani famosi hanno insegnato alla Columbia University nell'Ottocento e nel Novecento?

5. Languages in Transit: Exercises in Translation, Translanguaging, and Transfer

5.1   Translate the passage below into English or Spanish or a combination of the two. Be prepared to discuss your translation and the topic of the passage in class.

Studiare all'estero

Ti piacerebbe studiare all'estero? Andare in Italia, o in Messico, in Perù o in Francia per studiare e viaggiare? A molti studenti, l'idea di andare all'estero per un anno piace perché gli offre l'opportunità di vivere e di fare esperienza in contesti diversi. In Europa c'è un programma di scambio che si chiama ERASMUS (*European Region Action Scheme for the Mobility of University Students*). Gli studenti fanno domanda per andare in un altro paese europeo per un anno. Indicano in ordine di preferenza i tre paesi dove vorrebbero studiare, sperando che verrà assegnata loro la prima scelta. Pilar dice che le piacerebbe passare un anno a Roma con l'ERASMUS. Anche Juan dice che non gli dispiacerebbe vivere in Italia per un anno. L'Italia è tra i paesi più ricercati per la ricchezza dei luoghi culturali e per la possibilità di imparare la lingua italiana. Il 94% degli studenti che vengono in Italia con il programma ERASMUS si dichiara soddisfatto o molto soddisfatto dell'esperienza ERASMUS.

6. Exploring the Web

6.1   Go to the *Juntos* companion website at www.hackettpublishing.com/juntos-companion-webpage to complete activity 6.1.

I pronomi combinati

1. Intercomprehension

1.1   Identify the languages below.
What do you notice about the position of each indirect object pronoun in relation to that of each direct object pronoun?

- Tenemos un nuevo celular: nuestro padre **nos lo** dio.
- Il a un nouveau téléphone portable : son père **le lui** a donné.
- Ha un nuovo telefonino: suo padre **gliel'**ha dato.
- He has a new cellphone: his father gave **it to him**.

2. Intergrammar

See below for the full range of *pronomi combinati* in Spanish, Italian, French, and English. Notice that in Italian and Spanish, the indirect object pronoun always precedes the direct object pronoun. The same is true for French, except for the third person singular and plural (as seen in the French example above). In English, the indirect object pronoun always comes after the direct object pronoun.

	Pronomi combinati			
io	**me** lo/la/los/las	**me** lo/la/l'/li/le	**me** le/la/l'/les	him/her/it/them **me**
tu	**te** lo/la/los/las	**te** lo/la/l'/li/le	**te** le/la/l'/les	him/her/it/them **you**
lui/lei/Lei	**se** lo/la/los/las	**glielo**/la/l'/li/le	le/la/les **lui**	him/her/it/them **him, her, it**
noi	**nos** lo/la/los/las	**ce** lo/la/l'/li/le	**vous** le/la/l'/les	him/her/it/them **us**
voi	**os** lo/la/los/las	**ve** lo/la/l'/li/le	**vous** le/la/l'/les	him/her/it/them **you (all)**
loro	**se** lo/la/los/las	**glielo**/la/l'/li/le	le/la/les **leur**	him/her/it/them **them**

*Note that the indirect object pronouns above appear in bold.

2.1   Look at the sets of questions and answers below. Can you identify the direct/ indirect objects and the direct/indirect object pronouns?

Spanish
Question: ¿Le diste el libro a Juan?
Answer 1: Sí, le di el libro.
Answer 2: Sí, se lo di.

Italian
Question: Hai dato il libro a Laura?
Answer 1: Sì, le ho dato il libro.
Answer 2: Sì, gliel'ho dato.

Spanish
Question: ¿Les compraron estos dulces a Juan y Teresa?
Answer 1: Sí, les compramos estos dulces.
Answer 2: Sí, se los compramos.

Italian
Question: Hai comprato questi fiori per Francesca e Viola?
Answer 1: Sì, gli ho comprato questi fiori.
Answer 2: Sì, glieli ho comprati.

Spanish
Question: ¿Te di el periódico?
Answer 1: Sí, me diste el periódico.
Answer 2: Sí, me lo diste.

Italian
Question: Ti ho dato il giornale?
Answer 1: Sì, mi hai dato il giornale.
Answer 2: Sì, me l'hai dato.

2.2   Compare answers 1 and 2 in each set of examples above. What happens in answer 2 when the indirect object pronoun and the direct object pronoun appear in the same sentence?

3. In italiano…

 3.1 **Ascoltiamo e scriviamo**

Ascolta il file audio per questa attività e completa le seguenti frasi con i pronomi combinati che mancano. Mentre ascolti il file audio, presta attenzione al numero e al genere dell'oggetto diretto e indiretto.

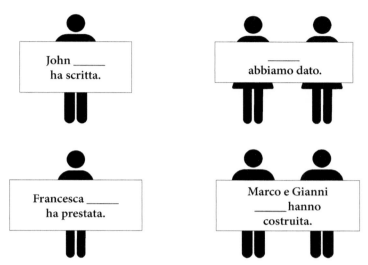

3.2 Completa le frasi seguenti con i pronomi combinati giusti.

1. Mio fratello ha regalato un cellulare a me e mia sorella.

   Mio fratello _____ ha regalato.

2. Papà, mi presti la tua macchina?

   Papà, _____ presti?

3. La tua mamma non ti preparava dolci.

   La tua mamma non _____ preparava.

4. I vostri genitori vi hanno imposto il coprifuoco ogni sera?

   I vostri genitori _____ hanno imposto ogni sera?

5. Abbiamo regalato una nuova racchetta da tennis a nostra figlia.

   _____ abbiamo regalata.

3.3 Riscrivi le frasi qui sotto con i pronomi combinati giusti.

1. Posso finalmente comprar**mi un telefono nuovo.**
2. Perché non **ti** metti **una maglia più leggera**?
3. **Ti** dà **un passaggio a scuola.**
4. Offre **un corso di cucina a suo cugino.**
5. **Ci** spiegherà **come arrivare a casa sua.**
6. I vostri compagni di classe **vi** prestano **i loro appunti.**
7. Fanno **delle foto del campus per i loro amici.**

3.4 **Un cittadino di diciotto anni**

Quando hai diciotto anni, in Italia sei maggiorenne.
Questo significa che puoi votare.

Ecco alcuni termini relativi alle votazioni:
- votare per le elezioni politiche
- votare per la camera (dei deputati)/per il senato (a 25 anni)
- inserire la scheda elettorale nell'urna
- lavorare al seggio elettorale
- esercitare il diritto di voto
- esprimere una o più preferenze
- votare per un partito
- scegliere un candidato
- assistere a un comizio elettorale

Rispondi a queste domande:
1. Hai mai partecipato a una campagna elettorale?
2. Hai mai assistito a un comizio elettorale o a un dibattito elettorale televisivo?
3. Hai mai votato a un'elezione politica del tuo Paese?
4. Hai mai lavorato a un seggio elettorale?
5. Quando voti per un partito, puoi esprimere una o più preferenze?
6. Quando ti presenti a un seggio per votare che cosa devi fare con la scheda elettorale?

4. Interculture

 4.1 Read and listen to the text below and answer the reading comprehension questions that follow.

Questione di età

In Italia i giovani diventano maggiorenni quando hanno raggiunto i diciotto anni di età. È un momento importante per loro, sotto vari aspetti.

Se un diciottenne vuole guidare un'automobile, la legge finalmente glielo permette, mentre a quattordici e sedici anni poteva al massimo guidare un motorino o una moto di bassa o media cilindrata. In realtà già a diciassette anni i ragazzi cominciano a fare pratica di guida, ma solo con un accompagnatore: la patente la motorizzazione civile gliela dà solo a diciotto anni compiuti.

Anche il diritto di voto si acquisisce con la maggiore età: a diciotto anni per la Camera dei Deputati e a venticinque anni per il Senato. Si discute sul voto ai sedicenni, dato che altri paesi europei gliel'hanno già concesso, ma tutte le proposte di legge in merito hanno finora incontrato resistenza.

I diciottenni italiani comunque non possono ancora candidarsi alle elezioni politiche: questo diritto le disposizioni giuridiche glielo danno a venticinque anni, ma solo per la Camera.

Se un ragazzo in Italia vuole acquistare bevande alcoliche, i negozianti non possono vendergliele, se non ha ancora compiuto diciotto anni.

In generale gli studenti italiani hanno già compiuto diciotto anni quando affrontano l'esame di maturità, cioè l'esame conclusivo del ciclo quinquennale delle scuole medie superiori.

I giovani americani guidano prima e si diplomano prima di quelli italiani, ma possono comprare alcolici solo a ventun anni compiuti. Anche loro possono votare a diciotto anni di età, da quando il ventiseiesimo emendamento della Costituzione Americana gliel'ha permesso, nel 1971.

In Brasile, Ecuador, Nicaragua e Argentina l'età minima per votare è stata abbassata a sedici anni a partire dagli anni Settanta, ma per quanto riguarda il consumo di alcol, solo la Jamaica permette ai giovani di comprare vini e liquori a sedici anni, mentre diciotto anni è l'età minima per vendergli in Colombia, Argentina, Perù, Messico, Cile, Venezuela, Nicaragua, Repubblica Domenicana, Uruguay, Ecuador, Panama, Cuba, Costa Rica, Honduras, Bolivia e Portorico. In Paraguay invece è ventun anni.

In Italia il 40% dei giovani tra i 15 e i 19 anni fa uso di alcol. Negli Stati Uniti il 19% dei ragazzi tra i 12 e 20 anni beve alcolici, ma in generale lo fa il 30% degli studenti di liceo, mentre in Uruguay la percentuale tra studenti si aggira intorno al 40%.

4.2 Reading comprehension

1. A quale età lo Stato italiano permette ai giovani di guidare l'automobile? E il motorino?

2. A partire da quale età i cittadini italiani possono votare alla Camera?

3. A partire da quale età i cittadini italiani possono candidarsi alle elezioni politiche?

4. Quanti anni deve avere un giovane in Italia per fare consumo di alcolici legalmente?

5. Quali sono le differenze di età sulla vendita di alcolici ai giovani tra l'Italia e gli Stati Uniti?

6. In quali paesi dell'America Latina i giovani acquisiscono diritti che in altri paesi sono riservati ai diciottenni? E quali sono questi diritti?

7. In base alle statistiche sul consumo di alcol tra i giovani nel mondo, quali considerazioni puoi fare sugli effetti della proibizione?

5. Languages in Transit: Exercises in Translation, Translanguaging, and Transfer

5.1 Translate the passage below into English or Spanish or a combination of the two. Be prepared to discuss your translation and the topic of the passage in class.

Dimmelo tu! Me lo dica Lei!

Delia: Angelo, ti devo telefonare più tardi. Mi puoi dare il tuo numero di telefono?

Angelo: Delia, te lo mando in un sms, così lo puoi aggiungere alla lista dei contatti.

Delia: Benissimo! Senti, posso anche darlo a Marisa? Anche lei lo voleva.

Angelo: Ma certo! Daglielo pure!

Delia: OK. Sentiamoci per parlare del picnic con gli amici a Griffith Park domenica prossima. Mi puoi comprare le patate per l'insalata di patate quando vai al supermercato?

Angelo: Ma certamente. Te le comprerò! Al suo servizio, Signora! Quante gliene compro? Me lo dica Lei!

Delia: Hahaha, te lo dirò quando ti telefono. A dopo.

6. Exploring the Web

6.1–6.2 Go to the *Juntos* companion website at www.hackettpublishing.com /juntos-companion-webpage to complete activities 6.1–6.2.

Le strutture comparative

1. Intercomprehension

Comparisons of superiority and inferiority

1.1 Look at the adverbs below. For every adverb that conveys superiority there is another adverb belonging to the same language that conveys inferiority. Can you complete the chart below by identifying the pairs of adverbs and the languages to which they belong?

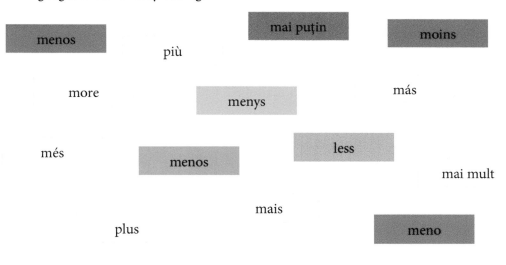

Language	Superiority	Inferiority
		menos
		menos
		menys
		moins
		meno
		mai puțin
		less

In the exercise above, you saw that there are pairs of adverbs such as *más/più* and *menos/meno* that express superiority and inferiority. When combined with an adjective, an adverb, a noun, or a verb, they can help to express a comparison between two or more elements within a sentence. For example:

- Ella es *más alta* que su hermana.
- Juan corre *más rápido* que tú.
- Mi hermano come *más verduras* que carne.
- *Estudio más* que mi hermano.

1.2   Looking at the four examples above, notice that *más* is placed just before the adjective *alto*, the adverb *rápido*, and the noun *verduras*, and right after the verb *estudio*. While *más alta*, *más rápido*, *más verduras*, and *estudio más* express superiority, we have yet to highlight the word that links the two nouns being compared in each sentence above. Can you guess which word this is? Where is it found in relation to the adverb *más*?

In Italian and Spanish, *le strutture comparative* (comparative constructions) are used to make comparisons of superiority, inferiority, and equality between two or more elements within a sentence (nouns, prepositional phrases, adjectives, adverbs, etc.). Such constructions can be as simple as the following:

1. She is more creative than me (comparison of superiority).
2. I am less outgoing than my brother (comparison of inferiority).
3. He is as tall as his father (comparison of equality).

1.3   Look at the sentences below. Do they express comparisons of superiority, inferiority, or equality? How can you tell?

- Mi hermana escribe menos poemas que cuentos.
- Mon chien est plus énergique que le tien.
- Sono molto più brava di te!
- I'm as happy as a clam.

2. Intergrammar

2.1   Look at the Italian sentences below. How do they compare with the sentences in Spanish that you saw in activity 1.1?

- Lei è *meno alta* di sua sorella.
- Giovanni corre *meno rapidamente* di te.
- Mio fratello mangia *meno verdure* che carne.
- *Studio meno* di mio fratello.

You may be wondering why the preposition *di* is used instead of the conjunction *che* in some of the Italian sentences above. Look at the tables below to learn when you should use *di* and when you should use *che*.

When to use *più/meno + di* in Italian

When you are comparing:	With respect to:	Example
Two nouns or pronouns	One adjective	Ella es más alta *que* su hermana.
Two nouns or pronouns	One adjective	Angélique est moins sportive *que* moi.
Two nouns or pronouns	One adjective	Marco è più generoso *di* me.

When you are comparing:	With respect to:	Example
Two nouns or pronouns	One adverb	Juan corre menos rápido *que* tú.
Two nouns or pronouns	One adverb	Jacques parle plus éloquemment *que* toi.
Two nouns or pronouns	One adverb	Francesca lavora più efficientemente *di* Michele.

When you are comparing:	With respect to:	Example
Two nouns or pronouns	One verb	Francisco lee más *que* su hermano.
Two nouns or pronouns	One verb	Marion nage plus *que* Luc.
Two nouns or pronouns	One verb	Sergio cucina più *di* me.

When to use *più/meno + che* in Italian

When you are comparing:	With respect to:	Example
Two adjectives	One noun	Las composiciones musicales de José son más vanguardistas *que* tradicionales.
Two adjectives	One noun	Les voitures italiennes sont plus belles *que* fiables.
Two adjectives	One noun	Queste scarpe sono più eleganti *che* comode.

When you are comparing:	With respect to:	Example
Two adverbs	One verb	Come más en la mañana *que* por la tarde.
Two adverbs	One verb	Il neige plus en décembre *qu'*en février.
Two adverbs	One verb	Piove meno oggi *che* ieri.

When you are comparing:	With respect to:	Example
Two direct objects	One verb	Mi hermano come más verduras *que* carne.
Two direct objects	One verb	J'ai plus de chats *que* de chiens.
Two direct objects	One verb	Bevo meno tè *che* caffè.

When you are comparing:	With respect to:	Example
Two nouns preceded by a preposition	One verb	Habla más contigo *que* conmigo.
Two nouns preceded by a preposition	One verb	Ma sœur parle plus avec moi *qu'*avec mon frère.
Two nouns preceded by a preposition.	One verb	Parla più con te *che* con me.

2.2   Look at the sentences below. Using what you have learned above, can you determine why the Italian sentences below use the preposition *di* instead of the conjunction *che* and vice versa?

- Mio padre è più estroverso di me.
- Le lezioni del professore sono più pratiche che teoriche.
- Mio fratello legge più di me.
- Leggo più poesie che romanzi.

Forming comparative constructions of superiority and inferiority

Superiority

	Spanish	French	Italian
The adverb combined with an adjective, adverb, noun phrase, or verb	más	plus	più
The conjunction or preposition linking the two elements being compared	que	que	di*/che

Inferiority

	Spanish	French	Italian
The adverb combined with an adjective, adverb, noun phrase, or verb	menos	moins	meno
The conjunction or preposition linking the two elements being compared	que	que	di*/che

*When *di* precedes a noun, it is often combined with the article (e.g., *del, della*, etc.)

2.3   Look at the picture below. Can you use the two charts above to complete the following sentences? Which sentences express superiority, and which express inferiority?

- El niño es _____ alto _____ la niña.
- El niño es _____ pequeño _____ la niña.

- Le garçon est _____ grand _____ la fille.
- Le garçon est _____ petit _____ la fille.

- Il ragazzo è _____ grande _____ ragazza.
- Il ragazzo è _____ piccolo _____ ragazza.

2.4   Looking at the pictures below, can you complete the following sentences? Which sentences express superiority and which express inferiority?

- La ropa del niño es _____ deportiva _____ formal.
- La ropa de la niña es _____ deportiva _____ formal.

- Les vêtements du garçon son _____ sportifs _____ formels.
- Les vêtements de la fille son _____ sportifs _____ formels.

- I vestiti del ragazzo sono _____ sportivi _____ formali.
- I vestiti della ragazza sono _____ sportivi _____ formali.

Comparisons of equality

2.5 Look at the sentences below. Can you fill in the blanks using the following word bank?

Word bank							
tan	aussi	as	qu'	così	como	as	come

- José es _____ fuerte _____ Antonio.
- Joseph est _____ beau _____ Antoine.
- Giuseppe è _____ curioso _____ Antonio.
- Joseph is _____ funny _____ Anthony.

> * Note that in most cases Italians would omit *così* and just use *come*.

2.6 Following the example below, can you make other comparisons of equality between these two figures?

- La mujer es **tan** elegante **como** el hombre.
- La femme est **aussi** élégante **que** l'homme.
- La donna è **così** elegante **come** l'uomo.

Forming comparisons of equality

tan + [adjective] + como	(così)/(tanto) + [adjective] + come/quanto
El concierto de Jorge Drexler fue **tan** divertido **como** el de Wynton Marsalis.	La mia torta di mele era (**così/tanto**)* deliziosa **come/quanto** la sua.

tan + [adverb] + como	(così)/(tanto) + [adverb] + come/quanto
Mi hermano corre **tan** rápido **como** nuestro padre.	La mia amica canta (**così/tanto**)* bene **come/quanto** sua madre.

[verb] + tanto + como	[verb] + (tanto) quanto
Mi hermano se esfuerza **tanto como** yo.	Parlo (**tanto**)* **quanto** mio padre.

tanto + [noun] + como	(tanto) + [noun] + quanto
Leo **tantos**** libros **como** mi padre.	Lei ha **tanta**** esperienza **quanto** sua madre.

> *In these examples, the use of *così* and *tanto* is optional.
> **In these examples, *tanto* agrees in gender and number with the noun that follows it.

Notice that in Italian, when comparing two nouns with respect to an adjective or adverb, you can either use *così/come* or *tanto/quanto*.

2.7   Using the charts above, can you complete the following sentences?

- La novela de Juan Rulfo es _____ bella _____ la de Carlos Fuentes.
- Il film è _____ interessante _____ il romanzo.

- Escribo _____ claramente _____ él.
- Disegno _____ bene _____ lui.

- Me gustan las empanadas _____ _____ a mi hermano.
- Corre _____ _____ suo fratello.

- Tiene _____ libros _____ ella.
- Parla _____ lingue _____ lei.

3. In italiano...

3.1   **Ascoltiamo e scriviamo**

Italia Airways è una nuova linea aerea che ha appena completato il suo primo volo dalla Sardegna al nord d'Italia. Mentre escono dall'aereo, i passeggeri vengono intervistati. Ascolta il file audio per questa attività e aiuta l'intervistatore a fare una lista degli aspetti positivi e negativi del volo secondo i passeggeri.

Aspetti positivi	Aspetti negativi

3.2   Completa le seguenti frasi con *di + articolo* (*del, dello, dei, degli, della, dell', delle*), *che*, *come* o *quanto*.

1. Il bagaglio del ragazzo è più pesante _____ bagaglio della ragazza.
2. Marco parla tante lingue _____ Paolo.
3. Il controllo della dogana è meno efficace _____ lento.
4. I biglietti per Parigi sono meno economici _____ biglietti per Roma.
5. La prima classe è più costosa _____ classe economica.
6. Carla viaggia tante volte all'anno _____ Sofia.
7. Le tasse aeroportuali in Italia sono più alte _____ tasse aeroportuali in Messico.

3.3 Sono vere o false le seguenti frasi? Se la frase è vera, riscrivila cominciando con la parola *sì*. Se la frase è falsa, correggi le parti sbagliate e riscrivi la frase cominciando con la parola *no*.

Per esempio:

Ci sono più persone che parlano lo spagnolo in Canada che negli Stati Uniti.

→ No, ci sono meno persone che parlano lo spagnolo in Canada che negli Stati Uniti.

1. Ci sono più immigrati che arrivano negli Stati Uniti che in Italia.
2. In generale, c'è meno diversità etnica nelle zone rurali che in centri urbani come New York.
3. Ci sono tante persone di origine cubana a Miami quanto a Roma.
4. Ci sono meno italoamericani in Illinois che nello stato del New Mexico.
5. Ci sono più persone di origine messicana in California che in Rhode Island.
6. Ci sono tanti americani in Francia quanti in Italia.
7. Ci sono tanti francesi quanti cinesi negli Stati Uniti.

3.4 Emigranti, immigranti, emigrati, immigrati, migranti

Trova nella lettura le diverse parole che indicano gruppi di persone in movimento e spiega il loro significato.

La terminazione *-ante* si usa per formare il participio presente dei verbi, per indicare un'azione progressiva. La terminazione *-ato/-uto/-ito* si usa per formare il participio passato dei verbi, per indicare un'azione conclusa.

Gli emigrati sono le persone che hanno lasciato il loro paese, che se ne sono andate, viste dalla prospettiva del paese di uscita.

Gli immigrati sono le persone che sono arrivate da fuori e si sono stabilite in un altro paese, viste dalla prospettiva del paese di entrata.

Gli emigranti sono le persone che stanno uscendo dal loro paese per emigrare in un altro: questa parola indica un flusso di gente visto dalla prospettiva del paese di uscita. Gli immigranti, al contrario, stanno entrando in un paese, che li vede arrivare e li accoglie.

E i migranti?

Privata dei prefissi *in-/e-*, questa parola perde la connotazione di entrata o uscita, mantenendo solo quella del muoversi: i migranti si spostano, *migrano*, appunto. La parola viene usata per gli uccelli migratori, che infatti sono sempre in movimento e eventualmente tornano: non si tratta di uno spostamento definitivo, ma nemmeno erratico, semmai ciclico.

I migranti come esseri umani forse però non torneranno mai. Sono più erratici e più disperati degli altri. Solo recentemente si è iniziato ad usar questo termine nella lingua italiana riferendosi a gruppi umani. Per decenni l'Italia ha avuto più emigranti/emigrati che il contrario, salvo gli immigrati dal sud al nord, ma mai dei migranti.

I migranti arrivano dal mare, su imbarcazioni provvisorie e in condizioni precarie, in pericolo di vita. Vanno dove li porta la corrente.

4. Interculture

 4.1   Read and listen to the text below and answer the reading comprehension questions that follow.

Alcuni dati sulla migrazione italiana

Dal secondo Ottocento a oggi sono emigrati all'estero 30 milioni di italiani. Tra il 1920 e il 1930 ne emigrarono tre milioni.

Cento anni fa l'ondata migratoria degli italiani nel continente americano si indirizzava prevalentemente verso gli Stati Uniti, l'Argentina e il Brasile, con una media di 300 mila viaggiatori transoceanici all'anno.

Durante il primo ventennio del secolo scorso le leggi migratorie varate dagli Stati Uniti erano più severe di quelle degli stati latinoamericani, perché comprendevano, oltre alle misure contro la criminalità, anche restrizioni riguardanti l'alfabetizzazione e gli orientamenti politici.

Attualmente ci sono più italiani iscritti all'AIRE (Anagrafe degli Italiani Residenti all'Estero) in America del Sud che in America del Nord e Centrale: se ne contano infatti quasi 800 mila (di cui 365 mila in Argentina e 177 mila in Brasile) rispetto a poco più di 400 mila.

I dati statistici di cento anni fa ci danno un numero maggiore di emigranti negli USA che, per esempio, in Argentina: tra il 1911 e il 1920 emigrarono 1.650.000 italiani negli Stati Uniti e 315.000 in Argentina.

Quanti emigrati sono tornati in Italia? Centinaia di migliaia, ma gli oriundi italiani all'estero in 150 anni hanno raggiunto cumulativamente i 60-70 milioni, che è una quantità maggiore dell'attuale popolazione italiana.

4.2   **Reading comprehension**

1. Quanti italiani sono emigrati all'estero negli ultimi 150 anni?
2. Nel decennio 1920-30 quanti erano gli italiani emigrati?
3. Quali erano gli Stati del continente americano dove si dirigevano gli emigrati italiani cento anni fa?
4. Oggi ci sono più italiani iscritti all'AIRE in America del Nord e Centrale o in Sudamerica?
5. Cento anni fa qual era la destinazione primaria degli emigrati italiani in America?
6. Le leggi sull'immigrazione in America erano più severe negli Stati Uniti o in Argentina e Brasile? Qual era la differenza?
7. Qual è il numero complessivo di oriundi italiani all'estero raggiunta negli ultimi 150 anni?

5. Languages in Transit: Exercises in Translation, Translanguaging, and Transfer

5.1   Translate the passage below into English or Spanish or a combination of the two. Be prepared to discuss your translation and the topic of the passage in class.

Compararsi agli altri: Sono più intelligente, brava, interessante, equilibrata degli altri?

"Jouis de ta vie sans la comparer à celle d'autrui, sans examiner si les autres sont plus heureux que toi".
Nicolas de Condorcet, *Les conseils à sa fille* (1794)

Nicolas de Condorcet ha scritto un libro di consigli per sua figlia nel 1794, *Les conseils à sa fille (Consigli a sua figlia)*. Il consiglio più importante che le ha dato è stato "Goditi la vita senza confrontarla con quella degli altri, senza considerare se gli altri sono più felici di te". Nell'epoca dei social, sappiamo che questo consiglio è molto difficile da seguire. Difatti, l'essere umano spesso si autodefinisce con i paragoni. Siamo più o meno felici degli altri? Più o meno intelligenti o capaci degli altri? Sentiamo sempre frasi del tipo: "La casa di Luigi è più grande della mia", oppure, "Marcello è più bello di Francesco ma meno affascinante di Alessandro". Con questi comparativi di maggioranza e minoranza navighiamo attraverso la vita e ci identifichiamo in paragone agli altri. Per fortuna, c'è anche il comparativo d'uguaglianza, in cui ci vediamo uguali agli altri: "Cinzia è simpatica come Riccardo", oppure "la musica di Beethoven è bella quanto la musica di Mozart". Oggi cominciamo a vedere e valorizzare l'uguaglianza nella diversità.

6. Exploring the Web

6.1   Go to the *Juntos* companion website at www.hackettpublishing.com/juntos -companion-webpage to complete activity 6.1.

Il grado superlativo

1. Intercomprehension

In Italian and Spanish the *grado superlativo* (superlative degree) indicates that someone or something possesses a quality (expressed by an adjective) or performs an action (qualified by an adverb) to the highest or lowest degree or to a degree that is simply very high or very low. The *grado superlativo* can either be *relativo* (relative) or *assoluto* (absolute), that is to say, it can either be viewed within the context of some larger group or independently.

1.1   Before we delve into *superlativi relativi* and *superlativi assoluti*, look at the following sentences and identify the languages in which they are written. Can you guess whether the superlative constructions below are relative or absolute?

- Marco è il meno atletico della famiglia.
- Juan habla muchísimo.
- Susanne est la plus intelligente de la classe.
- My father is the tallest of his brothers.

2. Intergrammar

Il superlativo relativo (the relative superlative)

The *superlativo relativo* indicates that someone or something, when viewed within the context of some larger group of people, things, etc., possesses a quality (expressed by an adjective) or performs an action (qualified by an adverb) to the highest or lowest degree.

How to form the *superlativo relativo* with adjectives and adverbs

The *superlativo relativo* of adjectives

Italian definite article → più/meno → adjective → di
Questa è **la** spiaggia **più bella della** costa ligure.
Questa è **la più bella** spiaggia **della** costa ligure.

What do you notice about the two Italian phrases above? When forming relative superlatives in Italian, the adjective may either follow or come before the noun that it modifies (e.g., *la **spiaggia** più **bella*** vs. *la più **bella spiaggia***). However, if the adjective is describing color, nationality, or religion, it must always follow the noun. You would never say: *È il più **azzurro mare** nel mondo.*

Spanish definite article → más/menos → adjective → de
Esta es **la** playa **más bonita de** la costa mexicana.

French definite article → plus/moins → adjective → de
C'est **la plus belle** plage **de** la côte française.
C'est **la** plage **la plus belle de** la côte française.

Like in Italian, when forming relative superlatives in French, the adjective may either come before or follow the noun that it is modifying. For example: *Paris est la plus **grande ville** de France* vs. *Paris est la **ville** la plus **grande** de France.*

The *superlativo relativo* of adverbs

Italian definite article → più/meno → adverb
Francesca arriverà **il più presto** possibile.

Spanish definite article → más/menos → adverb
Francisca llegará **lo más** pronto posible.

French definite article → plus/moins → adverb
Françoise arrivera **le plus tôt** possible.

The *superlativo assoluto* (absolute superlative)

The *superlativo assoluto* indicates that someone or something possesses a quality (expressed by an adjective) or performs an action (qualified by an adverb) to a degree that is very high or very low. Note that unlike the *superlativo relativo*, the *superlativo assoluto* is not viewed within the context of a larger group of people, things, etc.

How to form the *superlativo assoluto* with adjectives and adverbs

The *superlativo assoluto* of adjectives

Remove the final vowel from all four-form adjectives and add -*issimo/a/i/e* in Italian and -*ísimo/a/os/as* in Spanish.

Italian
bello → bell- → bellissima
Questa macchina è **bellissima**.

Spanish
malo → mal- → malísimo
El plato del día es **malísimo**.

Italian
brutto → brutt- → bruttissimi
Questi quadri sono **bruttissimi**.

Spanish
bello → bell- → bellísimas
Estas canciones son **bellísimas**.

In Italian, remove the final vowel from all two-form adjectives and add -*issimo/a/i/e*.

Italian
semplice → semplic- → semplicissima
La risposta è **semplicissima**.

In Spanish, two-form adjectives either end in -*e* in the singular and -*es* in the plural (e.g., *triste*, *interesante*, etc.), or they end in a consonant in the singular and -*es* in the plural (e.g., *fácil*, *popular*, etc.). To form the absolute superlative of these adjectives, remove the endings -*e*/-*es* and add -*ísimo/a/os/as* or simply add -*ísimo/a/os/as* to the final consonant.

Spanish
triste → trist- → tristísima
Esta película era **tristísima**.

Spanish
fácil → facilísimo
Este problema de álgebra es **facilísimo**.

Another way that you can form the *superlativo assoluto* of an adjective is by adding an adverb like *very*, *incredibly*, or *super* in front of it. Take a look at the following examples:

Italian
Il mio amico è **molto simpatico**.

Spanish
Este libro es **muy interesante**.

Italian
La signora è **incredibilmente generosa**.

Spanish
Él es **increíblemente vanidoso**.

Italian
La mia nuova automobile è **superveloce**.

Spanish
Mi carro nuevo es **súper rápido**.

The *superlativo assoluto* of adverbs

To form the *superlativo assoluto* of adverbs that end in -*mente*, simply add -*mente* to the feminine singular superlative form of the adjective corresponding to the adverb. Please see the examples below.

Italian
rapidamente → rapidissima → rapidissimamente
Usain Bolt corre **rapidissimamente**!

Spanish
rápidamente → rapidísima → rapidísimamente

¡El águila vuela **rapidísimamente**!

Italian
frequentemente → frequentissima → frequentissimamente

Silvia viene a casa mia **frequentissimamente**.

Spanish
frecuentemente → frecuentísima → frecuentísimamente

Mi hermano toca el trombón **frecuentísimamente**.

To form the *superlativo assoluto* of adverbs that end in a vowel, remove the final vowel and add *-issimo* in Italian and *-ísimo* in Spanish. For some Spanish adverbs that end in a consonant, simply add *-ísimo*.

Italian
presto → prest- → prestissimo

Mia sorella arriverà **prestissimo**.

Spanish
pronto → pront- → prontísimo

Mis amigos llegarán **prontísimo**.

Italian
tarde → tard- → tardissimo

Il concerto comincerà **tardissimo**.

Spanish
tarde → tard- → tardísimo

La reunión empezó **tardísimo**.

Italian
bene → ben- → benissimo

Rafael Nadal ha giocato **benissimo**!

Spanish
mal → malísimo
¡No creo que cante **malísimo**!

Another way that you can form the *superlativo assoluto* of an adverb is by adding another adverb like *very* in front of it. Take a look at the following examples:

Italian
Mio fratello non corre **molto rapidamente**.

Spanish
Mi tía llegó **muy tarde**.

Irregular superlative forms

Generally speaking, irregular superlatives are not formed in the same way across languages. However, there are some superlatives in Italian and Spanish that are formed in similar ways. Let's look at just a few examples:

Adjective	Superlativo relativo	Superlativo assoluto
buono	migliore	ottimo
bueno	mejor	óptimo
grande	maggiore	massimo
grande	mayor	máximo
piccolo	minore	minimo
pequeño	menor	mínimo

3. In italiano...

 3.1 **Ascoltiamo e scriviamo**

Gianfranco è appassionato di geografia e di calcio. Ascolta il file audio per questa attività e aiuta Gianfranco a fare un lista di alcune delle cose che ha imparato sul calcio.

Fatti	Il giocatore e la sua nazionalità
Il calciatore più pagato nel mondo.	
Il calciatore più anziano nel mondo.	
Il calciatore più anziano che abbia mai giocato in una finale dei Mondiali.	
Il calciatore più basso nel mondo.	
Il calciatore più alto nel mondo.	
Il giocatore che ha segnato il maggior numero di gol in una sola Coppa del Mondo.	
Il giocatore che ha segnato il maggior numero di gol nei Mondiali.	
I giocatori migliori nel mondo.	

3.2 Aggettivi in geografia

Inseriamo nella tabella gli aggettivi che si adattano meglio a ciascun termine geografico (attenzione alla concordanza del genere!): *profondo*; *dolce*; *frastagliato*; *alto*; *lungo*; *arido*; *fitto*; *fertile*; *esteso*

Termini geografici	Aggettivi
una collina	
una foresta	
una costa	
una montagna	
un mare	
un ghiacciaio	
un fiume	
una pianura	
un deserto	

Prova a fare delle frasi per descrivere dei luoghi che hai visitato o che ti sono familiari, usando i superlativi di questi aggettivi:

Es. *In Alaska ci sono…Ho visto…*

1. _____
2. _____
3. _____

3.3   Fatti sul mondo

Completa le seguenti frasi con l'articolo giusto *(il/l'/lo/la/i/gli/le)* + *più/meno.*

1. Death Valley è _____ punto _____ basso negli Stati Uniti.
2. La Fossa delle Marianne è _____ punto _____ profondo degli oceani.
3. Los Angeles e San Diego sono _____ popolate città della California.
4. Il Messico ha _____ comunità ispanofona _____ grande del mondo.
5. La Russia è _____ paese _____ grande del mondo.
6. La Città del Vaticano è _____ stato nazionale _____ piccolo del mondo.
7. Wyoming, Vermont, e Alaska sono _____ stati _____ popolati degli Stati Uniti.
8. La Cina è _____ popolato paese del mondo.
9. La Francia e la Germania sono _____ popolati paesi dell'Europa.
10. Le Seychelles sono _____ paese _____ popolato dell'Africa.
11. Il Texas è _____ stato _____ vasto degli Stati Uniti.
12. New York ha _____ grande comunità italoamericana degli Stati Uniti.
13. La Sicilia è _____ isola _____ grande del Mediterraneo.

3.4   Facendo una piccola ricerca online, rispondi alle seguenti domande con una frase completa.

1. Qual è la regione più piccola d'Italia?
2. Qual è la regione più a nord d'Italia?
3. Qual è la regione più a sud dell'Italia continentale?
4. A parte Roma, qual è la più popolata città d'Italia?
5. Qual è l'isola più a ovest d'Italia?

4. Interculture

 4.1   Read and listen to the text below and answer the reading comprehension questions that follow.

Primati

L'Italia è un paese geograficamente troppo piccolo per poter reggere il confronto con i moltissimi primati geografici che si trovano in America.

     Al centro della Death Valley, tra la California e il Nevada, si trova il punto più basso sul suolo degli Stati Uniti, a 87 metri sotto il livello del

Il Caffè Pedrocchi,
Padova, Italia.

mare, mentre nell'oceano Pacifico, vicino alle Isole Marianne, che dal 1945 appartengono, come stato associato, agli Stati Uniti, si trova il punto più profondo della crosta terrestre: la fossa delle Marianne, a 10.994 metri sotto il livello del mare.

Il fiume più lungo del mondo è invece in Sudamerica: il Rio delle Amazzoni, lungo 6992 chilometri, che attraversa Brasile, Perù, Bolivia, Colombia, Ecuador e Venezuela.

La cascata più alta del mondo si trova anch'essa in Venezuela, nel Parque Nacional de Canaima. È il Salto Ángel, di 979 metri.

L'Italia può vantare però altri tipi di primati, che possono essere considerati dei significativi indicatori culturali.

Il più antico vero e proprio presepio fatto di legno, Bologna, Italia.

Per esempio, nel campo culinario è così importante per gli Italiani proteggere l'autenticità dei propri prodotti alimentari che l'Italia ha certificato l'origine di 274 cibi italiani, il più elevato numero di certificazioni alimentari al mondo: certificazioni DOP (Denominazione di Origine Protetta) e IGP (Indicazione Geografica Protetta).

Ovviamente i migliori primati riguardano il patrimonio architettonico.

Un negozio
alimentare.

La cupola di Santa Maria del Fiore, il duomo di Firenze, progettata da Filippo Brunelleschi nel XV secolo, ancora oggi è la più grande volta in muratura del mondo, con un diametro di 45,50 metri, un peso di 37.000 tonnellate e un'altezza esterna dal suolo di 117 metri.

A Venezia c'è il più antico caffè del mondo, lo storico Caffè Florian, del 1720, mentre a Napoli c'è il più vecchio teatro del mondo ancora attivo, del 1737: il Teatro San Carlo.

Prodotti autentici,
Greve in Chianti,
Italia.

L'Italia, come paese al centro della cristianità, presenta i più antichi esempi di rappresentazioni della natività. Sul sarcofago di Adelfia, del IV secolo, conservato nel Museo Archeologico di Siracusa, in Sicilia, sono scolpite le primissime immagini del bambino Gesù con la Madonna, il bue e l'asinello e i Re Magi. A Bologna invece è conservato

La Cupola del
Brunelleschi,
Firenze, Italia.

il più antico vero e proprio presepio fatto di legno: sono le cinque statuette della Madonna col Bambino, San Giuseppe e i tre Re Magi, risalenti al XIII secolo ed esposte nella Basilica di Santo Stefano.

4.2 **Reading comprehension**

1. Quale primato geografico statunitense troviamo nella Valle della Morte?
2. Quale primato detiene la Fossa delle Marianne?
3. Quali sono il fiume più lungo e la cascata più alta del mondo?
4. Da cosa vediamo che l'Italia ci tiene a proteggere la sua cucina?
5. Perché è speciale la cupola del Brunelleschi?
6. Quali primati architettonici troviamo a Venezia e a Napoli?
7. Dove si trova la più antica scena che rappresenta la natività? E il presepe più vecchio?

5. Languages in Transit: Exercises in Translation, Translanguaging, and Transfer

5.1   Translate the passage below into English or Spanish or a combination of the two. Be prepared to discuss your translation and the topic of the passage in class.

Il più bel giorno della mia vita! La più brutta settimana della tua vita!

La vita è fatta di alti e bassi, e per questo motivo ci ricordiamo dei momenti più alti e anche dei momenti più bassi con molta emozione. Per tanta gente, il momento migliore della vita arriva quando si riesce a raggiungere un traguardo importante: la laurea, l'incontro con la futura compagna o il futuro compagno, la vacanza dei sogni, la nascita dei figli, trovare il lavoro ideale. Invece, la settimana peggiore o persino l'anno peggiore spesso inizia con un brutto evento che scatena una serie di altri momenti difficili. Il giorno della perdita di una persona amata è spesso ricordato come il giorno peggiore della vita di qualcuno. La morte della persona che mantiene la famiglia può provocare un futuro difficile, in cui mancano i soldi e le risorse per vivere. La precarietà economica e sociale costringe tanta gente a vivere una brutta giornata dopo l'altra. In contesti politico-geografici molto oppressi, il momento più bello per un bambino può essere il giorno in cui ha qualcosa da mangiare. Il senso di benessere assoluto è molto relativo alla cultura e allo stato socio-economico.

6. Exploring the Web

6.1   Go to the *Juntos* companion website at www.hackettpublishing.com/juntos -companion-webpage to complete activity 6.1.

Il condizionale presente e passato

1. Intercomprehension

1.1 Identify the verbs in the *condizionale presente* (present conditional).

- O que você recomendaria?
- Me gustaría ir al concierto.
- Je voudrais une tasse de café.
- Lo farei volentieri, ma domani devo andare dal dentista.
- Of course I would help you!

1.2 How does English differ from Spanish, Portuguese, French, and Italian when forming the present conditional?

2. Intergrammar

The *condizionale* is used in the following circumstances:

1. In hypothetical situations
   Avendo più tempo, andrei in vacanza.
2. To make polite requests or to give or ask for advice
   Per favore, potresti… Dovresti studiare…
3. To express a wish or desire
   Vorrei andare in Italia.
4. To express uncertainty
   Non saprei… Non direi…
5. To report unconfirmed news
   Secondo la polizia, il ladro sarebbe scappato con un'auto rossa.
6. When talking about the future in the past
   Hai promesso che saresti tornato in tempo.

How to form the present conditional in Italian and Spanish

Regular verbs

Just like the future tense, the present conditional is formed by removing the final -*e* from the infinitive and adding the present conditional endings (e.g., *scrivere → scriver → scriverei*). Note that for -*are* verbs, the letter A in the infinitive ending is replaced with the letter E (e.g., *parlare → parlar → parler → parlerei*). Forming the present conditional in Spanish is much more straightforward. Simply add the present conditional endings to the infinitive (e.g., *hablar → hablaría*).

Regular verbs that end in -*are* in Italian and -*ar* in Spanish

parlare → parlar- → parler-	
parlerei	parleremmo
parleresti	parlereste
parlerebbe	parlerebbero

hablar	
hablaría	hablaríamos
hablarías	hablaríais
hablaría	hablarían

Regular verbs that end in -*ere* in Italian and -*er* in Spanish

scrivere → scriver-	
scriverei	scriveremmo
scriveresti	scrivereste
scriverebbe	scriverebbero

comer	
comería	comeríamos
comerías	comeríais
comería	comerían

Regular verbs that end in -*ire* in Italian and -*ir* in Spanish

preferire → preferir-	
preferirei	preferiremmo
preferiresti	preferireste
preferirebbe	preferirebbero

sugerir	
sugeriría	sugeriríamos
sugerirías	sugeriríais
sugeriría	sugerirían

Irregular verbs

The following Italian verbs are irregular in the present conditional. Are the corresponding verbs in Spanish also irregular? If so, write the corresponding irregular form in Spanish.

Italian	Spanish	Is the Spanish verb also irregular?
avere → avrei	haber	
essere → sarei	ser	
volere → vorrei	querer	
dovere → dovrei	deber	
potere → potrei	poder	
andare → andrei	ir	
venire → verrei	venir	
sapere → saprei	saber	
bere → berrei	beber	
vedere → vedrei	ver	

Generally speaking, irregular verbs are not conjugated in the same way across languages. However, there are some irregular verbs in Italian and Spanish that follow similar patterns when forming the present conditional.

avere → avr-	
avrei	avremmo
avresti	avreste
avrebbe	avrebbero

haber → habr-	
habría	habríamos
habrías	habríais
habría	habrían

potere → potr-	
potrei	potremmo
potresti	potreste
potrebbe	potrebbero

poder → podr-	
podría	podríamos
podrías	podríais
podría	podrían

sapere → sapr-	
saprei	sapremmo
sapresti	sapreste
saprebbe	saprebbero

saber → sabr-	
sabría	sabríamos
sabrías	sabríais
sabría	sabrían

2.1   Why are the verbs above irregular? What distinguishes them from regular verbs in the present conditional?

2.2   Read the paragraph in Spanish below, paying special attention to the verbs in the present conditional. Can you complete the subsequent paragraph in Italian?

Spanish

Querida Laura:

   A pesar de la distancia, un día me **gustaría** ir a Italia y conocer la ciudad donde nació mi madre. Un amigo mío me dijo, "¡**Deberías** ir inmediatamente! Yo que tú, me **tomaría** unas vacaciones e **iría** cuanto antes". El problema es que hay siempre demasiado que hacer y no **podría** dejar todas mis obligaciones. Pero **sería** una experiencia preciosísima. **Conocería** a todos mis parientes y **visitaría** los lugares frecuentados por mi madre en su juventud. Además, **sería** otra razón para aprender por fin el italiano. ¿Qué **harías** tú en mi lugar? ¿Me **acompañarías** a Italia? Tal vez podemos hablar de esto cuando regreses la semana próxima. ¡Házmelo saber!

   Un abrazo,
   Luca

Italian

Cara Laura,

Nonostante la distanza, un giorno mi _____ andare in Cile e conoscere la città in cui è nata mia madre. Un mio amico mi ha detto, "Ci _____ andare subito! Se io fossi in te, mi _____ una bella vacanza e ci _____ appena possibile". Il problema è che c'è sempre troppo da fare e non _____ lasciare tutti i miei impegni. Ma _____ un'esperienza bellissima. _____ tutti i miei parenti, e _____ i luoghi frequentati da mia madre nella sua gioventù. Inoltre, _____ un motivo in più per finalmente imparare lo spagnolo. Tu cosa _____ al mio posto? Mi _____ in Cile? Forse possiamo parlarne quando torni a casa la settimana prossima. Fammi sapere!

Un abbraccio,
Luca

2.3   Now that you have completed the exercise above, can you identify why each verb was conjugated in the present conditional?

Italian	Spanish	Explain why the present conditional is being used
piacerebbe	gustaría	
dovresti	deberías	
prenderei	tomaría	
andrei	iría	
potrei	podría	
sarebbe	sería	
conoscerei	conocería	
visiterei	visitaría	
sarebbe	sería	
faresti	harías	
accompagneresti	acompañarías	

2.4   What is the function of the conditional in the sentences below? There is one sentence in which the present conditional is not used. Which one is it?

- Ayer dijeron que no vendrían hoy.
- Le candidat a dit qu'il aiderait les pauvres.
- Non pensavo che avrei vinto la partita.
- I did not know that we would arrive so late.

How to form the *condizionale passato* (past conditional) in Italian and Spanish

In Italian and Spanish, the past conditional is a compound tense. In Italian it is formed by combining the present conditional of *avere* or *essere* with the past participle of the main verb. As when forming the *passato prossimo*, knowing which auxiliary verb to use (*avere* or *essere*) depends on whether the main verb is transitive or intransitive (remember that not all intransitive verbs take *essere*). When forming the past conditional in Spanish, the past participle of the main verb is always combined with the present conditional of the auxiliary verb *haber*.

Regular verbs that are transitive

comprare	
avrei comprato	**avremmo** comprato
avresti comprato	**avreste** comprato
avrebbe comprato	**avrebbero** comprato

quitar	
habría quitado	**habríamos** quitado
habrías quitado	**habríais** quitado
habría quitado	**habrían** quitado

Regular verbs that are intransitive

uscire	
sarei uscito/a	**saremmo** usciti/e
saresti uscito/a	**sareste** usciti/e
sarebbe uscito/a	**sarebbero** usciti/e

entrar	
habría entrado	**habríamos** entrado
habrías entrado	**habríais** entrado
habría entrado	**habrían** entrado

2.5   Read the paragraph in Spanish below, paying special attention to the verbs in the present and past conditional. Can you complete the subsequent paragraph in Italian?

Spanish

Querido José:

    Ayer por la tarde me encontré con tu padre mientras iba de regreso a mi casa. ¡Me dio mucho gusto volver a verlo! Me dijo que estás un poco desanimado porque todavía no has encontrado un trabajo, y le prometí que te **escribiría**. Te quiero decir que siempre me has dado buen ejemplo. A pesar de todas la adversidades que has afrontado en tu vida, siempre has estado decidido a continuar tus estudios. Sin ti, yo no **habría proseguido** con mis estudios, nunca **habría ido** al extranjero, y no **habría aprendido** todo lo que ha realmente enriquecido mi vida. ¿Te acuerdas cuando éramos más jóvenes? No creíamos que **iríamos** a la universidad, pero lo hicimos. Amigo mío, ¡no te rindas! ¡Encontrarás un trabajo! Iré a verte lo más pronto posible. **Habría ido** antes, pero he estado demasiado ocupado con mis exámenes finales. En todo caso, hazme saber cuándo estés libre.

    Un abrazo,
    Miguel

Italian

Caro Giuseppe,

Ieri sera ho incontrato tuo padre mentre camminavo verso casa. Mi ha fatto molto piacere rivederlo! Mi ha detto che sei un po' scoraggiato perché non hai ancora trovato un lavoro, e gli ho promesso che ti _____. Ti voglio dire che sei sempre stato un buon esempio per me. Nonostante tutte le avversità che hai affrontato nella tua vita, sei sempre stato determinato a continuare a studiare. Senza di te non _____ gli studi, non _____ mai _____ all'estero, e non _____ tutto quello che ha veramente arricchito la mia vita. Ti ricordi quando eravamo più giovani? Non credevamo che _____ all'università, ma ce l'abbiamo fatta. Amico mio, non mollare! Troverai un lavoro! Verrò a trovarti il più presto possibile. _____ prima, ma sono stato molto impegnato con gli esami finali. In ogni caso, fammi sapere quando sei libero.

Un abbraccio,
Michele

2.6 In the exercise above, did you notice that there are two instances in which Spanish uses the present conditional while Italian uses the past conditional? Can you explain this discrepancy?

3. In italiano…

 3.1 **Ascoltiamo e scriviamo**

Gwendoline ha visitato Perugia con André. Dopo la loro visita, Gwendoline chiede ad André, "Se tu potessi allestire una mostra permanente su Perugia, di cosa si tratterebbe?" Ascolta il file audio per questa attività e aiuta Gwendoline a trascrivere la risposta di André.

Attualmente, studio storia all'Università di Perugia. Se io potessi allestire una mostra permanente su Perugia, _____ degli Etruschi. Molte persone _____ l'Italia all'Impero Romano, ma non si dice mai abbastanza sulla civiltà etrusca, i predecessori dei Romani. Come il Museo Nazionale Etrusco di Villa Giulia a Roma, questa mostra _____ aiutare a preservare la storia e _____ la conservazione dei resti etruschi. A differenza del Museo Nazionale Etrusco, il museo che ospita questa nuova mostra _____ escursioni per Perugia. La gente _____ il famoso Arco Etrusco a Perugia. L'Arco _____ la prima tappa dell'escursione. _____ anche una visita alla Rocca Paolina.

3.2 Coniuga i seguenti verbi al condizionale.

Un capolavoro perduto, distrutto, o forse semplicemente nascosto…

Il dipinto della Battaglia di Anghiari di Leonardo da Vinci _____ (potere) essere nascosto dietro un affresco di Giorgio Vasari nel Palazzo Vecchio di Firenze. Ma _____ (potere) veramente essere il dipinto di Da Vinci e come si _____ (verificare) la paternità di questo dipinto senza distruggere l'affresco di Vasari? Questo è il difficile problema che un gruppo di ricercatori sta tentando di risolvere. Alcuni storici dell'arte come Tomaso Montanari dell'Università di Napoli Federico II hanno dei dubbi sulla validità del progetto, chiedendosi perché Vasari _____ (coprire – *condizionale passato*) l'opera di un artista che ammirava tanto. Eppure ci sono altri ricercatori che _____ (volere) pensare che si tratti veramente del capolavoro di Da Vinci, perduto da molto tempo.

3.3 Rispondi alle seguenti domande con frasi complete.

1. Se tu potessi costruire un nuovo museo, che tipo di museo costruiresti?
2. Che tipi di oggetti sarebbero in mostra nel tuo museo?
3. Secondo te, Leonardo da Vinci sarebbe sorpreso dalle tecnologie moderne?
4. Se tu potessi parlare con Da Vinci, cosa gli diresti?
5. Se tu fossi un inventore, cosa inventeresti?

3.4 Uccelli

Prima leggi le 4 frasi e poi prova a rispondere alle 6 domande.

- In piazza San Marco a Venezia ci sono moltissimi colombi (o piccioni) che i turisti non dovrebbero nutrire, ma solo fotografare.
- Il colibrì è il più piccolo uccello del mondo e vive soprattutto nelle zone tropicali del Sudamerica, ma anche in altre zone del continente americano. L'uccello più grande del mondo, invece, si trova in Africa e in Australia: è lo struzzo.
- In Lombardia, in Veneto e in Emilia-Romagna si trova la maggior parte degli allevamenti di galline in Italia. A quanto pare, molte di queste galline sarebbero allevate in gabbie con pochissimo spazio.
- E le rondini? Ce ne sono in tutto il mondo, anche per le loro migrazioni da un continente all'altro, ma ce ne sarebbero di più in un mondo meno inquinato.

Domande:

1. Quale di questi uccelli si potrebbero usare per inviare messaggi?
2. Le piume di quale di questi uccelli sarebbero le migliori per costruire ventagli e ornamenti vari?
3. Quali di questi uccelli non volano?
4. Quali di questi uccelli diresti che sono una specie protetta o da proteggere?
5. Quali di questi uccelli sono un simbolo del cambio di stagione?
6. Non potresti mai immaginare quale di questi uccelli sia il più aggressivo. In Latino si chiama *rufous*. Chi è?

3.5 Prima di leggere il testo della seguente attività, rifletti sul titolo "Volare con Leonardo", e prova a indovinare di cosa parla il testo in generale. Da' tre possibili risposte usando il condizionale (e.g., il testo potrebbe parlare di…).

4. Interculture

 4.1   Read and listen to the text below and answer the reading comprehension questions that follow.

Volare con Leonardo

Tra i miti dell'antica Grecia c'è la storia dell'inventore Dedalo: un geniale architetto, che riuscì ad evadere con suo figlio Icaro dall'intricatissimo labirinto di Creta, da lui stesso costruito, mettendosi un paio di ali fatte di cera, troppo delicate per resistere al calore del sole: Dedalo infatti aveva previsto che si sarebbero sciolte volando troppo vicino al sole, e aveva inutilmente avvisato Icaro di questo rischio.

Il sogno di volare, tra fantasie poetiche e tentativi tecnologici, sarebbe continuato per secoli. Con Leonardo da Vinci, nel XV secolo, comincia l'approccio scientifico: per Leonardo, infatti, il volo non è una magia, ma un fenomeno meccanico riproducibile osservando la natura.

Alcuni dei disegni di Leonardo da Vinci mostrano vari tentativi di questo artista e ingegnere di progettare macchine per volare: si potrebbero addirittura riconoscere i prototipi del paracadute e dell'elicottero.

A Leonardo sarebbero certamente piaciuti i modelli esposti nel Museo Nazionale Scienza e Tecnologia Leonardo da Vinci di Milano, costruiti sulla base dei suoi studi sul volo.

Ci sono vari modelli di ali, basati sullo studio del volo delle anatre e dei pipistrelli, e di eliche, ad imitazione della struttura elicoidale dei semi d'acero, che li rende in grado di volare lontano.

Ci sono anche un aliante e ricostruzioni di strumentazioni di volo come l'anemometro e l'inclinometro.

Leonardo aveva perfino ipotizzato come si sarebbe potuta vedere Milano dall'aereo: la famosa piantina del centro di Milano osservato "a volo di uccello".

Oggi gli appunti e disegni di Leonardo sono conservati nelle raccolte di diverse biblioteche: a Milano, nella Veneranda Biblioteca Ambrosiana (il famoso *Codex Atlanticus*), a Madrid, nella Biblioteca Nacional de España (i codici Madrid I e II), a Torino, nella Biblioteca Reale (il *Codice del volo degli uccelli*) e a Londra, nella Royal Library del Windsor Castle e nella British Library.

Tutte queste biblioteche hanno organizzato varie esposizioni per il 2019, in occasione dei 500 anni dalla morte dell'artista.

Ma uno dei codici di Leonardo è in America: è il *Codex Leicester,* acquisito nel 1990 dall'Hammer Museum di UCLA, su donazione del petroliere americano Armand Hammer, e poi passato a Bill Gates, che l'ha acquistato nel 1994 per oltre trenta milioni di dollari. Alcune sue pagine, montate sotto vetro per essere esposte al pubblico e anche digi-

Statua di Leonardo da Vinci.

talizzate, hanno fatto il giro del mondo: dall'Australia al Giappone, dalla Francia all'Irlanda. Negli appunti che si possono leggere in questo codice, Leonardo, studiando i fossili e le acque, avrebbe confutato la storia biblica del diluvio universale, ipotizzando che invece sarebbe la fine del mondo che dovrebbe avvenire a causa del diluvio: una profezia del cambiamento climatico?

[Una curiosità: l'unica opera di Leonardo non conservata in Europa o negli Stati Uniti è il dipinto *Salvator mundi*, acquistato per il Louvre Abu Dhabi, negli Emirati Arabi, al prezzo più alto mai pagato per un'opera d'arte: 450 milioni di dollari! O meglio, dovrebbe essere in quel museo, ma di fatto, l'esposizione del quadro non è mai avvenuta.]

4.2 Reading comprehension

1. Chi era Dedalo e per cosa è famoso?
2. Che pensi che sia successo a Icaro, figlio di Dedalo?
3. Qual è l'innovazione di Leonardo da Vinci in tema di volo?
4. Quali modelli costruiti sui disegni di Leonardo sono esposti a Milano?
5. Quali invenzioni sono state anticipate nei disegni di Leonardo?
6. In un disegno di Leonardo c'è la mappa "a volo di uccello" di una città italiana. Quale?
7. In quali città europee sono conservati i principali codici con appunti e disegni di Leonardo?
8. Chi possiede oggi il *Codex Leicester* e quanto l'ha pagato?
9. Quali studi leonardeschi contiene questo codice?
10. Come dovrebbe finire il mondo, secondo Leonardo?

5. Languages in Transit: Exercises in Translation, Translanguaging, and Transfer

5.1   Translate the passage below into English or Spanish or a combination of the two. Be prepared to discuss your translation and the topic of the passage in class.

Verresti con noi?

Giacomo: Pilar, ho un grande favore da chiederti. Mi aiuteresti con questo compito d'informatica? Non ce la faccio.

Pilar: Mi piacerebbe aiutarti, ma non posso in questo momento. Incontriamoci stasera per prendere un aperitivo insieme e portiamo i computer.

Giacomo: Spritz e informatica? È quello che mi proporresti? Non mi sembra il miglior modo per imparare.

Pilar: Caro Giacomo, ti sbagli. Unire l'utile al dilettevole fa sempre bene. Beviamo un po' e lavoriamo un po', che ne dici?

Giacomo: Cara Pilar, preferirei studiare e poi bere. Così possiamo sempre unire l'utile al dilettevole, ma in ordine—prima l'utile, e poi il dilettevole. Che ne pensi?

Pilar: Lo sai che avrei preferito la mia proposta, ma per questa volta faremo come vuoi tu.

Giacomo: Pilar, tu sei molto più brava di me in informatica. Riesci a bere e lavorare, io no. Lavoriamo e poi beviamo.

6. Exploring the Web

6.1   Go to the *Juntos* companion website at www.hackettpublishing.com/juntos -companion-webpage to complete activity 6.1.

Il congiuntivo presente e passato

1. Intercomprehension

1.1 Identify the mood and tense of each verb below.

- No parece que sea verdad.
- Il est désolé que tu ne puisses pas venir à notre fête.
- Spero che ti piaccia il tuo regalo.
- It's important that he try his best.

As speakers of Spanish and English you will have certainly noticed a big difference in the way doubt, possibility, uncertainty, emotion, desire, suggestions, personal feelings, and opinions are expressed in the two languages. Sentences like *Pienso que sea…* or *Es probable que llegue…* are common to you as a Spanish speaker. That is because in Spanish, like Italian and the other Romance languages, the subjunctive is a verbal mood whose use is common in both spoken and written language.

Language is fluid and usage changes. A case in point is the subjunctive (*il congiuntivo*), which in English is rapidly becoming extinct. Phrases like *I suggest that he go home immediately* and *It is important that he leave now* probably sound correct to you, but you may not be sure why.

2. Intergrammar

How to form the *congiuntivo presente* (present subjunctive)

Regular verbs

To form the present subjunctive in Italian and Spanish, remove the infinitive ending (*-are/-ar*, *-ere/-er*, or *-ire/-ir*) from all regular verbs, and add the appropriate present subjunctive endings to the verb stem.

Regular verbs that end in *-are* in Italian and *-ar* in Spanish

amare → am-	
am**i**	am**iamo**
am**i**	am**iate**
am**i**	am**ino**

hablar → habl-	
habl**e**	habl**emos**
habl**es**	habl**éis**
habl**e**	habl**en**

Regular verbs that end in *-ere* in Italian and *-er* in Spanish

correre → corr-	
corr**a**	corr**iamos**
corr**a**	corr**iate**
corr**a**	corr**ano**

comer → com-	
com**a**	com**amos**
com**aa**	com**áis**
com**a**	com**an**

Regular verbs that end in *-ire* in Italian and *-ir* in Spanish

dormire → dorm-	
dorm**a**	dorm**iamo**
dorm**a**	dorm**iate**
dorm**a**	dorm**ano**

compartir → compart-	
compart**a**	compart**amos**
compart**as**	compart**áis**
compart**a**	compart**an**

Notice that in Italian, the present subjunctive endings for *-are* verbs differ from those of *-ere* and *-ire* verbs (with the exception of first and second person plural). In Spanish, this rule applies to all persons, both singular and plural.

Irregular verbs

Generally speaking, irregular verbs are not conjugated in the same way across languages. However, there are some irregular verbs in Italian and Spanish that follow similar patterns when forming the present subjunctive.

venire → veng-*	
venga	veniamo
venga	veniate
venga	vengano

*Notice that the irregular verb stem *veng-* is not used in the first and second person plural. In the first and second person plural, *venire* is conjugated as you would any regular verb.

venir → veng-	
venga	vengamos
vengas	vengáis
venga	vengan

ottenere → otteng-*	
ottenga	otteniamo
ottenga	otteniate
ottenga	ottengano

*Notice that the irregular verb stem *otteng-* is not used in the first and second person plural. In the first and second person plural, *ottenere* is conjugated as you would any regular verb.

obtener → obteng-	
obtenga	obtengamos
obtengas	obtengáis
obtenga	obtengan

rimanere → rimang-*	
rimanga	rimaniamo
rimanga	rimaniate
rimanga	rimangano

*Notice that the irregular verb stem *rimang-* is not used in the first and second person plural. In the first and second person plural, *rimanere* is conjugated as you would any regular verb.

poner → pong-	
ponga	pong**amos**
pong**as**	pong**áis**
ponga	pong**an**

2.1   Why are the verbs above irregular? What distinguishes them from regular verbs in the present subjunctive?

When to use the present subjunctive

In Italian and Spanish, the present subjunctive is used after verbs that express:

- opinion, belief
  (e.g., *credere/no creer*)
- desire (including hope)
  (e.g., *desiderare/desear, sperare/esperar*)
- emotions (fear, pleasure, sadness, etc.)
  (e.g., *temere/temer*)

2.2   Take a look at the sentences in Italian and Spanish below. What verb tenses do you see in each sentence? Do the two verbs in each sentence have the same subject? Is there a sentence in which the present subjunctive is not used?

Italian
Credo che mia sorella **dorma** ancora.

Spanish
Creo que **es** muy importante!

French
Je crois que Michel **est** très intelligent.

Italian
Temo che Giovanni **sia** molto malato.

Spanish
Espero que te **guste** tu regalo!

2.3 Take a look at the sentences in Italian and Spanish below. What verb tenses do you see in each sentence? Do the two verbs in each sentence have the same subject?

Italian
Non **penso di essere** una persona atletica.

Spanish
No **pienso ser** una persona atlética.

Italian
Spero di essere una persona onesta.

Spanish
Espero ser una persona honesta.

In Italian and Spanish, the present subjunctive is also used after conjunctions like:

- sebbene, benché, nonostante (*aunque*)
- perché, affinché (*para que*)
- prima che (*antes que*)
- senza che (*sin que*)
- a patto che, purché (*con tal que*, *a condición que*)

Italian
Marco viene a lezione **sebbene sia** ammalato.

Spanish
He preparado un caldo de pollo **para que te sientas** mejor.

Italian
Vattene **che** io **perda** la pazienza!

Spanish
Lo haré **aunque** no me **guste**.

How to form the *congiuntivo passato* (past subjunctive) in Italian and Spanish

Like the *congiuntivo presente*, the *congiuntivo passato* is used after impersonal expressions and verbs that express opinion, uncertainty, desire, and emotion. The only difference is that this tense is situated in the past.

2.4 Identify the verbs and their tenses below:

- Estoy contento que hayas ido al doctor.
- Je suis content qu'elles aient aimé mon gâteau.
- Spero che mio fratello minore abbia pulito il bagno.
- I wish I were there to celebrate your birthday.

In Italian and Spanish, the past subjunctive is a compound tense. In Italian it is formed by combining the present subjunctive of *avere* or *essere* with the past participle of the main verb. As when forming the *passato prossimo*, knowing which auxiliary verb to use (*avere* or *essere*) depends on whether the main verb is transitive or intransitive (remember that not all intransitive verbs take *essere*). When forming the past subjunctive in Spanish, the past participle of the main verb is always combined with the present subjunctive of the auxiliary verb *haber*.

Regular verbs that are transitive

mangiare	
abbia mangiato	abbiamo mangiato
abbia mangiato	abbiate mangiato
abbia mangiato	abbiano mangiato

comer	
haya comido	hayamos comido
hayas comido	hayáis comido
haya comido	hayan comido

Regular verbs that are intransitive

partire	
sia partito/a	siamo partiti/e
sia partito/a	siate partiti/e
sia partito/a	siano partiti/e

salir	
haya salido	hayamos salido
hayas salido	hayáis salido
haya salido	hayan salido

When to use the present perfect subjunctive in Italian and Spanish

In Italian and Spanish, the past subjunctive can be used after a present or future tense verb that expresses doubt, possibility, uncertainty, emotion, etc.

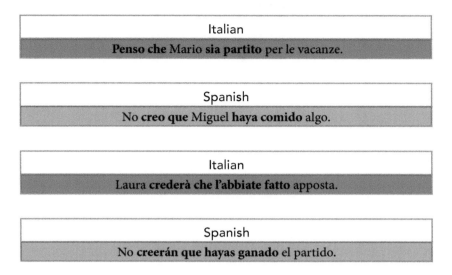

Italian
Penso che Mario **sia partito** per le vacanze.

Spanish
No **creo que** Miguel **haya comido** algo.

Italian
Laura **crederà che l'abbiate fatto** apposta.

Spanish
No **creerán que hayas ganado** el partido.

2.5   From Spanish to Italian

Read the paragraph in Spanish below and underline the verbs in the present subjunctive.

Estoy feliz de que tú vengas en Italia este verano. ¡Falta poco! Antes de llegar, quiero que tú hagas algunas cosas. Quiero que aprendas bien el italiano porque mi familia no sabe hablar ni inglés ni español. No creo que tú tengas problemas, porque eres inteligente y el italiano no es difícil. También es importante que tú aprendas a cocinar porque aquí en Italia, la comida mexicana no es muy conocida. Me gustaría probar un plato tradicional de México. Espero que te gusten los postres, porque nosotros italianos somos famosos por el *gelato* y el *tiramisú*.

No puedo esperar hasta que conozcas Italia. Es un país bellísimo, en donde hay mucha historia y cultura. No quiero que te sientas sola aquí. Te prometo que haremos tantas cosas juntos. Imagino que no sea un problema para ti manejar, pero prefiero que tú no manejes en Italia porque las calles son muy pequeñas y tú estás acostumbrada a manejar en un país muy diferente. Espero que un día yo también pueda hacer un viaje afuera de mi país durante el verano.

2.6   Look at the Spanish text in activity 2.5 and complete the following Italian translation of the first two sentences.

Sono felice che tu _____ in Italia quest'estate. Manca poco! Prima di arrivare, voglio che tu _____ alcune cose. Voglio che tu _____ bene l'italiano perché la mia famiglia non sa parlare inglese.

3. In italiano…

 3.1 **Ascoltiamo e scriviamo**

Sandra ha deciso di scrivere in italiano anziché in spagnolo la lettera che vuole mandare alla sua amica di penna. Ascolta il file audio per questa attività e aiuta Sandra a scrivere i verbi mancanti nella sua lettera.

Sono felice che tu **venga** in Italia quest'estate. Manca poco! Prima di arrivare, voglio che tu **faccia** alcune cose. Voglio che tu **impari** bene l'italiano perché la mia famiglia non sa parlare né inglese né spagnolo. Non credo che tu _____ problemi, perché sei intelligente e l'italiano non è difficile. È importante anche che tu _____ a cucinare perché qui in Italia, il cibo messicano non è molto conosciuto. Mi piacerebbe assaggiare un piatto tradizionale messicano. Spero che ti _____ i dolci, perché noi italiani siamo famosi per il gelato ed il tiramisù.

Non vedo l'ora che tu _____ l'Italia. È un paese bellissimo, dove c'è molta storia e cultura. Non voglio che tu ti _____ sola qui. Ti prometto che faremo tante cose insieme. Immagino che non _____ per te un problema guidare, però preferisco che tu non _____ in Italia perché le strade sono molto strette e tu sei abituata a guidare in un paese molto diverso. Spero un giorno di poter anch'io fare un viaggio fuori dal mio paese durante l'estate.

3.2 Coniuga i seguenti verbi al congiuntivo passato.

1. Spero che lui _____ (parlare) con te.
2. Immagino che loro _____ (trasferirsi) in Liguria.
3. Temo che lei _____ (lavorare) troppo.
4. Credo che mio fratello _____ (fare) un corso di ballo con Silvia.
5. Penso che Giovanni _____ (vivere) con la sua ragazza.
6. Mi auguro che voi _____ (essere) onesti con me.

3.3 In attività 3.1 e 3.2, hai visto che il congiuntivo viene usato dopo verbi che esprimono opinioni, desideri, ed emozioni. Il congiuntivo può anche essere usato dopo certe congiunzioni. Usa le seguenti congiunzioni per completare le frasi qui sotto: *affinché*; *a meno che*; *a patto che*; *benché*; *prima che*.

1. Ti do dei soldi _____ tu possa comprare qualcosa da mangiare.
2. Inviterò anche Luca alla mia festa, _____ non sia già partito per le vacanze.
3. Devi parlare con Alessandra _____ ti dimentichi!
4. Parla bene l'italiano, _____ abbia seguito solo un corso d'italiano.
5. Andrò alla cerimonia di laurea, _____ tu venga con me.

3.4 **Verbi irregolari**

Completa le seguenti frasi coniugando i verbi in parentesi.

1. Laura pensa che voi vi _____ (stare) arrendendo.
2. Pensi che Andreina _____ (essere) innamorata di te.
3. Benché i fratelli Marcellesi _____ (avere) una buona formazione e _____ (essere) beneducati, non trovano lavoro.
4. Benché _____ (sostenere) di essere molto timido, Marco ha chiesto a un collega se voleva uscire con lui.
5. Pensano che i loro genitori _____ (stare) per divorziare.
6. Crediamo che loro _____ (potere) avere successo.

3.5 **Esprimiamo le nostre emozioni!**

Per farsi capire e stabilire un contatto con gli altri, è importante dare voce alle nostre emozioni. Come sai, i verbi che esprimono emozioni sono seguiti da una frase con il verbo al congiuntivo che spiega l'origine dell'emozione. Per esempio, le frasi *Il mio ragazzo/la mia ragazza mi scrive messaggi tutti i giorni* e *Il mio ragazzo/la mia ragazza non mi ha scritto nessun messaggio oggi* possono originare emozioni diverse e anche contrastanti.

Ecco alcuni verbi ed espressioni che ti possono servire per esprimere quelle emozioni: *mi piace*; *mi dispiace*; *odio*; *adoro*; *sono contento/felice/entusiasta*; *non posso credere*; *ho paura*; *non sopporto*; *che peccato!*; *che bello!*

Per esempio: *Che peccato che il mio ragazzo non mi abbia scritto nessun messaggio oggi!*

Trova un fatto che ti emoziona o ti ha emozionato ed introducilo con un verbo che esprima la tua emozione.

4. Interculture

 4.1 Read and listen to the text below and answer the reading comprehension questions that follow.

Canzoni d'amore in Liguria

Cantanti e cantautori italiani hanno da sempre incluso nel loro repertorio delle bellissime canzoni d'amore.

La più famosa nel mondo è senz'altro "Nel blu dipinto di blu", meglio conosciuta come "Volare". "Penso che un sogno così non ritorni mai più": con questa frase Domenico Modugno apriva la sua celebre canzone più di sessant'anni fa, all'ottava edizione del più popolare festival della canzone italiana, il Festival di San Remo, dove vinse il primo premio, nel 1958. Il testo è semplice e poetico: lui racconta che ha sognato di volare nel blu degli occhi di lei.

Eliminato dalla competizione del festival di San Remo del 1967, a soli 29 anni, si tolse la vita un altro bravissimo cantautore italiano: Luigi Tenco. Le sue canzoni sono tristi e romantiche, come "Mi sono innamorato di te", dove lui si lamenta che lei sia diventata la sua ossessione: prima l'aveva cercata per solitudine, ma poi ecco che si lamenta di come lei abbia riempito tutti i pensieri di lui, senza che gli sia più possibile fare o pensare altro.

Un altro celebre cantautore italiano, Gino Paoli, ha composto molte belle canzoni d'amore, come "Il cielo in una stanza", dove si immagina che la presenza della sua donna espanda la sua stanza a dimensioni infinite, di alberi e cielo. È interessante che Gino Paoli abbia cantato con sua figlia Amanda Sandrelli il motivo principale della versione italiana del cartone animato Disney *Beauty and the Beast* (*La bella e la bestia*). Una scelta azzeccata, perché il pubblico delle sale cinematografiche italiane riconosceva con piacere una voce romantica familiare.

Sembra che l'aria di Genova favorisca la vena artistica dei cantautori italiani: in quella città hanno composto le loro canzoni sia Gino Paoli e Luigi Tenco che Fabrizio De Andrè, detto "il menestrello italiano" per la sua vocazione a cantare le storie di emarginati e poveri, ma anche per aver rivisitato l'antico genere della ballata. In "Valzer per un amore" lui immagina che in futuro la donna che ora non ricambia il suo amore trovi le canzoni in cui lui aveva cantato la sua bellezza giovanile: "nel sentirle ti meraviglierai / che qualcuno abbia lodato / le bellezze che allor più non avrai / e che avesti nel tempo passato". Allora, prima che sia troppo tardi e pentirsi non serva più a niente, è meglio che lei vada da lui "finché è primavera".

Ci sono molti cantanti che hanno contribuito alla diffusione delle canzoni italiane nel mondo, come Laura Pausini, Andrea Bocelli e Eros Ramazzotti, che hanno ricevuto nomine e riconoscimenti importanti anche per le loro canzoni in versione portoghese e spagnola (Latin Music Awards), da organizzazioni come ALMA (American Latino Media Arts Award), ASCAP (American Society of Composers, Authors and Publishers), BBMA (Billboard Music Award), Grammy, Latin Grammy e altri ancora.

4.2 Reading comprehension

1. Qual era il titolo originale della canzone "Volare"?
2. Chi ha composto la canzone?
3. Che cos'è il Festival di San Remo?
4. Quale tragico evento ha segnato il Festival nel 1958?
5. Qual è il tema della canzone di Luigi Tenco "Mi sono innamorato di te"?
6. Chi ha cantato la versione italiana della canzone principale del cartone animato *La bella e la bestia*?

7. In quale città italiana hanno scritto canzoni importanti cantautori?

8. In "Valzer per un amore" che cosa immagina Fabrizio de Andrè?

9. Quali cantanti italiani sono stati premiati all'estero per canzoni cantate in lingua spagnola e portoghese?

5. Languages in Transit: Exercises in Translation, Translanguaging, and Transfer

5.1   Translate the passage below into English or Spanish or a combination of the two. Be prepared to discuss your translation and the topic of the passage in class.

Gli animali domestici in Italia

Gianluca: Ginevra, quale animale domestico pensi sia il più comune in Italia?

Ginevra: Ma il cane, naturalmente. Penso che la gente preferisca il cane come animale di compagnia più di qualsiasi altro animale.

Gianluca: Ti sbagli. Gli uccelli sono gli animali domestici preferiti.

Ginevra: Gli uccelli? Neanche i gatti? Non mi sembra che tu abbia ragione.

Gianluca: Ho guardato su Internet e ho trovato gli uccelli al primo posto, i gatti al secondo, e i cani al terzo—a meno che le informazioni sull'Internet non siano attendibili.

Ginevra: Gianluca, io pensavo che tu fossi più intelligente di così. Non hai ancora capito che le informazioni su Internet sono spesso sbagliate?

Gianluca: Ginevra, queste informazioni vengono da BLOGO, informazione libera e indipendente. Io mi fido. E conosco diverse persone che preferiscono gli uccelli ai cani.

Ginevra: BLOGO? Va beh, Gianluca, Io non mi fido. Credevo che i cani piacessero di più, o forse i gatti. E non penso di sbagliarmi!

6. Exploring the Web

6.1   Go to the *Juntos* companion website at www.hackettpublishing.com/juntos -companion-webpage to complete activity 6.1.

LESSON 34

Il congiuntivo imperfetto e trapassato

1. Intercomprehension

1.1 Identify the verbs and their tenses below.

- Era importante que fuera al doctor.
- Je voulais qu'il parle à son frère.
- Ero contento che ti sentissi bene.
- I wish I were there to celebrate your birthday.

2. Intergrammar

Like the *congiuntivo passato*, the *congiuntivo imperfetto* and *trapassato* are two tenses situated in the past and are used after impersonal expressions and verbs that express opinion, uncertainty, desire, and emotion.

How to form the *congiuntivo imperfetto* (imperfect subjunctive) in Italian and Spanish

Regular verbs

To form the imperfect subjunctive in Italian, remove the infinitive ending from any regular verb and add the appropriate imperfect subjunctive endings. In Spanish, the general rule is to take the third person plural form of a regular verb in the *pretérito*, remove the final *-ron*, and add the imperfect subjunctive endings (e.g., *comer* → *comieron* → *comie-* → *comiera* or *comiese*).

Regular verbs that end in *-are* in Italian and *-ar* in Spanish

arrivare → arriv-	
arrivassi	arrivassimo
arrivassi	arrivaste
arrivasse	arrivassero

llegar	
llegara – llegase	llegáramos – llegásemos
llegaras – llegases	llegarais – llegaseis
llegara – llegase	llegaran – llegasen

Regular verbs that end in -*ere* in Italian and -*er* in Spanish

conoscere → conosc-	
conoscessi	conoscessimo
conoscessi	conosceste
conoscesse	conoscessero

conocer	
conociera – conociese	conociéramos – conociésemos
conocieras – conocieses	conocierais – conocieseis
conociera – conociese	conocieran – conociesen

Regular verbs that end in -*ire* in Italian and -*ir* in Spanish

partire → part-	
partissi	partissimo
partissi	partiste
partisse	partissero

compartir	
compartiera – compartiese	compartiéramos – compartiésemos
compartieras – compartieses	compartierais – compartieseis
compartiera – compartiese	compartieran – compartiesen

Notice that while there is only one way to form the imperfect subjunctive in Italian, in Spanish there are two forms from which to choose.

When to use the imperfect subjunctive in Italian and Spanish

In Italian and Spanish, the imperfect subjunctive can be used after a present or past tense verb that expresses doubt, possibility, uncertainty, emotion, etc.

Italian
Credo che allora **abitasse** a Parigi.

Spanish
No pienso que el discurso **fuera** tan polémico.

Italian
Temevo che fossimo in ritardo per il concerto.

Spanish
No creía que hubiera mucho tiempo.

How to form the *congiuntivo trapassato* (pluperfect subjunctive) in Italian and Spanish

In Italian and Spanish, the pluperfect subjunctive is a compound tense. In Italian it is formed by combining the imperfect subjunctive of *avere* or *essere* with the past participle of the main verb. As when forming the *passato prossimo*, knowing which auxiliary verb to use (*avere* or *essere*) depends on whether the main verb is transitive or intransitive (remember that not all intransitive verbs take *essere*). When forming the past subjunctive in Spanish, the past participle of the main verb is always combined with the imperfect subjunctive of the auxiliary verb *haber*.

Regular verbs that are transitive

comprare	
avessi comprato	avessimo comprato
avessi comprato	aveste comprato
avesse comprato	avessero comprato

manejar	
hubiera or hubiese manejado	hubiéramos or hubiésemos manejado
hubieras or hubieses manejado	hubierais or hubieseis manejado
hubiera or hubiese manejado	hubieran or hubiesen manejado

Regular verbs that are intransitive

andare	
fossi andato/a	fossimo andati/e
fossi andato/a	foste andati/e
fosse andato/a	fossero andati/e

regresar	
hubiera or hubiese regresado	hubiéramos or hubiésemos regresado
hubieras or hubieses regresado	hubierais or hubieseis regresado
hubiera or hubiese regresado	hubieran or hubiesen regresado

When to use the pluperfect subjunctive in Italian and Spanish

In Italian and Spanish, the pluperfect subjunctive can be used after a past tense verb that expresses opinion, doubt, possibility, uncertainty, emotion, etc.

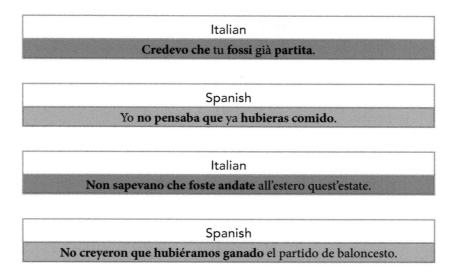

Italian
Credevo che tu **fossi** già **partita.**

Spanish
Yo **no pensaba que** ya **hubieras comido.**

Italian
Non sapevano che foste andate all'estero quest'estate.

Spanish
No creyeron que hubiéramos ganado el partido de baloncesto.

2.1 From Spanish to Italian

Read the paragraph in Spanish below and underline the verbs in the imperfect and pluperfect subjunctive. Note that the two verbs in bold are not in the subjunctive but are pertinent to activity 2.2.

De niño, estaba totalmente fascinado por Sudamérica. Pensaba que **era** un lugar maravilloso y que **tenía** mucha historia. Mi madre era de Uruguay y yo escuchaba todas sus historias con mucho gusto. Ella hablaba de su infancia, del paisaje de montaña que rodeaba su casa, y de su familia. Quería que mi madre me llevara a Uruguay, pero nunca encontramos el tiempo…hasta hace unos meses. El pasado septiembre, mi madre y yo viajamos a Montevideo, la capital de Uruguay. ¡Fue un viaje espléndido! Cuando regresamos, mis parientes no creían que hubiéramos ido a Uruguay. Mi madre tenía 89 años, así que no pensaban que fuera capaz de hacer un viaje tan largo. ¡Sin duda la subestimaron! ¡Me alegro que se haya divertido! ¡Ojalá nos hubiéramos quedado allí!

2.2 Look at the Spanish text in activity 2.1 and complete the following Italian translation of the first two sentences. Compared to the Spanish original, do you notice something interesting about the Italian text?

Da bambino, ero totalmente affascinato dall'America del Sud. Pensavo che _____ un posto meraviglioso e che _____ una storia ricca.

3. In italiano...

 3.1 **Ascoltiamo e scriviamo**

Ascolta il file audio per questa attività e aiuta Stefano a completare questa pagina del suo diario qui sotto.

Da bambino, ero totalmente affascinato dall'America del Sud. Pensavo che fosse un posto meraviglioso e che avesse una storia ricca. Mia madre veniva dall'Uruguay e ascoltavo tutte le sue storie volentieri. Parlava della sua infanzia, del paesaggio montano che circondava la sua casa, e della sua famiglia. Volevo che mia madre mi _____ in Uruguay, ma non abbiamo mai trovato il tempo...fino a qualche mese fa. Lo scorso settembre, io e mia madre abbiamo viaggiato a Montevideo, la capitale dell'Uruguay. È stato un viaggio bellissimo! Quando siamo tornati, i miei parenti non credevano che ci _____. Mia madre aveva 89 anni, quindi non pensavano che _____ capace di fare un viaggio così lungo. Di certo l'hanno sottovalutata! Sono molto contento che _____! Magari _____ lì!

3.2   Completa le seguenti frasi coniugando i verbi in parentesi sia al congiuntivo imperfetto sia al trapassato cambiando così la relazione di tempo tra le frasi. Per esempio: *Ero contento che tutti i miei amici venissero/fossero venuti a Pompei con me.*

1. Speravo che loro _____ (venire) con me per visitare Pompei.
2. Temevo che il mio autobus per Pompei _____ (partire) in ritardo.
3. Pensavo che l'antica città di Pompei _____ (avere) più abitanti.
4. Magari io _____ (potere) vedere Pompei prima dell'eruzione del Vesuvio.
5. La gita mi è piaciuta tantissimo, benché _____ (fare) molto caldo.

3.3 **Vocabolario catastrofico**

Le calamità naturali hanno anch'esse un loro vocabolario. Ecco alcuni termini.

In generale la terminologia scientifica presenta numerose trasparenze interlinguistiche.

Quali di queste parole assomigliano alle corrispondenti parole in inglese? E in spagnolo?

- la catastrofe; la calamità; il cataclisma
- il terremoto; la magnitudo del terremoto; l'uragano; il tornado; la tromba d'aria; l'incendio; lo straripamento; l'alluvione; l'inondazione; l'eruzione vulcanica; la frana; lo smottamento; il crollo; l'onda anomala/lo tsunami/il maremoto; la valanga; la slavina

Ecco i servizi di intervento in caso di calamità naturali:

- Il Dipartimento nazionale di protezione civile/la protezione civile; i vigili del fuoco/i pompieri.

Completa le frasi.

1. A Firenze tutti temevano uno _____ del fiume Arno analogo a quello del 1965. L'_____ di quell'anno provocò danni enormi alla città e alla Basilica di Santa Croce.

2. Nel 2016 nella cittadina di montagna di Amatrice, famosa per la pasta all'amatriciana, un _____ di _____ 6.0 ha provocato danni enormi, tra i quali il _____ del campanile.

3. Cinque escursionisti sono stati travolti da una _____ sulle montagne del Trentino. Tutti credevano che fossero morti, sepolti dalla neve, ma invece si sono salvati.

4. Nel 2011 in Giappone un terribile _____ ha causato un devastante _____ che ha invaso la costa e provocato danni enormi a quella che tutti pensavano fosse una centrale nucleare sicura.

5. Nel 2018, alcune case che sembrava che fossero al sicuro dopo l'_____ Thomas nella zona di Santa Barbara in California sono poi state distrutte dalla _____ di un'enorme quantità di fango.

4. Interculture

 4.1 Read and listen to the text below and answer the reading comprehension questions that follow.

Vulcani catastrofici

Il Vesuvio, che sovrasta il golfo di Napoli, in Campania, è tuttora un vulcano attivo, così come l'Etna in Sicilia.

Gli abitanti di Pompei, luogo di commerci e villeggiatura degli antichi Romani, fino al 24 agosto del 79 d.C. non sapevano però che la loro città si trovasse ai piedi di un vulcano. Nessun pompeiano in quel caldo pomeriggio estivo poteva immaginare cosa fosse quell'esplosione terribile e quella pioggia di cenere e lapilli che oscurò il cielo e che in tre giorni avrebbe coperto e seppellito l'intera città sotto tre metri di materiale vulcanico. A Pompei si continua a scavare da trecento anni e dai calchi in gesso dei corpi imprigionati nella lava (ricavati facendo colare gesso liquido nelle cavità lasciate nella lava solidificata dai corpi decomposti) si ricostruisce la dinamica della catastrofe: le persone che erano rimaste in casa per paura che fosse troppo pericoloso camminare per strada, morirono soffocate dai gas o sepolte sotto i crolli degli edifici. Recentemente si è scoperto uno scheletro di un pompeiano con la testa schiacciata da un enorme blocco di pietra vulcanica: si tratta probabilmente di una persona che, al contrario di altri, aveva ritenuto che fosse meglio uscire di casa, entrando così in un vicolo esposto ad un'intensa pioggia di lapilli e rocce.

Anche gli abitanti di El Rodeo in Guatemala non pensavano che il Volcán de Fuego avesse un così grande potere distruttivo da seppellire e bruciare il loro intero villaggio in poche ore. Quell'inizio di giugno del 2018 trasformò El Rodeo in una nuova Pompei: la gente pensava che quella nube nera portasse un improvviso temporale, e invece dal cielo cominciarono a piovere pietre, mentre quello che sembrava un fiume era un *lahar*, una velocissima eruzione di fango bollente.

4.2   Reading comprehension

1. In quali regioni italiane si trovano i vulcani Vesuvio ed Etna?
2. Sono vulcani attivi?
3. Quando è avvenuta l'eruzione del Vesuvio che ha distrutto Pompei?
4. Che cosa sono i calchi in gesso di Pompei?
5. Per quali cause sono morti i Pompeiani?
6. Perché Pompei era stata fondata in una posizione geografica così pericolosa?
7. Come si chiama la Pompei del Guatemala?
8. Quale vulcano l'ha distrutta e quando?
9. Che cos'è un *lahar*?

5. Languages in Transit: Exercises in Translation, Translanguaging, and Transfer

5.1   Translate the passage below into English or Spanish or a combination of the two. Be prepared to discuss your translation and the topic of the passage in class.

Suonare il pianoforte

Quando ero una ragazzina di sei anni, i miei genitori mi hanno comprato un pianoforte. Pensavano che io avessi dimostrato un talento per la musica perché mi piaceva ascoltare i concerti di musica di pianoforte. Però, apprezzare non vuol dire praticare e infatti io ero diventata una grande delusione per i miei genitori e per la maestra di pianoforte, perché preferivo la pallavolo. Non riuscivo ad imparare le note perché ero pigra. Volevo che la maestra m'insegnasse come muovere le mani sulla tastiera del pianoforte senza che io dovessi imparare a leggere la musica. La maestra s'arrabbiava con me ogni settimana all'ora della lezione perché non avevo fatto esercizio per niente. Un giorno, lei mi ha chiesto se volevo continuare con le lezioni o se volevo dedicarmi allo sport. Mi ha spiegato che non potevo fare tutti e due. Bisognava scegliere. Bisognava che io scegliessi il modo in cui volevo passare il mio tempo libero—musica o sport, sport o musica? Ho scelto lo sport. Oggi, però, molti decenni dopo, rimpiango la mia scelta. Allora non sapevo che la musica fosse un elemento così importante per lo sviluppo del cervello come lo sport. In effetti, tutti e due sono necessari. Musica e sport, insieme. Le due attività arricchiscono la vita dei giovani.

6. Exploring the Web

6.1   Go to the *Juntos* companion website at www.hackettpublishing.com/juntos -companion-webpage to complete activity 6.1.

Il trapassato prossimo

1. Intercomprehension

1.1 Identify the languages below.

- No **queríamos** comer la banana que Luis nos **había dado**.
- Nous ne **voulions** pas manger la banane que Louis nous **avait donné**.
- Non **volevamo** mangiare la banana che Luigi ci **aveva dato**.
- We didn't **want** to eat the banana that Luigi **had given** us.

In Italian, the *trapassato prossimo* is a past verb tense formed by combining the *imperfetto* of *essere* or *avere* with the past participle of the main verb. In usage, it is nearly identical to the *pluscuamperfecto* in Spanish, the *plus-que-parfait* in French, and the pluperfect (or past perfect) in English. It expresses an action that took place before another action in the past. Take for example, the sentence: *We didn't want to eat the banana that Luigi had given us.* The use of the pluperfect (i.e., *Luigi had given*) only makes sense in relation to the other more recent past action expressed by the verb in the simple past (i.e., *We didn't want*). Let's take another look at the sentences in Italian, Spanish, and French above.

1.2 Look at the verbs in bold in the examples above. What do you notice? What two verb tenses are working together in these examples? Which action happened first? Which action happened second?

1.3 Let's look at another set of sentences. Look at the verbs in bold in the examples below. What do you notice? What two verb tenses are working together in these examples? Which action happened first? Which action happened second?

- Cuando **llegó**, la clase ya **había acabado**.
- Quand Jean **a téléphoné**, son père était déjà **parti**.
- Quando Luisa **è arrivata**, la festa **era** già **finita**.

2. Intergrammar

Learning the *trapassato prossimo*

As far as learning this tense is concerned, you can refer back to Lesson 20: *Il passato prossimo*, as a review and basis for learning the *trapassato prossimo*. Narration in the past is an essential component of language study. In this way, you may take full advantage of positive transfer and avoid the pitfalls of negative transfer that may arise with the verbs that take *essere* as their helping verb.

How to form the *trapassato prossimo* in Italian and Spanish

Let's start with the *pretérito pluscuamperfecto* in Spanish. As in English and Italian, this Spanish verb tense is *compuesto* like the *presente perfecto compuesto*: it is formed with the auxiliary verb *haber* in the imperfect and the past participle of the verb (e.g., *había cantado*). In Italian, the *trapassato prossimo* is also a compound tense, but there are two possible auxiliary verbs, *avere* or *essere*, which you have already seen when learning the *passato prossimo*. Italian uses *essere* with almost (but not all) verbs that are intransitive, meaning they never take a direct object. *Essere* is also used as the auxiliary verb for reflexive verbs (e.g., *mi ero lavato, si erano lavati*). When the verb is conjugated with *essere*, the past participle must agree in gender and number with the subject of the verb. All other verbs in Italian use the auxiliary verb *avere*.

Regular verbs that are transitive

mangiare	
avevo mangiato	avevamo mangiato
avevi mangiato	avevate mangiato
aveva mangiato	avevano mangiato

comer	
había comido	habíamos comido
habías comido	habíais comido
había comido	habían comido

costruire	
avevo costruito	avevamo costruito
avevi costruito	avevate costruito
aveva costruito	avevano costruito

construir	
había construido	habíamos construido
habías construido	habíais construido
había construido	habían construido

Regular verbs that are intransitive

partire	
ero partito/a	eravamo partiti/e
eri partito/a	eravate partiti/e
era partito/a	erano partiti/e

partir	
había partido	habíamos partido
habías partido	habíais partido
había partido	habían partido

uscire	
ero uscito/a	eravamo usciti/e
eri uscito/a	eravate usciti/e
era uscito/a	erano usciti/e

salir	
había salido	habíamos salido
habías salido	habíais salido
había salido	habían salido

2.1 From Spanish to Italian

Read the paragraph in Spanish below and underline the verbs in the *trapassato prossimo*.

Ayer a esta hora ya había terminado mi tarea para la clase de italiano, pero todavía no había estudiado para el examen. Tenía hambre y mi madre decidió preparar un platillo que nunca había preparado antes. No tenía ganas de leer el pasaje que el profesor me había asignado. Estaba cansado porque había trabajado mucho. Cuando finalmente empecé a estudiar, me di cuenta de que nunca había estudiado una lengua extranjera antes de ahora. Mi madre siempre me había dicho que sería fácil aprender el italiano, porque es una lengua románica como el español. ¡Estaba muy sorprendido cuando entendí que ella tenía razón!

2.2 Complete this Italian translation of the first sentence of the Spanish text above.

Ieri a quest'ora _____ già _____ i compiti per la classe d'italiano, ma non _____ ancora _____ per l'esame.

3. In italiano…

 3.1 **Ascoltiamo e scriviamo**

Ascolta il file audio per questa attività e aiuta Silvano a completare il paragrafo qui sotto.

Ieri a quest'ora **avevo** già **finito** i compiti per la classe d'italiano, ma non **avevo** ancora **studiato** per l'esame. Avevo fame e mia madre ha deciso di preparare un piatto che non _____ mai _____ prima. Non avevo voglia di leggere il brano che il professore mi _____. Ero stanco perché _____molto. Quando finalmente ho cominciato a studiare, mi sono reso conto che non _____ mai _____ una lingua straniera prima d'ora. Mia madre mi _____ sempre _____ che sarebbe stato facile imparare l'italiano, perché è una lingua romanza come lo spagnolo. Ero molto sorpreso quando ho capito che lei aveva ragione!

3.2   Coniuga i seguenti verbi in parentesi al trapassato prossimo. Nota che tutti i verbi richiedono il verbo ausiliare avere e hanno participi passati regolari.

1. Il mio professore mi ha detto che (io) _____ (capire) bene le più difficili regole grammaticali.

2. Si vedeva che (tu) _____ (imparare) ad usare il passato prossimo.

3. Quando arrivò in Italia lui non _____ mai _____ (studiare) l'italiano.

4. (Lei) _____ (cominciare) a studiare l'italiano tre anni prima di andare in Italia.

5. Avevamo 4 anni quando ci siamo trasferiti in Italia. All'età di 10 anni, _____ già _____ (dimenticare) come parlare l'inglese.

6. Quando il professore è tornato in aula, (voi) _____ già _____ (finire) l'esame.

7. Quando il traduttore è arrivato, (loro) _____ già _____ (spiegare) la situazione ai carabinieri. Parlano bene l'italiano.

3.3   Coniuga i seguenti verbi in parentesi al trapassato prossimo. Nota che tutti i verbi richiedono il verbo ausiliare essere e hanno participi passati regolari.

1. Quando gli altri hanno finito l'esame, io _____ già _____ (andare) via.

2. Giovanna, (tu) _____ già _____ (trasferirsi) a Napoli quando ci siamo conosciuti?

3. Quando hanno aperto il nuovo dipartimento d'italiano, Maria _____ già _____ (laurearsi).

4. Gli ho detto che Paolo e io _____ (arrivare) tre giorni prima dell'inizio del semestre.

5. Mi avete detto che non _____ (ricordarsi) il congiuntivo durante l'esame.

6. Il professore mi ha detto che Paola ed Elisa _____ (entrare) nel corso avanzato.

3.4   Coniuga i seguenti verbi in parentesi al trapassato prossimo. Nota che i verbi richiedono il verbo ausiliare essere o avere e potrebbero avere participi passati irregolari.

1. Dopo tanti anni di vita all'estero, era chiaro che (io) _____ (perdere) il mio accento straniero.

2. (Tu) _____ già _____ (essere) in Italia quando hai visitato Elena a Roma nel 2004.

3. (Lui) _____ già _____ (nascere) quando suo padre si è laureato in linguistica.

4. I suoi genitori mi hanno detto che (lei) _____ (imparare) a scrivere il suo nome in italiano prima del suo quarto compleanno.

5. La nostra professoressa ci ha detto che (noi) _____ (fare) molti progressi in italiano.

6. Chiara mi ha domandato se (voi) _____ (trasferirsi) ad un'altra scuola.

7. Ho corretto il saggio che (loro) _____ (scrivere) insieme.

3.5   Per esclamare

Ecco alcune parole utili per parlare con espressività: le interiezioni o esclamazioni, molto usate nel linguaggio parlato e colloquiale. Sai individuare il loro significato? Sono uguali o diverse in inglese e spagnolo?

	Oh no!	Be'… (da "bene")	Oddio!	Beh?	Boh?	Uffa!	Ahi! Ahia!	Mah!	Ehi!
preoccupazione									
perplessità, dubbio									
fastidio, noia									
richiamo									
conclusione									
attesa									

Puoi dire quali di queste espressioni hanno il medesimo significato di quelle elencate sopra?

1. Allora? _____
2. Che male! _____
3. Che barba! _____
4. Chissà? _____
5. Scusa!/? _____
6. Che disastro! _____
7. Quindi/Allora _____

4. Interculture

 4.1 Read and listen to the text below and answer the reading comprehension questions that follow.

Parlano italiano

Chi parla italiano oltre agli italiani e perché?

Ci sono moltissimi professionisti, diplomatici, militari, viaggiatori, artisti, sportivi, studiosi universitari che parlano italiano. Nella classifica delle lingue parlate, l'italiano occupa il ventunesimo posto: la parlano 67 milioni di persone, ma se ne contano due milioni e trecentomila che la studiano nel mondo, di cui 56 mila nelle università americane.

Kobe Bryant, il famoso campione di pallacanestro americano, sapeva l'italiano perché era vissuto per sette anni (dal 1985 al 1991) in Italia, dove la sua famiglia si era trasferita per seguire il padre nella sua carriera sportiva. Kobe aveva imparato l'italiano alle elementari e alle scuole medie di Rieti e Reggio Emilia, e lo parlava bene!

Naturalmente un altro sportivo di fama mondiale che parla italiano è l'argentino Diego Armando Maradona, che ha giocato per la squadra di calcio del Napoli dal 1984 al 1990. Quando lasciò l'Italia, a trentadue anni, era ormai entrato nella memoria di tutti i napoletani, che con lui avevano vinto il loro primo scudetto del campionato italiano di calcio, nella stagione 1986-87.

Papa Francesco, anche lui argentino, che ovviamente parla italiano benissimo, era stato un suo tifoso, e lo ha incontrato più volte per organizzare con lui iniziative educative di "Scholas Occurrentes".

Oltre agli sportivi, un'altra categoria di professionisti che hanno occasione di imparare l'italiano sono i cantanti d'opera.

Il tenore José Carreras è nato in Spagna, ma parla fluentemente l'italiano per ragioni professionali: il repertorio operistico che un tenore deve conoscere prevede infatti molte opere liriche italiane.

D'altro canto, nel campo della musica pop, lo spagnolo è diventato molto popolare in Italia, mentre alcuni cantanti italiani sono diventati altrettanto popolari nei paesi ispanofoni, come dimostrano le tournee in America Latina di Laura Pausini (in Messico, Costa Rica, Panama, Perù, Cile, Argentina, Brasile, Colombia, Paraguay, Uruguay ed Ecuador) e Eros Ramazzotti (in Messico, Argentina, Brasile, Cile).

La scrittrice americana Jhumpa Lahiri ha addirittura scritto un libro in cui parla della sua storia d'amore non con un italiano, ma…per l'italiano! Lei era stata attratta dall'Italia fin dagli anni dell'università, e ha poi scelto Roma come sua seconda dimora. L'italiano è diventato la sua terza lingua, dopo il bengalese dei suoi genitori e l'inglese dei suoi studi, non solo grazie alle lezioni private che aveva preso in America, ma anche a seguito dei molti viaggi che aveva compiuto in Italia e delle sue impegnative letture dei classici italiani.

4.2   Reading comprehension

1. Quante persone nel mondo parlano italiano?
2. Quale posto occupano nella classifica delle lingue parlate nel mondo l'italiano e lo spagnolo?
3. Perché Kobe Bryant parlava italiano?
4. Quali due famosi personaggi nati in Argentina parlano italiano e perché?
5. Chi è José Carreras e perché ha imparato l'italiano?
6. Laura Pausini e Eros Ramazzotti cantano in quale lingua oltre all'italiano?
7. Quali lingue aveva già imparato Jhumpa Lahiri prima di imparare l'italiano?

5. Languages in Transit: Exercises in Translation, Translanguaging, and Transfer

5.1   Translate the passage below into English or Spanish or a combination of the two. Be prepared to discuss your translation and the topic of the passage in class.

Bella, Lagotto Romagnolo (*Italian Water Dog*), simile al *Cão de água português*, e *el perro de agua español*

Ecco Bella, un lagotto romagnolo, cane d'acqua italiano, simile ai suoi fratelli spagnoli e portoghesi. Vi ricorderete che il Presidente Obama aveva comprato un cane d'acqua portoghese per la sua famiglia mentre erano alla Casa Bianca. La famiglia Obama aveva scelto questo cane perché è molto amichevole, non perde il pelo, ed è ipoallergenico, come i cani d'acqua italiani e spagnoli. Questa razza

**Bella, il lagotto romagnolo
(Italian water dog).**

di cane ha molti pregi e pochissimi difetti. Questi cani sono facilmente addestrabili e abbaiano poco. Non è aggressivo e va d'accordo con tutti. Bella abita in Scozia con il suo padrone, Stefano, che si è deciso a comprare un cane come quello che aveva avuto durante la sua infanzia. A Bologna ha trovato un allevatore di fiducia da cui ha comprato Bella, che si unisce alla famiglia di Stefano e al fratello canino Dennis.

6. Exploring the Web

6.1   Go to the *Juntos* companion website at www.hackettpublishing.com/juntos -companion-webpage to complete activity 6.1.

Il periodo ipotetico

1. Intercomprehension

1.1   Identify the languages below.

- Si llueve mucho, el río inundará el campo.
- S'il vient, nous irons aussi.
- Verrò alla festa se avrò tempo.
- I will not play baseball if it rains.

1.2   Can you identify the main clauses and the subordinate clauses in the sentences above? What is the tense and mood of each verb? Which sentence uses the same tense in both clauses?

In Italian and Spanish, the *periodo ipotetico* (*las oraciones condicionales*) is used to express hypotheses of varying degrees of probability. It is composed of a main clause (a clause that can stand by itself) and a subordinate clause (a clause that cannot stand alone) preceded by the conjunction *se* in Italian, *si* in Spanish, or *if* in English.

In the sentences above, notice how each subordinate clause represents a condition—a condition that, if met, will result in the consequence found in the corresponding main clause (e.g., *If it rains* [condition], *I will not play baseball* [consequence]).

See if you can answer the following question by the end of the lesson. Based on the tenses and moods of the verbs above, what can you say about the degree of probability of these hypotheses? Remember that the mood (*il modo*) of a verb indicates how the speaker or writer perceives the action expressed by the verb.

- *L'indicativo*: the indicative mood is used to express ordinary objective statements.
- *Il condizionale*: the conditional mood is used to express an action, event, situation, or state of being that is possible under certain conditions.
- *Il congiuntivo*: the subjunctive mood is used to express actions that are hypothetical or viewed subjectively.
- *L'imperativo*: the imperative mood expresses a command or request.

2. Intergrammar

Periodo ipotetico della realtà (las oraciones condicionales reales)

The *periodo ipotetico della realtà* is used to express a hypothesis that is real—that is to say, very probable.

Subordinate clause *present indicative*	Main clause *present indicative*
Se non **dormo**	**mi sento** irritabile.
Si **on mange** trop	**on grossit.**
Si **como** demasiado	mi entrenador personal me **regaña.**
If **I miss** the train	**I drive** to work.

Subordinate clause *present/future* indicative	Main clause *future indicative*
Se **potrò** aiutarti	lo **farò** volentieri.
Si **tu te dépêches**	**tu ne rateras** pas l'avion.
Si **hace** buen tiempo	**iremos** al mar.
If **they close** down the freeway	**I will take** surface streets.

*Notice that only Italian uses the future in both the subordinate clause and the main clause, forming a construction called the double future. Spanish and English use the present tense in the subordinate clause to express a condition that may materialize in the future.

Subordinate clause *present indicative*	Main clause *imperative*
Se **hai** tempo	**vai** alla mostra d'arte!
Si **ça te va**	**prends** mon sac rouge.
Si **tienes** hambre	**¡prepárate** algo para comer!
If **you're** bored	**read** a book!

Periodo ipotetico della possibilità (las oraciones condicionales potenciales)

The *periodo ipotetico della possibilità* is used to express a hypothesis that is possible but uncertain.

Subordinate clause *imperfect subjunctive*	Main clause *present conditional*
Se **facesse** bel tempo	**faremmo** il bagno.
Si **j'étais** encore jeune	je ne **me marierais** pas avec lui.
Si **tuviéramos** más tiempo	les **enseñaría** la casa donde nací.
If **I were** you	**I would leave** for the concert early.

Periodo ipotetico dell'irrealtà (las oraciones condicionales irreales)

The *periodo ipotetico dell'irrealtà* is used to express a hypothesis that is impossible.

Subordinate clause *pluperfect subjunctive*	Main clause *past conditional*
Se **fosse venuto** prima	**avrebbe trovato** parcheggio.
Si **vous aviez vu** le film	**vous l'auriez** bien **aimé**.
Si **hubieras entrenado** más	**habrías ganado** el partido.
If **I had gone** to the movie screening	**I would have met** Paolo Sorrentino.

2.1 From Spanish to Italian

Read the paragraph in Spanish below and underline the verbs that form the *periodo ipotetico*.

Este verano quisiera ir a Venecia. Estoy a punto de ir a una agencia de viajes con mis padres. Pero si el boleto cuesta mucho, no lo compro. Soy un estudiante y no tengo mucho dinero. He platicado con mi padre y me ha dicho que si saco buenas notas, me ayudará a pagar el boleto. ¡Esto me hizo inmensamente feliz! Espero poder finalmente realizar este sueño. Si no iré a Venecia, no conoceré la basílica de San Marco. Es la iglesia más bella y famosa de Venecia, y siempre he querido visitarla. También siempre he querido pasear en góndola con una bella chica italiana. Si fuera rico, me mudaría con mucho gusto a Italia. Amo la ciudad de Venecia en particular porque es una ciudad famosa en todo el mundo por su paisaje fascinante. Si viviera en Venecia, no podría manejar porque nadie tiene un coche. ¡Ésto me gusta!

2.2 Complete this Italian translation of the first two sentences of the Spanish text above.

Quest'estate vorrei andare a Venezia. Sto per andare ad un'agenzia di viaggi con i miei genitori. Però, se il biglietto _____ troppo, non lo _____.

3. In italiano…

3.1 **Ascoltiamo e scriviamo**

Ascolta il file audio per questa attività e aiuta Andrea a completare il paragrafo qui sotto.

Quest'estate vorrei andare a Venezia. Sto per andare ad un'agenzia di viaggi con i miei genitori. Però, se il biglietto **costa** troppo, non lo **compro**. Sono uno studente e non ho tanti soldi. Ho parlato con mio padre e mi ha detto che se _____ buoni vuoti, mi _____ a pagare il biglietto. Questo mi ha reso immensamente felice! Spero di poter realizzare finalmente questo sogno. Se non _____ a Venezia, non _____ la basilica di San Marco. È la chiesa più bella e famosa di Venezia, ed ho sempre voluto visitarla. Ho anche sempre voluto andare in gondola con una bella ragazza italiana. Se _____ ricco, mi _____ volentieri in Italia. Amo la città di Venezia in particolare perché è una città famosa in tutto il mondo per il suo paesaggio affascinante. Se _____ a Venezia, non _____ guidare perché nessuno in questa città usa la macchina. Questo mi piace!

3.2 Silvia vuole diventare una scrittrice e chiede al suo amico Wadi la sua opinione su questa professione. Gli appunti di Silvia sono tutti mescolati. Aiutala a metterli in ordine.

Proposizione subordinata	Proposizione principale
Se io fossi in te, […]	[…] avrei scritto più poesie all'inizio della mia carriera (congiuntivo trapassato/condizionale passato).
Se ho bisogno di ispirazione, […]	[…] frequenta qualche laboratorio di scrittura (indicativo presente/imperativo).
Se io avessi avuto più tempo, […]	[…] sceglierei sicuramente la carriera di scrittore (congiuntivo imperfetto/condizionale presente).
Se hai tempo, […]	[…] ti presenterò ad un amico che è un redattore professionista (indicativo futuro/indicativo futuro).
Se me lo ricorderai, […]	[…] vado in Italia (indicativo presente/indicativo presente).

3.3 Gli amici di Silvia hanno le proprie opinioni sulla carriera futura di Silvia. Aiutali ad esprimere le loro opinioni coniugando i verbi in parentesi.

1. Il problema di Silvia _____ (risolversi) se lei _____ (avere) un lavoro fisso.

2. Se Silvia _____ (essere) incerta su quello che vuole fare, _____ (dovere) parlare con un consulente del lavoro.

3. (Tu) Non _____ (essere) in grado di mantenere la tua famiglia se non _____ (trovare) un buon lavoro.

4. Silvia _____ (dimostrare) la sua attitudine per la scrittura se qualcuno le _____ (dare) un'opportunità.

5. Che cosa _____ (succedere) se Silvia _____ (fare) uno stage con una casa editrice?

6. Se io _____ (essere) in te _____ (lavorare) come redattrice indipendente.

7. Silvia _____ (dovere) lavorare tantissimo se _____ (volere) diventare una scrittrice.

3.4 Musica!

Quale tipo di musica ti piace ascoltare? Sai suonare uno strumento? Se potessi scegliere di suonare uno strumento musicale, quale ti piacerebbe imparare a suonare? Ecco un po' di vocabolario per rispondere a queste domande:

- la musica classica; leggera; rock; pop; country; folk; jazz; elettronica; blues; rap; l'opera lirica
- la chitarra; il mandolino; il violino; il violoncello; la viola; il contrabbasso; il pianoforte; l'organo; il flauto; il sassofono; il piffero; la tromba; il trombone; il corno; l'oboe; la batteria; il tamburo

Nel linguaggio della poesia, molti generi hanno un nome che ricorda la musica, perché durante il medioevo la poesia scritta nelle varie lingue romanze era infatti spesso eseguita con un accompagnamento musicale. Ecco alcuni nomi:

- sonetto; canzone; ballata; madrigale; cantico; ode

Attenzione a non confondere la parola *poesia* con la parola *poema* (a volte la confusione è generata quando il termine inglese *poem* diventa un falso amico). Cerca di capire la differenza di significato, osservando queste frasi:

- La *Divina commedia* è un poema in terzine scritto agli inizi del Trecento dal poeta fiorentino Dante Alighieri. Questo poema è lungo 14.223 versi.
- Ho regalato alla mia ragazza una raccolta di poesie d'amore di Pablo Neruda.
- Giuseppe Ungaretti ha scritto una poesia brevissima, che si intitola "Mattina", di sole sette sillabe: "M'illumino d'immenso".

- "La poesia è l'arte di far entrare il mare in un bicchiere" (Italo Calvino).
- I poemi cavallereschi erano lunghi componimenti in ottave che raccontavano storie d'amore e d'armi di eroici cavalieri.

4. Interculture

 4.1   Read and listen to the text below and answer the reading comprehension questions that follow.

Un ribelle di settecento anni fa

Si chiamava Francesco, ma il suo nome d'arte è Cecco. Era di Siena, in Toscana, nato da genitori ricchi e morto pieno di debiti. Era sicuramente un poeta controcorrente con i suoi versi provocatori che esaltavano la vita sregolata, celebrando i vizi del bere, del gioco d'azzardo, del sesso con donne di bassa condizione.

Pare che sia stato multato dalla sua città, quando aveva poco più di vent'anni, per aver violato il coprifuoco.

Una delle sue poesie più famose è quella dove immagina di avere il potere dell'acqua, del fuoco e del vento e delle persone più influenti, o dei sentimenti più travolgenti, come l'amore e l'odio, per scatenare il suo istinto di libertà e aggressività e distruggere tutto.

"S'i fosse fuoco…"

S'i fosse fuoco, arderei 'l mondo;
S'i fosse vento, lo tempestarei;
S'i fosse acqua, i' l'annegherei;
S'i fosse Dio, mandereil' en profondo;
S'i fosse papa, allor serei giocondo,
ché tutti cristiani imbrigarei;
S'i fosse 'mperator, ben lo farei;
a tutti tagliarei lo capo a tondo.
S'i fosse morte, andarei a mi' padre;
S'i fosse vita, non starei con lui;
Similemente farei da mi' madre.
S'i fosse Cecco com'i sono e fui,
torrei le donne giovani e leggiadre:
Le zoppe e vecchie lasserei altrui.
   —**Cecco Angiolieri**

Se io fossi fuoco, brucerei il mondo;
Se io fossi vento, tormenterei tutti con la tempesta;
Se io fossi acqua, annegherei tutti;

Se io fossi Dio, manderei tutti all'inferno;
Se io fossi Papa, allora sarei proprio contento,
perché metterei nei guai tutti i cristiani;
Se io fossi imperatore, lo farei bene:
a tutti quelli intorno a me taglierei la testa.
Se io fossi la morte, andrei da mio padre;
Se io fossi la vita, non starei con lui;
La stessa cosa farei a mia madre;
Se io fossi Cecco (come sono ed ero),
prenderei le donne giovani e carine:
quelle zoppe e vecchie le lascerei ad altri.

(parafrasi)

Una poesia davvero irriverente e violenta, ma che si chiude con una strizzatina d'occhio: alla fine quello che Cecco vuole è solo corteggiare le belle ragazze.

Siena, Italia.

4.2 Reading comprehension

1. Quando e dove è vissuto Cecco Angiolieri?
2. In che senso Cecco era un poeta ribelle?
3. Per cosa fu multato da giovane?

4. Quali sono gli elementi naturali che vorrebbe essere?

5. Quali sono i personaggi influenti che vorrebbe essere?

6. Su quali persone della sua famiglia vorrebbe avere potere di vita e di morte?

7. Qual è il vero e ultimo desiderio espresso nella poesia?

5. Languages in Transit: Exercises in Translation, Translanguaging, and Transfer

5.1   Translate the passage below into English or Spanish or a combination of the two. Be prepared to discuss your translation and the topic of the passage in class.

Che cosa faresti se…

Terremoto! La terra trema e i quadri cascano dalle pareti. Cosa faresti se un giorno ti trovassi nel mezzo di un terremoto? In California e in Italia, la probabilità di un terremoto diventa molto spesso realtà, perché sia la California sia l'Italia sono zone sismiche. Anche Messico e Guatemala hanno zone sismiche che sono sempre a rischio. Che cosa dovremmo fare allora se la terra si mettesse a tremare quando siamo a casa, al lavoro, o all'università? In un luogo chiuso dovremmo cercare riparo nel vano di una porta o sotto un tavolo per evitare che i vetri delle finestre e i mobili pesanti ci caschino addosso. Se invece fossimo in un luogo aperto, se per esempio abitassimo vicino al mare, sarebbe meglio allontanarci dalle spiagge, dove si possono verificare onde di tsunami. Dovremmo sempre tenere in casa una cassetta di primo soccorso, una torcia elettrica, una radio a pile, un estintore, e abbondanti scorte d'acqua. L'ora in cui il terremoto avviene è anche molto importante per la sopravvivenza. Nel terremoto del 1971 a Los Angeles poca gente è morta perché è successo molto presto la mattina, prima che la gente uscisse per andare a lavorare. Se fosse arrivato a mezzogiorno, per esempio, tante persone sarebbero morte sul raccordo di autostrada che è crollato.

6. Exploring the Web

6.1   Go to the *Juntos* companion website at www.hackettpublishing.com/juntos -companion-webpage to complete activity 6.1.

THE *JUNTOS* TEAM

Clorinda Donato is George L. Graziadio Chair of Italian Studies, Director of the Clorinda Donato Center for Global Romance Languages and Translation Studies, and Professor of French and Italian at California State University, Long Beach (CSULB). She received her PhD in Romance Languages, Literatures, and Linguistics at UCLA in 1987. She has been recognized as both Cavaliere dell'Ordine al Merito della Repubblica Italiana and Chevalier dans l'Ordre des Palmes Académiques. Dr. Donato was the Principal Investigator for the NEH Project "French and Italian for Spanish Speakers in Southern California: Teaching Humanities Content and Language Together through Intercomprehension." She has published widely in eighteenth-century studies with a focus on encyclopedias and their translations. She has also published and presented extensively on the Intercomprehension of Romance languages and on the teaching of French and Italian to Spanish Speakers.

Repertoire includes: English, Italian, French, Spanish, German, and Portuguese.

Cedric Joseph Oliva is Assistant Professor of Modern Languages and Coordinator of French and Italian at Bryant University. Dr. Oliva teaches Intercomprehension, Romance Linguistics, Teaching Methodology, Second Language Acquisition, and French as well as Italian for Spanish Speakers. He received his PhD in Anglophone and Romance Languages and Literatures with a specialization in Anthropological Linguistics at the University of Corsica where he was awarded the Allocation de Recherche. His current research focus is on intercomprehensive and multilingual teaching strategies demonstrated by extensive presentations on the topic of French and Italian for Speakers of English and Spanish.

Repertoire includes: French, Corsican, English, Italian, Spanish, and Portuguese.

Manuel Romero is Program Coordinator for the George L. Graziadio Center of Italian Studies and Associate Director of the Clorinda Donato Center for Global Romance Languages and Translation Studies at CSULB. He has a BA and MA in Italian Studies from CSULB and is a fluent heritage speaker of Spanish. He is responsible for the organization and planning of all center conferences and is an experienced creator of pedagogical language media materials.

Repertoire includes: English, Spanish, Italian, and French.

Daniela Zappador Guerra received her MA in Classics from the University of Torino. Since 2006, she has been an Adjunct Lecturer of Italian for the George L. Graziadio Center for Italian Studies at CSULB. In recognition of her dedication as a language teacher, she received the annual Road Scholar Award in 2012 and, in 2016, the CSULB Lecturer Excellence in Teaching and Learning Award. She is a specialist in courseware development and foreign language pedagogy. She is fluent in Italian, Spanish, and English and possesses an in-depth knowledge of Latin, Greek, and French.

Repertoire includes: Italian, English, Latin, Greek, French, and Spanish.

CREDIT LINES

Headphones icon: https://commons.wikimedia.org/wiki/File:Font_Awesome_5_solid_headphones .svg. Font Awesome Free 5.2.0 by @fontawesome - https://fontawesome.com (CC BY 4.0). Unaltered.

Woman icon: https://commons.wikimedia.org/wiki/File:Toilet_women.svg. Public domain.

Man icon: https://en.wikipedia.org/wiki/File:Aiga_toiletsq_men.svg. Public domain.

Lesson 2, Figure 1: Work by co-author.

Lesson 2, Figure 5: https://it.wikipedia.org/wiki/Scudetto_(sport)#/media/File:Scudetto.svg. Froztbyte. © www.mysona.dk (CC BY-SA 3.0).

Lesson 3, Figure 3: https://www.flickr.com/photos/47130470@N04/4390070423. Souran5. (CC BY-SA 2.0). Unaltered.

Lesson 3, Figure 4: https://commons.wikimedia.org/wiki/File:Benigni1.jpg. Gorup de Besanez. (CC BY-SA 4.0). Unaltered.

Lesson 3, Figure 5: By Allan warren - Own work, CC BY-SA 3.0, https://commons.wikimedia.org/w /index.php?curid=11098250.

Lesson 3, Figure 6: https://www.flickr.com/photos/forbiddendoughnut/3160083181. Audrey_sel. (CC BY-SA 2.0).

Lesson 3, Figure 7: https://commons.wikimedia.org/wiki/File:Maria_Montessori1913.jpg. Public domain.

Lesson 3, Figure 8: https://en.wikipedia.org/wiki/Guglielmo_Marconi#/media/File:Guglielmo _Marconi_1901_wireless_signal.jpg. Public domain.

Lesson 3, Figure 9: https://commons.wikimedia.org/wiki/File:Enzo_Ferrari_-_Monza,_1967.jpg. Rainer W. Schlegelmilch. Public domain.

Lesson 3, Figure 10: https://commons.wikimedia.org/wiki/File:Andrea_del_Castagno_Giovanni _Boccaccio_c_1450.jpg. Boccaccio. Ca 1450. Public domain.

Lesson 3, Figure 11: https://upload.wikimedia.org/wikipedia/commons/5/5e/Giuseppe_Garibal di_1861.jpg. 1861. Public domain.

Lesson 3, Figure 12: Raphael Morghen, *Leonardo da Vinci, after Leonardo da Vinci's self-portrait,* 1817. Thorvaldsens Museum, www.thorvaldsensmuseum.dk. Public domain.

Lesson 3, Figure 13: https://commons.wikimedia.org/wiki/File:Ridolfo_del_Ghirlandaio_-_Ritratto _di_Cristoforo_Colombo_(1520).jpg. Ridolfo del Girlandaio. ca 1620. Public domain.

Lesson 3, Figure 14: https://en.wikipedia.org/wiki/Lorenzo_de%27_Medici#/media/File:Vasari -Lorenzo.jpg. Vasari. Sixteenth century. Public domain.

Lesson 4, Figure 2: Waking Up by Gan Khoon Lay, from the Noun Project. Creative commons. https://thenounproject.com/icon/2404315/

Lesson 4, Figure 3: Exercise by Gan Khoon Lay, from the Noun Project. Creative commons. https://thenounproject.com/icon/2404318/

Lesson 4, Figure 4: Bath by Gan Khoon Lay, from the Noun Project. Creative commons. https://thenounproject.com/icon/855494/

Lesson 4, Figure 5: Brushing Teeth by Gan Khoon Lay, from the Noun Project. Creative commons. https://thenounproject.com/icon/855492/

Lesson 4, Figure 6: Watching TV by Adrien Coquet, from the Noun Project. Creative commons. https://thenounproject.com/icon/2043842/

Lesson 4, Figure 7: Sleep by Dairy Free Design, GB, from the Noun Project. Creative commons. https://thenounproject.com/icon/486915/

Lesson 4, Figure 8: https://it.wikipedia.org/wiki/File:Rinaldo_e_Armida,_Annibale_Carracci_001.JPG. Annibale Carracci. 1601. Public domain.

302

Credit Lines

Lesson 5, Figure 4: Photo by author.

Lesson 5, Figure 5: Photo by author.

Lesson 7, Figure 2: Rabbit by Georgiana Ionescu, from the Noun Project. Creative commons. https://thenounproject.com/icon/1604168/

Lesson 7, Figure 3: Cat by mungang kim, from the Noun Project. Creative commons. https://thenounproject.com/icon/782816/

Lesson 7, Figure 4: Dog by Daniel Schroeder, from the Noun Project. Creative commons. https://thenounproject.com/icon/120186/

Lesson 7, Figure 5: Cow by parkjisun, from the Noun Project. Creative commons. https://thenounproject.com/icon/912731/

Lesson 7, Figure 6: Horse by Semilla Solar from the Noun Project. Creative commons. https://thenounproject.com/icon/29548/

Lesson 7, Figure 7: Elephant by parkjisun, from the Noun Project. Creative commons. https://thenounproject.com/icon/912737/

Lesson 10, Figure 3: Girl by Marie Van den Broeck, from the Noun Project. Creative commons. https://thenounproject.com/icon/323529/

Lesson 10, Figure 4: Boy by Marie Van den Broeck, from the Noun Project. Creative commons. https://thenounproject.com/icon/317863/

Lesson 10, Figure 5: Police by IconTrack, from the Noun Project. Creative commons. https://thenounproject.com/icon/1173137/

Lesson 12, Figure 4: Running by ProSymbols, from the Noun Project. Creative commons. https://thenounproject.com/icon/2380576/

Lesson 12, Figure 5: Photo by author.

Lesson 12, Figure 6: Photo by author.

Lesson 12, Figure 7: Photo by author.

Lesson 12, Figure 8: Photo by author.

Lesson 15, Figure 4: https://commons.wikimedia.org/wiki/File:Ivana_Kobilca_-_Kofetarica.jpg. Public domain.

Lesson 16, Figure 4: Yoga by zidney, from the Noun Project. Creative commons. https://thenounproject.com/icon/1869146/

Lesson 18, Figure 4: https://en.wikipedia.org/wiki/File:Snow_Scene_at_Shipka_Pass_1.JPG. Psy guy. 2006. (CC BY-SA 3.0).

Lesson 18, Figure 5: https://commons.wikimedia.org/wiki/File:Colorful_spring_garden.jpg. Anita Martinz. 2007. Creative Commons Attribution 2.0 Generic.

Lesson 18, Figure 6: https://pixabay.com/photos/beach-foam-motion-ocean-sea-2179183/

Lesson 18, Figure 7: https://pixabay.com/photos/fall-autumn-red-season-woods-1072821/

Lesson 19, Figure 2: iPhone outline by corpus delicti GR, from the Noun Project. Creative commons. https://thenounproject.com/icon/739246/ (altered by E.L. Wilson).

Lesson 20, Figure 1: *Juntos* authors.

Lesson 21, Figure 4: People group by Oksana Latysheva, UA, from the Noun Project. Creative commons. https://thenounproject.com/icon/1242158/

Lesson 22, Figure 2: Photo by author.

Lesson 23, Figure 2: Sitting by Mourad Mokrane, RU, from the Noun Project. Creative commons. https://thenounproject.com/icon/200732/

Lesson 23, Figure 3: Photo by author.

Lesson 24, Figure 2: https://commons.wikimedia.org/wiki/File:Vincenzo_Campi_-_The_Fruit_Seller.jpg. Vincenzo Campi. Public domain.

Lesson 24, Figure 3: https://www.flickr.com/photos/yujin_it/2173025865. M4rvin. (CC BY-SA 2.0).

Lesson 24, Figure 4: https://www.flickr.com/photos/azwegers/44710629370. Arian Zwegers. (CC BY 2.0).

Lesson 26, Figure 2: https://pixabay.com/vectors/park-signs-travel-no-parking-39412/

Lesson 26, Figure 3: https://pixabay.com/vectors/no-smoking-sign-prohibited-1298904/

Lesson 26, Figure 4: https://pixabay.com/vectors/fasten-seat-belt-buckle-up-belt-on-98794/

Lesson 26, Figure 5: https://pixabay.com/vectors/drinking-no-drinking-water-98618/

Lesson 26, Figure 6: https://pixabay.com/vectors/parking-lot-parking-road-sign-910074/

Lesson 26, Figure 7: https://www.vectorportal.com/StockVectors/Symbols-and-Signs/Traffic-lights-vector-sign/9121.aspx/

Lesson 27, Figure 2: Smiling cat by Llisole, from the Noun Project. Creative commons. https://thenounproject.com/icon/1292161/

Lesson 27, Figure 3: Boy by Llisole, from the Noun Project. Creative commons. https://thenounproject.com/icon/1361588/

Lesson 27, Figure 4: Woman by Llisole, from the Noun Project. Creative commons. https://thenounproject.com/icon/1361587/

Lesson 27, Figure 5: Man by Llisole, from the Noun Project. Creative commons. https://thenounproject.com/icon/1361586/

Lesson 27, Figure 6: Girl by Llisole, from the Noun Project. Creative commons. https://thenounproject.com/icon/1361585/

Lesson 27, Figure 7: Doll by Francesco Cesqo Stefanini, from the Noun Project. Creative commons. https://thenounproject.com/icon/302866/

Lesson 27, Figure 8: Old Man Sitting by Gan Khoon Lay, from the Noun Project. Creative commons. https://thenounproject.com/icon/635090/

Lesson 27, Figure 9: Baby by James Keuning, US, from the Noun project. Creative commons. https://thenounproject.com/icon/17730/

Lesson 27, Figure 10: Pointing by Gan Khoon Lay, from the Noun Project. Creative commons. https://thenounproject.com/icon/882788/

Lesson 30, Figure 2: https://pixabay.com/vectors/couple-love-silhouette-romance-3988803/

Lesson 30, Figure 3: https://pixabay.com/photos/football-prep-player-portrait-3780039/

Lesson 30, Figure 4: Pexels. https://www.pexels.com/photo/smiling-girl-2995309/

Lesson 30, Figure 5: Couple by Llisole, from the Noun Project. Creative commons. https://thenounproject.com/icon/1449973/

Lesson 31, Figure 2: Photo by author.

Lesson 31, Figure 3: Photo by author.

Lesson 31, Figure 4: Photo by author.

Lesson 31, Figure 5: Photo by author.

Lesson 31, Figure 6: Photo by author.

Lesson 32, Figure 2: Photo by author.

Lesson 35, Figure 2: Photo by author.

Lesson 36, Figure 2: Photo by author.